文庫
ノンフィクション

戦場の将器 木村昌福

連合艦隊・名指揮官の生涯

生出 寿

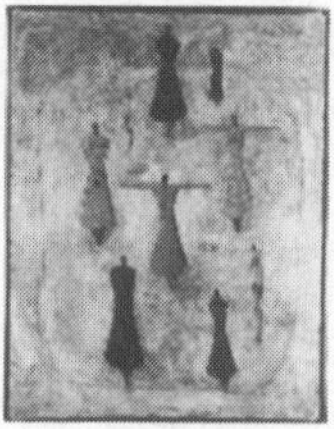

光人社

昭和18年７月29日、軽巡阿武隈に向かう大発艇上のキスカ守備隊員——
木村昌福少将は、太平洋海戦最大の奇蹟といわれる作戦を成功させた。

18年７月７日、第一回撤収作戦のさいの阿武隈艦上の木村（前列右から４人目）と主要職員——かくれみのとする霧が薄らいだために作戦は中断、反転を余儀なくされた。

昭和18年11月まで、木村が艦長をつとめていた重巡鈴谷(昭和10年撮影)と同艦運用長前田一郎少佐(左)——前田はインド洋での戦闘の際、木村が敵船から脱出する乗員に対し射撃の禁止を厳命した場面に深い感銘をうけた。

米重巡ヒューストン——日本軍のジャワ島上陸を阻止するため、豪軽巡パースとともに交戦したが撃沈された(バタビヤ沖海戦)。木村の鈴谷も参戦したとの証言もある。

ミッドウェー沖で行動不能となった重巡三隈と、艦長の崎山釈夫大佐(右)──木村は三隈の生き残りの乗員を収容したが、重傷の崎山艦長はその後帰らぬ人となった。

第七戦隊司令官栗田健男少将(上)と三隈と衝突して艦首を切断した最上(右)──米空母機の空襲により大損害を受けたが、沈没はまぬがれた。

第18軍司令官安達二十三中将(右)とニューギニア島ラエに向かう輸送船を攻撃するB25——木村はニューギニア島の兵力増強のため第18軍司令部と第51師団などを護衛したが、敵機の攻撃を受けて艦船多数と兵員を失った。

昭和17年11月、少将に進級した木村昌福(上)。軍服右側に勲二等瑞宝章をつけている。右はラエ輸送作戦時、敵機の攻撃をうけ、全速で避退行動中の木村の乗艦白雪——この直後に撃沈され、重傷の木村は駆逐艦敷波に収容された。

敵機の反跳攻撃をうけ炎上する輸送船——連合軍は効果的な艦船の攻撃方法として、超低空飛行をしながら海面で爆弾をジャンプさせて命中させる新方式の反跳爆撃を採用した。日本側は従来の中高度爆撃にたいする邀撃態勢をとり、その虚をつかれた。

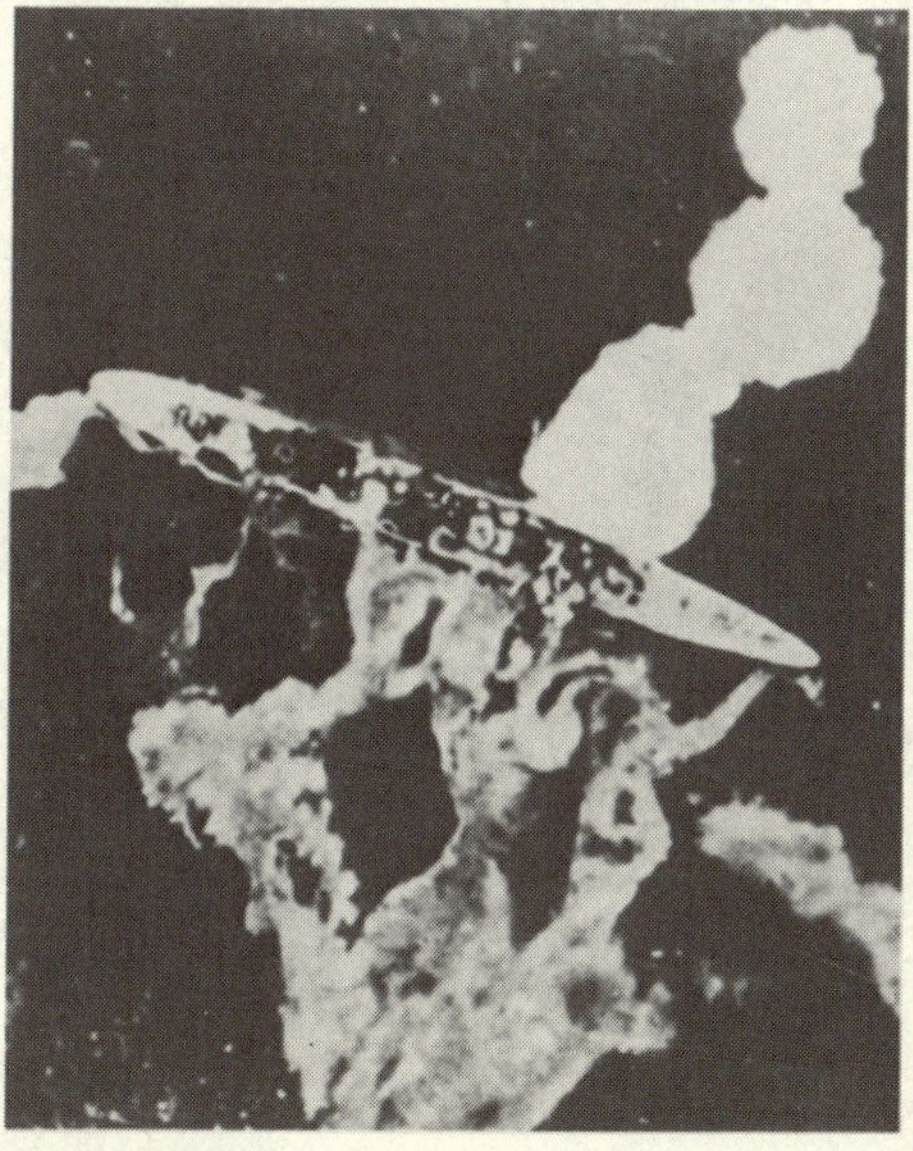

第８駆逐隊司令佐藤康夫大佐(上)と、沈没直前の旗艦朝潮——木村は負傷した自分の代わりに佐藤が一身を捨て味方救出にあたったのち、最期をとげた姿に痛切な感銘をうけ彼の二階級特進を懇請した。

キスカ撤収作戦中の阿武隈(右)と木曽(写真上)——阿武隈の煙突中央が白色に塗装されているのは、米巡洋艦の二本煙突に見えるよう偽装したためである。下の写真は作戦終了後、幌筵島に帰投した阿武隈。本艦だけで1200人以上の守備隊員を救出した。

キスカに上陸する米軍(上)と無人のキスカに残された日本軍の兵舎——米軍は徹底的に日本軍を捜索したが、一人も発見できなかった。木村は後に、こちらは一兵も損せず、相手の殺傷もできるだけ少なくして大成果を上げるのが兵法の極意だと語った。

昭和19年10月、多号輸送作戦でB25の爆撃をうける香椎丸（上）と、ミンドロ島砲撃を成功させた足柄——木村は比島攻防戦の支援に奔走した。

昭和20年2月、連合艦隊司令部付となった木村（前列の右から2人目）——爆装モーターボートの水上特攻隊の編成に従事したが、人命を尊重する木村の意に反するものであった。

写真提供・雑誌「丸」編集部

戦場の将器 木村昌福——目次

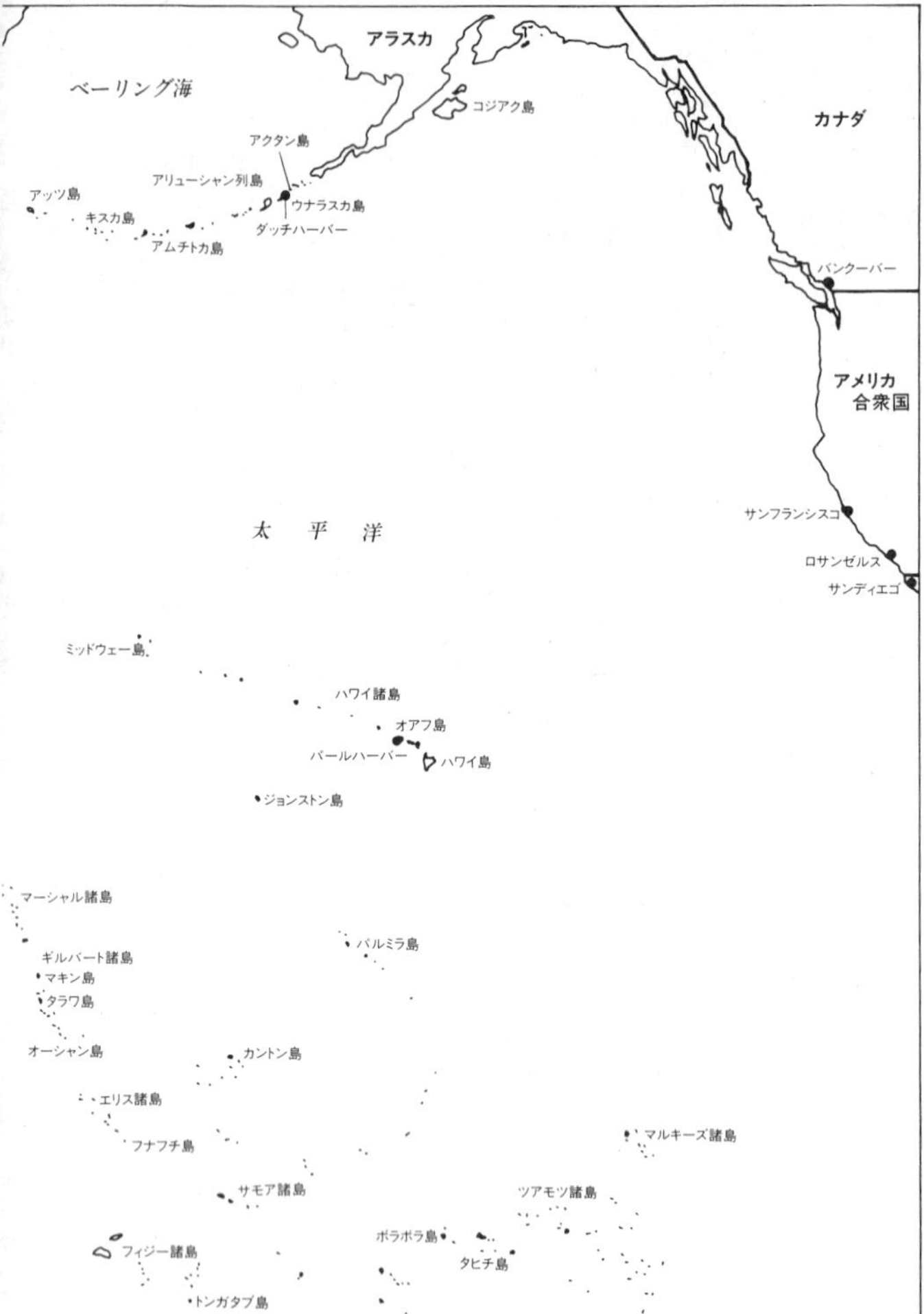
アラスカ
ベーリング海
コジアク島
カナダ
アクタン島
アリューシャン列島
アッツ島
ウナラスカ島
キスカ島
ダッチハーバー
アムチトカ島
バンクーバー
アメリカ
合衆国
太　平　洋
サンフランシスコ
ロサンゼルス
サンディエゴ
ミッドウェー島
ハワイ諸島
オアフ島
パールハーバー
ハワイ島
ジョンストン島
マーシャル諸島
パルミラ島
ギルバート諸島
マキン島
タラワ島
オーシャン島
カントン島
エリス諸島
フナフチ島
マルキーズ諸島
サモア諸島
ツアモツ諸島
ボラボラ島
タヒチ島
フィジー諸島
トンガタブ島

ソビエト社会主義共和国連邦
オホーツク海
カムチャツカ半島
コマンドルスキー諸島
黒龍江
樺太
幌筵島
ハバロフスク
千島列島
ウルップ島
択捉島
国後島
満州国
哈爾浜
長春
ウランバートル
ノモンハン
蒙古人民共和国
ウラジオストク
千歳
北京
日本海
日本
大連
京城
黄河
黄海
呉
東京
各務ヶ原
松山
大村
鹿屋
洛陽
中華民国
ブータン
武漢
上海
重慶
揚子江
琉球列島
沖縄
インド
台北
台湾
硫黄島
南鳥島（マーカス島）
高雄
香港
ビルマ
ハノイ
海南島
ベンゲット
フィリピン海
マリアナ諸島
ウェーク島
ラングーン
タイ
仏領インドシナ
バギオ
ルソン島
マバラカット
テニアン島
サイパン島
バンコク
マニラ
フィリピン
グアム島
プノンペン
サイゴン
エニウェトク島
南シナ海
レイテ島
ヤップ島
ウルシー島
クェゼリン島
シンゴラ
コタ・バル
ブルネイ
ダバオ
パラオ諸島
カロリン諸島
トラック島
ポナペ島
英領ボルネオ
ミンダナオ島
シンガポール
セレベス島
ボルネオ島
マノクワリ
アドミラルティー諸島
ナウル島
パレンバン
蘭領東インド
アイタペ
ラバウル
スマトラ島
ジャワ海
ニューギニア
ラエ
ニューブリテン島
ソロモン諸島
ジャカルタ
スラバヤ
サラモア
バンドン
ジャワ島
ポートモレスビー
チモール島
ガダルカナル島
インド洋
ポートダーウィン
珊瑚海
エスピリッサント島
ニューヘブリデス諸島
オーストラリア
ニューカレドニア島
ヌーメア

戦場の将器　木村昌福

連合艦隊・名指揮官の生涯

序章　明治の将器

故司馬遼太郎氏から、平成四年（一九九二）十二月、心にきざみこまれるみじかい文の葉書をいただいた。司馬氏が亡くなられたのは平成八年二月十二日なので、その三年二ヵ月まえ、平成四年十二月十二日の日付である。

「御著『児玉源太郎』ありがたく拝受いたしました。一民族のながい歴史のなかで、芸術家、学者は多く出しますが、将器ほどすくないものはありません。日露戦争（注・明治三十七、八年）のとき、大山・児玉のコンビを得ていたのは、幸いだったと思います。御礼のみを。

十二月十二日」

大山は満州軍総司令官大山巌《いわお》陸軍元帥《げんすい》（元帥は、陸海軍大将のうち、とくに功労があって、天皇の軍事上最高顧問機関の元帥府に列せられた者）、児玉は満州軍総参謀長児玉《こだま》源太郎陸軍大将で、巨漢大山のアダ名は蝦蟇《がま》、小男児玉は木鼠《きねずみ》（リス）であった。

このコンビの作戦指導によって、約二十五万人の満州軍は、明治三十八年（一九〇五）三月上旬、満州（現中国東北地区）の奉天《ほうてん》（現瀋陽《しんよう》）大会戦で、約三十二万人のロシア軍を撃破して北へ敗走させ、大きな勝利をつかんだ。

狂喜した多くの日本国民は、日本軍がロシア軍を追撃して、再起できないほどに打倒することを要求した。

しかし大山、児玉は、ロシア本国からぞくぞく送られてくる精鋭軍を加えてハルビンに集結する五十万人以上のロシア軍と戦えば、戦力を損耗した日本軍は壊滅すると判断した。児玉は大山から命令をもらい、三月二十八日、東京に着き、参謀総長山県有朋《やまがたありとも》陸軍元帥、陸相寺内正毅《まさたか》陸軍中将、首相桂《かつら》太郎陸軍大将、元老伊藤博文《ひろぶみ》、海相山本権兵衛《ごんべえ》海軍大将をたずねまわり、満州軍とロシア陸軍の実状を詳述し、早期講和を計るべきと説き、ひとり残らず同意させた。三十日には明治天皇に軍状のありのままを報告して、天皇の諒解も得た。

こうして日本陸軍は滅びることなく、日本もまた救われることになった。

司馬氏は日露戦争時の日本海軍の将についても、ロシア艦隊をほとんど撃滅した日本海軍の代表山本権兵衛海相と連合艦隊司令長官東郷平八郎《とうごうへいはちろう》大将を、大山・児玉と同様に将器と評価していた。そのことは、司馬氏の『坂の上の雲』に詳細に描かれている。

山本が見た東郷の比類ない特色は、超人的に強運という一点にあった。

五十一歳の海相山本は、日露戦争開戦四ヵ月まえの明治三十六年（一九〇三）十月、引退まぢかと目されていた五十六歳の舞鶴《まいづる》鎮守府司令長官東郷平八郎中将（翌年六月、山本権兵衛、陸軍の児玉源太郎らと同時に大将）の常備《じょうび》艦隊司令長官再任を、明治天皇に願い出た。

天皇が理由をたずねると、

「東郷は運のよい男でございます」と、山本は確信をもってこたえた。

天皇は山本の申請を裁可し、これで日本海軍大勝の道がひらけた。

東郷の常備艦隊司令長官初任は明治三十三年五月から三十四年十月までで、常備艦隊は東郷の再任二ヵ月後の明治三十六年十二月二十八日、対ロシア戦にそなえて解散され、連合艦隊が新編成された。

これに反して、昭和十六年（一九四一）十二月の太平洋戦争開戦当時の日本陸海軍最高首脳には、将器が皆無であった。

陸軍の首相兼陸相東條英機《とうじょうひでき》大将、参謀総長杉山元《はじめ》大将、南方軍総司令官寺内寿一《ひさいち》大将、支那（中国）派遣軍総司令官畑俊六《はたしゅんろく》大将、関東軍司令官（十七年十月から総司令官）梅津《うめづ》美治郎《よしじろう》大将、海軍の海相嶋田繁太郎《しげたろう》大将、軍令部（陸軍の参謀本部に相当する）総長永野修身《おさみ》大将、連合艦隊司令長官山本五十六《いそろく》大将らは、中国・米国・英国・オランダと日本の同盟国ドイツ・イタリアおよび日本自身に対する見識が低すぎた。

そのために、四年以上も無理押しにすすめてきた支那《しな》事変（日中戦争）を、さらに勝算のとぼしい対米英蘭（オランダ）中（中国）の太平洋戦争（東條内閣と大本営陸軍部〈参謀本部が主体〉・同海軍部〈軍令部が主体〉は「大東亜《だいとうあ》戦争」と呼称）に拡大した。

そして六ヵ月後、日本海軍がミッドウェー（ハワイ・オアフ島の西北西約二千百キロの島）海戦で米海軍に大敗したのちは、海陸軍とも米英など連合軍に敗れつづけ、最後には将兵をふくむ国民およそ三百十万人を戦没させ、日本を滅亡寸前まで追いこんだのである。

太平洋戦争が終了するまでの軍人首相、陸海軍大臣、参謀総長、軍令部総長、総司令官、連合艦隊司令長官などのなかで、将器といえるのは、日本敗北が決定的になった昭和十九年

（一九四四）七月、早期終戦をのぞむ昭和天皇の内意によって海相に再任された米内光政《よないみつまさ》大将と、昭和二十年四月から、首相として東郷茂徳《しげのり》外相、米内海相とともに天皇を輔《たす》け、万難を排して戦争を終結にみちびいた鈴木貫太郎海軍大将（退役）の二人ぐらいであった。

日本史上かつてない大惨禍をもたらした東條内閣と大本営陸海軍部命名の「大東亜戦争」は、「やってよかった戦争」であるわけがなく、「やってはならないよくなかった戦争」であったことにまちがいない。

その戦争を終わらせ、辛うじて残っていた国家国民を救うことに役立ったといえるほどの陸海軍最高首脳は、ほかに見あたらないからである。

中国古代の兵書『孫子《そんし》』は、

「戦わずして人の兵を屈する（相手を屈伏させる）は、善の善なるものなり」と説いている。

やむなく戦うばあいは、

「かならず全（万全の謀）をもって天下に争う。故に兵頓《とん》せず（味方の兵力を傷ませず）して、利全《まった》かるべし（完全な成果をおさめることができよう）」と説いている。

日露戦争中、連合艦隊先任参謀秋山真之《さねゆき》海軍中佐は、日本のほぼ二倍の兵力のロシア艦隊をほとんど全滅にみちびく作戦計画を立案して、司令長官東郷大将を補佐したが、戦いに勝つ要訣をつぎのように述べていた。

「古今の戦史を按ずるに、一国の戦勝は宣戦後に得られるものにあらず。平時上下軍人の精励なる素養と惨澹たる経営とにより、宣戦前までにその敵国に対し有形無形諸作戦要素の優位を占め、戦わざる前すでに確実なる勝算あらざるものなし」

太平洋戦争の決定的発端になったのは、昭和十二年（一九三七）七月七日、北京南西郊外の盧《ろ》溝橋で日中両軍が衝突したことからはじまった支那事変であった。中国軍は蔣介石《しょうかいせき》主席の国民政府軍である。

この支那事変が日本対中米英蘭の太平洋戦争に拡大されたのだが、その結果、日本と蔣介石政権は致命的大損害を、蔣政権を援助した米英蘭三国はすくなからぬ損害をこうむった。反対に、主席毛沢東《もうたくとう》の中国共産党と、それを支援した人民委員会議長（首相）ヨシフ・スターリンのソ連は、漁夫の利を得た。

日本は盧溝橋事件が起こったあと、言い分がどうであれ、時機を逸せず、蔣介石政権と英米と妥協して協調関係を結び、合理的な対ソ連防衛を計るべきであった。

確実な勝算はなく、日本海軍は二年ぐらいは米海軍に敗れまい、同盟国の独伊は英国をはじめ全欧州諸国を屈伏させ、ドイツはウクライナ、コーカサス（カフカス）、ウラルなどソ連の資源地域をも占領するという希望的観測で、陸軍が主導し海軍が追随する日本は、昭和十六年十二月八日、自称「大東亜戦争」に踏み切った。

しかし、この観測は全面的にくつがえされ、昭和十九年（一九四四）六月になると、英米仏連合軍が北仏のノルマンディに上陸して、ドイツが米英ソなどに敗北することが火を見るより明らかとなった（イタリアは一九四三年九月八日、無条件降伏をした）。日本もこの六月、連合艦隊の総力を結集した小沢（治三郎《じさぶろう》中将）第一機動艦隊が、天下分け目のマリアナ沖海戦で、米太平洋艦隊主力のミッチャー（マーク・A・ミッチャー中将）第五十八機動部隊に完敗して壊滅同然となり、まもなくサイパン島をはじめとするマリアナ諸島が米軍に占領され、日本海軍ひいては日本の敗北が決定的となった。

それでも日本陸海軍内部では、精神主義の戦争継続派が絶対優勢で、海相米内ひとりの力では、陸海軍の大勢を戦争終結の方向に急旋回させることは不可能であった。

昭和十九年十月のフィリピン沖海戦以降になると、海軍の軍令部、陸軍の参謀本部は、若者たちを航空、水上、水中の棺桶兵器に乗せて敵艦船に体当たりさせる非道残酷な特攻作戦を強行させ、米海陸軍に深刻な衝撃をあたえ、名誉ある講和の機会を得ることに、最後の望みをかけることにした。

しかし、どのような戦法をとろうと、兵力・装備が圧倒的に強大で、戦略・戦術に隙のない徹底的合理主義の米海陸軍の進撃を阻止することはできず、日本海陸軍は敗退をつづけ、軍人をふくむ日本国民の戦没・戦傷病者をかぎりなく増大させるばかりで、昭和二十年（一九四五）六月二十三日には沖縄も陥落した。

しかもこの事態になっても、狂信的精神主義の軍人たちは、もし戦争終結工作をすすめる有力な海陸軍軍人、政治家あるいは天皇側近者が現われれば、テロ、クーデターによってもそれらを排除あるいは抹殺して、「一億総特攻」を合言葉にした日本本土決戦を決行する決意をかためていた。

このような継戦派軍人の一部が戦争終結論にかたむきはじめたのは、昭和二十年八月上旬、広島、長崎に原爆が投下され、ソ連が日ソ中立条約を破って対日戦を開始し、日本敗北が確実となってからであった。

ついで、首相鈴木貫太郎、外相東郷茂徳《しげのり》、海相米内光政の支持をうけた昭和天皇が、八月十日と十四日の御前会議で、継戦を力説する陸相阿南惟幾《あなみこれちか》大将、参謀総長梅津《うめづ》美治郎《よしじろう》大将、軍令部総長豊田副武《そえむ》海軍大将らを説得して、「ポツダム宣言」受諾（宣言に記載された条件で日本が米英中など連合国に降伏する）を裁決した結果、継戦派軍人の大部分もようやく天皇命令に従うことになった。

こうして生き残っていた一億国民（当時は朝鮮、台湾もふくまれていた）の生命は、危機一髪のところで救われたのである。

かえりみると、昭和天皇と国民の敵は中米英蘭ではなくて、世界に通用しない独善的国粋主義・軍国主義を振りかざした対中米英強硬派が跋扈《ばっこ》していた日本陸海軍であった。昭和陸海軍は日本を滅亡させかけたからである。

日中戦争（支那事変）をふくむ太平洋戦争を推進した陸海軍最高首脳とそれにつらなる戦争指導者・作戦指導者らの誤りと責任は、日本国民自身によって明らかにされなければならない。

そうしなければ、無理な戦いを強いられながら、祖国・国民・家族のためと信じて戦い戦没した将兵たちと、戦うことも逃れることもできずに戦没した軍人以外の国民の、「なぜあんな無謀な戦争をやったのか。あの誤りと責任はかならず明らかにして、二度とあんな戦争は起こさないと固く誓うべきではないか」という無念は、鎮まるわけがない。現代日本の各界に続発している「無責任」「ごまかし」から発生する種々の禍も、減少することはないだろう。

現在、太平洋戦争での惨禍に対する陸海軍の誤りと責任を、いちはやく明らかにして発表してほしいのは、旧陸軍士官学校と旧海軍兵学校（陸士に相当する海軍兵科士官養成校）出身の元将校・候補生・生徒たちである。

それが実行されれば、戦没者たちの悲憤もよほど鎮まり、「無責任」「ごまかし」国日本の正常化も緒につくにちがいない。

この点、陸軍士官学校、陸軍大学校出身、元陸軍中佐加登川《かとがわ》幸太郎《こうたろう》氏の著『陸軍の反省』上・下二巻（平成八年〈一九九六〉、文京出版刊、建帛社《けんぱくしゃ》発売）は、両校出身者の手本となる赤心の力作である。

巻頭の「はじめに」のなかには、つぎの所信が述べられている。

「私のこの本は、『この戦争は自存自衛の戦争であった』とか、『東亜解放のための戦争であった』とかいう次元の、戦争を論ずるものではない。私のような敗残軍閥の残党の如き者が、そんなことを論ずることは『おこがましい』ことだと思うからである。又、われわれが『英霊の顕彰』を唱えることは当然ではあるが、それを口にするだけで、本当に靖国（神社）の神々や戦争犠牲者の仏様たちを供養することになり、納得して往生し、許して下さるものであろうかと案じている者の一人である。

……私が陸軍を批判し、これを論難する鉾先《ほこさ》きは、この光輝ある陸軍を滅茶苦茶にしてしまった、ほんの少数の、不忠の徒輩に向けているのである。

陸軍の中枢（注・参謀本部と陸軍省）に巣くった彼等は自らエリートなりと自負し、尊大、驕慢。加えて勉強不足の浅慮の故に、わが国力、軍の実力を無視し、さらには敵の力を下算する大きな過誤を冒し、尚又聖慮に背いたことも屢々《しばしば》であった。彼等こそ皇軍皇国を崩壊に引きずりこんだ元凶なのである。私はこの本で、彼等の歎かわしい所業とその錯誤を歎き、悔み、そして憤《いきどお》っているのである。

……私の背後には『良識ある』多くの人達、特に若い期の方々（注・陸士五十三期生など）が、『軍の先輩自らの声で、〝真実〟が聞きたい』と期待し、応援して私を激励してくれている方が沢山いることを申し添えたい。この本は私一人の訴えではない。多くの、旧軍の血をひく者たちの〝真実〟の声なのである。遠くない将来に、偕行社《かいこうしゃ》（旧陸軍士官たちの親睦団体）が消え去らないうちに、こうした声が『偕行の声』となることを祈るものである。

平成七年十二月

陸士第四十二期生　元陸軍中佐　　加登川幸太郎（86歳）」

第一章　天命感知

東條内閣と大本営陸海軍部が命名した「大東亜戦争」には、陸海軍最高首脳に将器が皆無であったから、日本が敗北するのは理の当然であった。

しかし陸海軍ともに、前線部隊の中堅指揮官には、戦場の将器といえる人材が少数ながら存在していたことも事実であった。

そのうち、水雷戦隊司令官木村昌福《まさとみ》海軍少将は、天命を感知して戦いをすすめ、いくたびも死地にあって作戦目的を達成したばかりか、どの戦場においても、率先身を挺して、死に直面した将兵の救助に当たり、一兵もおろそかにすることなく、ひとり残らず味方艦に収容していた。

木村の生き方、戦い方は、才人たちから「デクノボウ」あるいは「臆病風に吹かれた」などと陰口をたたかれることもあったが、じつはそれだけ大きかったというのが真実である。

司令官栗田健男《たけお》少将がひきいる重巡「鈴谷《すずや》」「三隈《みくま》」「最上《もがみ》」の第七戦隊は、昭和十六年

（一九四二）十一月二十六日ひるごろ、南シナ海の海南島南岸三亜《さんあ》港沖を走っていた。

修理中の「熊野」にかわって先頭をゆく「鈴谷」が七戦隊旗艦で、艦長は背後からも見える雄大なカイゼル髭の木村昌福大佐である。

「熊野」と同型の「鈴谷」は、排水量（重量）一万二千トン、全長百九十八メートル、最大幅二十・三メートル、最大速力三十五ノット（時速約六十五キロ）、（口径）二十センチ主砲十門、十二・七センチ高角砲八門、六十一センチ魚雷三連装発射管四基、搭載水上偵察機三機という新鋭艦であった。

舷側で海面を見ていた「鈴谷」水雷長二《に》ノ方兼文《かたかねふみ》大尉が、向こうの浅瀬を指さして、かたわらの運用長前田一郎少佐に、

「あれがうちの艦長ですよ」と言った。

海軍兵学校で前田は二ノ方の二期上の第五十七期、木村は第四十一期、栗田は第三十八期である。

昭和十四年（一九三九）二月、二ノ方大尉は第二十八駆逐隊の「朝凪《あさなぎ》」水雷長として海南島攻略作戦に参加し、この辺りを通り、海面に油がぴかぴか光って長く流れているのを見た。

そのとき木村昌福大佐が、機関長以下に短艇で調査にゆかせた（二ノ方の話では木村の役職は不明だが、当時木村は海南島攻略作戦の陸戦部隊に所属する特設工作艦「香久《かく》丸」艦長であった）。

調査から帰った一行は、木村に、

「海底から石油がむくむく湧き出ているようです」と報告した。

感激した木村は、ただちに連合艦隊司令部あてに電報を打った。

「天皇陛下万歳、ワレ油田ヲ発見ス」

しかし、よく調べてみると、海底にドラム罐が落ちていたのであった。

二ノ方の話でおかしくなった前田は、

「うちの艦長もあわて者だな」と言って、二人で大笑いをした。

ふと前田がうしろをふりかえると、そばに艦長木村が立っていた。

前田はひやっとしたが、木村はニコニコしていて、なにも言わなかった。

のちに前田は思った。「日本は石油不足に堪えられなくて戦争をはじめたようなものだ。木村さんも石油不足を深刻に考えていて、反射的にああいう電報を打ってしまったんだろう」

昭和十九年三月から十ヵ月間、司令官木村昌福少将の第一、ついで第二水雷戦隊通信参謀であった星野清三郎少佐（兵学校六十三期）は、平成六年（一九九四）二月、自著『ヒゲの提督　木村昌福伝(前)』（非売品）を出版したが、そのなかでこの一件をこう書いている。

「……二ノ方兼文少佐は、

『三亜沖の浅瀬から油の帯が長く尾を曳いて流れていたのがいまでも目に浮かぶ。〝油田発見、天皇陛下万歳〟の電報は実際にあったようにいまでも思っている。そしてはっきりした確証がないまま、それを木村大佐と結びつけていたような気がいまはする。

ともあれ、戦後、海南島周辺に海底油田の存在が伝えられていることを思うと、確証のない話ながら木村大佐に結びつけての〝油田発見電報〟の件は、故木村中将の人柄を偲《しの》ぶ語り草のひとつとも考えられるのではないか』と、筆者の問いに対し回答を寄せている」
この逸話は、二ノ方が言うように、「木村を偲ぶ語り草のひとつ」、つまり伝説かもしれない。

七戦隊が所属する指揮官小沢治《じ》三郎《さぶろう》中将（兵学校三十七期）の馬来《マレー》部隊（重巡戦隊、水雷戦隊、基地航空部隊、潜水戦隊、根拠地隊などで編成）は、軍司令官山下奉文《ともゆき》陸軍中将の第二十五軍と協同して、太平洋戦争開戦日の昭和十六年十二月八日、マレー・シンガポール攻略作戦を開始した。

十二月八日未明、マレー半島北東海岸のコタバル敵前上陸作戦は、難戦の末に首尾よく成功した。十二月十日白昼には、南部仏印（フランス領インドシナ、現ベトナム方面）に展開する指揮官松永貞市少将（木村と兵学校同期）の第一航空部隊（海軍基地航空部隊）の中攻（七人乗り中型陸上攻撃機）八十一機が、マレー半島沖で、英国が誇る東洋艦隊主力の戦艦「プリンス・オブ・ウェルズ」と「レパルス」を雷撃（魚雷発射攻撃）、爆撃（水平飛行爆撃）して、両艦とも撃沈した。

これでマレー半島とシャム（現タイ）湾・南シナ海の制空権・制海権は日本陸海軍側の手に入り、第二十五軍はシンガポールへ急進撃をはじめた。

海軍の中攻隊が「プリンス・オブ・ウェルズ」「レパルス」を撃沈した十二月十日の夜、「鈴谷」運用長前田は艦長室によばれた。何用かと思ったが、見ているうちに艦長木村は、掛け軸用の和紙に、一気に漢詩を書き上げた。

奇《き》襲《しゅう》勦《そう》滅《めつ》布哇《ハワイ》州《しゅう》邀《よう》撃《げき》覆《ふく》没《ぼつ》馬来《マレー》沖《おき》
劈《へき》頭《とう》震《しん》駭《がい》満《まん》天《てん》下《か》安《いずくんぞ》知《しらん》百《ひゃく》錬《れん》期《このと》此《きを》秋《きす》
昌堂題　印

開戦第三日旅南支那《しな》海前田一郎君清嘱

二日まえの十二月八日朝、司令長官南雲忠一《なぐもちゅういち》中将（三十六期）の第一航空艦隊旗艦「赤城《あかぎ》」以下空母六隻から発進した計三百五十機の飛行機隊は、ハワイ・オアフ島真珠湾に在泊する米太平洋艦隊主力の戦艦部隊を雷撃、爆撃（水平飛行爆撃と急降下爆撃）して、これに壊滅的損害をあたえた。つづいて今日は、中攻隊が英戦艦二隻を洋上で撃沈した。

その世界史上かつてなかった大戦果に対する直情の詩であった。

この掛け軸は、いまも鹿児島市常盤町の前田家に家宝として保存されていて、必要のときに床の間に飾られる。そして前田は来客に、

「緒戦の大戦果がよほどうれしかったのでしょう。その感激、感動が如実にあらわれていると思います」と語る。

軍司令官今村均《ひとし》陸軍中将の第十六軍主力は、五十六隻の輸送船に分乗し、司令官原顕三郎《けんざぶろう》海軍少将（小沢と同期）の第五水雷戦隊に護衛されて、蘭印《らんいん》（オランダ領東インド、現インドネシア）ジャワ島のバタビヤ（現ジャカルタ）西方のメラク、パンタムと東方のパトワール海岸に接近し、米豪（オーストラリア）海空軍のはげしい抵抗を排除して、昭和十七年三月一

日未明、上陸に成功した。

その上陸作戦の状況を、今村は、昭和四十四年（一九六九）発行の『提督小沢治三郎伝』（原書房）のなかで、つぎのように述べている。

「……私の軍の輸送船団は二月十八日カムラン湾（現ベトナム南東岸）を出港し、巡洋艦（五水戦旗艦の軽巡『名取《なとり》』）一隻、駆逐艦三十二隻に護衛され、赤道を越え南へ南へと進んだ。小沢長官（南遣艦隊司令長官兼馬来《マレー》部隊指揮官）はそれでもなお私の軍の上を案じ、さらに大巡二隻（第七戦隊第二小隊の重巡『三隈』『最上』）を増派してくれた。

バタビヤに近いパンタム湾付近の海戦で、わが駆逐艦が敵巡洋艦二隻と交戦している最中、突如わが大巡二隻がかけつけ、米巡洋艦『ヒューストン』（一万トン級）と豪巡洋艦『パース』（七千トン級）と交戦、見事に撃沈した。このため輸送船団はわずか四隻沈没、百名戦死しただけで上陸作戦に成功した」

このうち、「パンタム湾付近の海戦」というのが「バタビヤ沖の海戦」で、日本側の重巡「三隈」「最上」、軽巡「名取」、駆逐艦十隻が、豪軽巡「パース」、米重巡「ヒューストン」と戦ったものであった（『戦史叢書　蘭印《らんいん》・ベンガル湾方面海軍進攻作戦』）。

ところが、「鈴谷」運用長前田少佐は、あれから五十余年たったいまも、「七戦隊の『戦闘詳報』にも、公刊戦史（『戦史叢書』）にも書かれていないが、バタビヤ沖の海戦には、七戦隊二小隊の『三隈』『最上』だけでなく、一小隊の『熊野』（修理がおわり、このころは七戦隊旗艦に復帰していた）『鈴谷』も、参戦した」と言う。

前田の話をつづける。

「そのとき、『熊野』『鈴谷』の一小隊には参戦命令が出ていなかったのだと思う。一小隊は、戦闘している二小隊からはなれ、一番艦『熊野』と二番艦の『鈴谷』は五百メートル以上の間隔で進み、駆逐隊や二小隊の戦《いくさ》を観戦していた。

私も艦橋に上がり、昇降口のそばに立って見ていた。木村艦長は艦橋右側の艦長席に座っていた。

右舷遠方に、味方駆逐隊の探照灯照射をうけた『ヒューストン』の真っ白で客船のような姿が浮かんでいる。私は昭和十一年（一九三六）十二月、駆逐艦『楡《にれ》』の先任将校で上海にいたとき、真っ白で乾舷《かんげん》（喫水線から上甲板までの舷側）が高く、商船のような『ヒューストン』を見て、印象につよく残っていたので、すぐわかった。

そのうちに、栗田司令官が一小隊に対して攻撃命令を出したのだと思うが、『鈴谷』も砲戦・魚雷戦の用意をいそいだ。

艦橋の上の主砲指揮所にいる砲術長T中佐（五十一期）の指示で、艦前後部十門の二十センチ主砲が右舷方向へ向けられ、仰角がかかった。

そのとき、T砲術長が木村艦長に意見具申をした。

『艦長、後部砲塔の射撃を中止してください』（前部には二十センチ主砲二連装の砲塔が三基、後部には二基ある）

『なんでや』

『飛行機（艦載水上偵察機三機）がだめになりますから（爆風で破損する）』

しかし木村艦長は、間髪を入れず言いかえした。

『遠慮するなよ、全力をあげて撃てよ』

直後、『ヒューストン』の主砲弾が、『熊野』と『鈴谷』のあいだにドーンと落下して水柱を立てた。

『打ち方はじめ』

木村艦長の号令がかかり、主砲十門の砲弾がいっせいにとび出した。

この十発の初弾は、『ヒューストン』の数百メートル手前に落下した。

私は艦長の決断を敬服して見ていた。獅子はネズミを襲うのにも全力を尽くすというが、中途半端に戦えば、こちらが先に命中弾をうけ、沈められることもある。艦長はボンクラどころか、抜群の指揮官かもしれないと思った。

やがて、何がきめ手になったのかわからなかったが、『ヒューストン』が真っ白な艦体を垂直に立て、海中に沈んでいった。荘厳な最期で、『鈴谷』艦上で見ていた乗員は、だれひとり『万歳』をさけばなかった」(平成五年〈一九九三〉九月十四日、鹿児島市の前田家での談話)

しかし、星野清三郎著『ヒゲの提督 木村昌福伝(続)』(平成五年十月発行)は、『熊野』『鈴谷』の参戦に否定的で、つぎのように書かれている。

「今回の作戦では『三隈』『最上』『敷波』(駆逐艦)が待望の敵水上艦艇と相見《あいまみ》え、美事敵巡洋艦二隻を撃沈するという殊勲を挙げた。その機会に恵まれなかった七戦隊一小隊将士の心中はどんなものであったろうか。

『鈴谷』の真嶋(四郎少尉候補生、通信士、七十期)回想記には、『海戦の模様は当艦にも刻々入電し、我々もいきり立ったが持場を離れるわけにはいかず、さりとて当隊方面には敵は現われず切歯扼腕したものである。……』とある。

ところで、艦長木村自身はどうであったろうか。当時『三隈』航海長山内少佐が、回想記『重巡最上』に寄せた一文の中で、バタビヤ海戦後に一小隊と合同したときのことに触れ、『木村鈴谷艦長早速《さっそく》手旗で三隈艦長あてに、〃ご健闘を祝す。われに敵の配給なく面白くなし〃の祝辞があったが、『同艦長の髀肉の嘆が其の美髭と共に目に見えるようであった』と述べている」

こうなると、「熊野」「鈴谷」がバタビヤ沖の海戦に参戦したのか、しなかったのか、真相は不明となる。戦史叢書や七戦隊戦闘詳報にしても、前田の話や『ヒゲの提督……』にしても、バタビヤ沖の海戦があった三月一日午前零時四十分ごろから午前二時六分ごろまで、「熊野」「鈴谷」がどこをどう行動していたのか、説明がない。真嶋回想記にしても、山内「三隈」航海長の手記に出てくる木村の手旗による祝辞にしても、「鈴谷」が主砲弾を発射したことは皆無であったとは述べられていない。

確実なうらづけがないのが残念である。

南雲機動部隊旗艦「赤城」以下空母五隻の飛行機隊が、昭和十七年四月五日から九日にかけて、インド南端南側のセイロン島を攻撃し、英重巡「ドーセッツシャー」「コンウォール」、小空母「ハーメス」を撃沈した。その他の艦船、航空兵力、基地施設にもそうとうな損害をあたえた。

それに呼応して、指揮官小沢中将の馬来《マレー》部隊が、四月六日午前、インド南東ベンガル湾岸北部のカルカッタと南部のマドラスの中間地帯を攻撃した。兵力は小沢が直率する中央部隊の重巡「鳥海《ちょうかい》」・軽巡「由良《ゆら》」・小空母「龍驤《りゅうじょう》」・駆逐艦二隻と、七戦隊司令官栗田がひきいる北方隊の重巡「熊野」「鈴谷」・駆逐艦一隻、および重巡「三隈」艦長崎山釈夫《さきやましゃかお》大佐（四十二期）がひきいる南方隊の「三隈」「最上」・駆逐艦一隻などである。

馬来部隊は、正午ごろまでに商船、貨物船、油槽船など合計二十一隻を撃沈、八隻を大破し、陸上の燃料タンク二、倉庫二を爆破する予想以上の大戦果をあげた。

この間、北方隊の「鈴谷」も、敵側船舶を発見次第つぎつぎに撃沈していった。

すると、撃破された敵船の乗員らがボートを降ろして逃げ出した。双眼鏡でよく見ると、ボートの艇底には船長以下数人の白人が座り、周囲を船員のインド人たちがそれをかくすように取り巻いている。「鈴谷」からは狙い撃ちできる状況である。

とつぜん、艦長木村が大声でさけんだ。

「撃っちゃあいかんぞぉっ」

あまりにもきびしい声に、誰もがふりむいた。全主砲、高角砲、機銃は敵船の方向に向いている。しかしこの一声で、人も銃砲も鳴りをしずめたままになった。

ボートが船から十分にはなれたのを確認して、木村は再砲撃を命じ、撃破されていた敵船を撃沈した。運用長前田は、

「たとえ戦意を喪失した者や非戦闘員であっても、戦場で敵側の人間の命を護るために、身を挺してその前に立ちはだかるなどは、ふつうの人間にできることではない」と、感嘆した。

第二章　重巡「三隈《みくま》」「最上《もがみ》」救助異聞

ハワイで大勝した南雲機動部隊が、昭和十七年（一九四二）六月五日、ハワイ西北西方のミッドウェー海戦で米機動部隊に大敗して、「加賀」「赤城」「蒼龍《そうりゆう》」「飛龍《ひりゆう》」の四主力空母を失った。

その夜午後七時五十五分、連合艦隊司令長官山本五十六《いそろく》大将（三十二期）は電令（電信命令）を発し、第二艦隊司令長官近藤信竹《のぶたけ》中将（三十五期）が指揮するミッドウェー攻略部隊の主力（重巡戦隊、高速戦艦戦隊、水雷戦隊など）と、南雲機動部隊の残存兵力（高速戦艦戦隊、重巡戦隊、水雷戦隊など）に夜戦を決行させ、米艦隊を撃滅して、ミッドウェー島攻略を完遂しようと図った。

しかし、南雲部隊の戦意がとぼしく、夜戦決行の見こみはないと判断した山本は、午後九時十五分、南雲部隊と近藤攻略部隊に、後方で山本が直率している戦艦「大和」以下の連合艦隊主力部隊主隊に合同するよう命じた。

ミッドウェー島砲撃に急行していた七戦隊の重巡「熊野」「鈴谷」「三隈」「最上」をひ

きいる司令官栗田健男少将は、午後九時三十五分、攻略部隊指揮官近藤から、攻撃を中止し、連合艦隊主力部隊主隊に合同するよう命令をうけた。

七戦隊は急きょ反転して、三百度（西三十度北）方向へ高速二十八ノット（時速約五十二キロ）で急行した。各艦の距離が八百メートルの単縦陣（タテ一本棒）である。

午後十一時十八分、先頭をゆく旗艦「熊野」が右四十五度（艦首から）五千メートルほどに米軍の浮上潜水艦一隻を発見した。露天甲板にいた乗員らが、あわてて艦内にとびこむところであった。

「熊野」艦橋には、七戦隊当直参謀（砲術）岡本功少佐（「鈴谷」運用長前田と兵学校同期）と、「熊野」哨戒長（当直将校）以下がいた。視界はきわめていい。

敵潜水艦発見で、岡本は左に回避するために、斉動信号灯で「赤赤」（「緊急左《ひだり》四十五度一斉回頭《いっせいかいとう》」）で各艦がほとんど同時に二百五十五度方向に変針して梯陣となる）を命じた。その直後さらに別の潜水艦一隻を発見した。岡本は、こんどは無線電話で「赤赤」と命じた。合わせて「左九十度一斉回頭」（二百十度〈南三十度西〉方向に変針して横陣となる）のつもりであった。

だが、二つの命令の間隔がみじかいうえに、二つの命令を信号灯と電話で伝えるという方法をとったために、二番艦「鈴谷」、三番艦「三隈」、四番艦「最上」は、二回目の「緊急左四十五度一斉回頭」を、念を押すための同一命令と解釈した。

「鈴谷」以下の操艦が狂い、四番艦の「最上」は、「九十度回頭」と気づいて大きく左回頭してきた右側の「三隈」の左舷に衝突してしまった。

「三隈」の左舷水線上には長さ二十メートル、幅二メートルの大穴があき、電信室の電信員数人が死亡した。「最上」の艦首は大きく左に折れ曲がり、最前部の一番主砲砲塔ふきんの中甲板まで浸水して、前進不能になった。やむなく後進で航行しながら応急修理をすすめ、やがて微速（六ノット、時速約十一キロ）で前進をはじめた。

司令官栗田は、「三隈」が「最上」を護衛して、二百七十度（西）方向へ避退するよう命じ、両艦をその場においたまま、七戦隊一小隊の「熊野」「鈴谷」をひきいて、はじめ三百度、ついで二百九十度方向へ去っていった。

栗田は、「『熊野』『鈴谷』も現場にとどまれば、この地点はミッドウェー島から約百八十キロしかないので、翌朝、米飛行機隊の空襲をうけて七戦隊は全滅するだろう。それより健在の二艦を無事に避退させる方が有利だ」と考えたようである（「熊野」艦長田中菊松大佐〈四十三期〉の「田中資料」と、栗田の終戦後の回想）。

六月六日午前三時二十五分、攻略部隊指揮官近藤は栗田に、七戦隊に所属している司令小川莚喜《のぶき》中佐（四十六期）の第八駆逐隊司令駆逐艦「朝潮」と二番艦「荒潮」を派遣し、「三隈」「最上」を護衛させるよう命じた。

連合艦隊は午前四時三十分、合同未了の南雲部隊と第七戦隊に、主力部隊主隊の現在位置と針路（西）・速力を打電し、合同しやすくした。

その位置は「熊野」「鈴谷」の北々西であった。ところが栗田はなぜか合同針路を進まず、いままでどおり二百九十度方向へ進んでいった。

とりのこされた七戦隊二小隊の「三隈」「最上」は、六月六日午前五時ごろ、ミッドウェー西方およそ二百六十キロの地点を、針路西、十四ノット（約二十六キロ）で進むうちに、ミッドウェーから飛来した米急降下爆撃機八機に爆撃され、五時三十四分には米重爆撃機B17八機から水平爆撃をうけた。

しかしこのときは、米搭乗員の技倆が拙劣で、両艦とも一発の命中弾もうけずにすんだ。

栗田から命をうけた司令小川中佐、艦長吉井五郎中佐（五十期）の司令駆逐艦「朝潮」と艦長久保木英雄中佐（五十一期）の「荒潮」は、六月七日午前二時ごろ、危険がせまっている「三隈」「最上」に合同した。

「三隈」「最上」「朝潮」「荒潮」は、艦首を損傷した「最上」に合わせ、低速の十四ノットで西へ進んだ。

しかし、六月七日午前六時四十五分ごろから、ミッドウェーの西八百九十キロほどの地点で、米空母機三十四機に襲撃され、「三隈」、ついで「最上」が、一発ずつ直撃弾をうけた。

「三隈」の艦橋直前にある三番主砲砲塔に命中した爆弾は、艦橋の天蓋上で爆撃回避運動を指揮していた艦長崎山に重傷を負わせ、副長高嶋秀夫中佐（四十七期）が指揮を継承しなければならなくなった。

連合艦隊司令長官山本から七戦隊二小隊の救援を命じられた攻略部隊指揮官近藤は、六月七日午前八時五十五分、七戦隊司令官栗田に電命（電信命令）した。

「一　第七戦隊（二小隊欠）は急速日栄丸（給油艦）より補給すべし

二　行動予定知らせ」

近藤が直率する攻略部隊本隊は、すでに六月六日午前四時十五分ごろ、連合艦隊主力部隊主隊に合同していたのである。

ところが、栗田がひきいる「熊野」「鈴谷」は、まだ連合艦隊主力部隊主隊に合同していないばかりか、六月五日の深夜からこのときまで、自分の位置さえ近藤に報告していなかった。

「熊野」「鈴谷」は、終始、連合艦隊主力部隊主隊に合同する針路を進まず、七日朝には主力部隊主隊の南西約二百八十キロに達し、さらに西進しつづけていたのである（『戦史叢書・ミッドウェー海戦』）。

近藤は、七日午前九時三十分、攻略部隊のなかから必要兵力をひきいて、「三隈」「最上」救援のために、二十ノット（約三十七キロ）、進路百八十度で南下した。

このときはじめて、栗田は近藤あてに、「熊野」の艦位と、ちかくの給油艦「佐多」「鶴見」から燃料補給することを知らせる電報を打った。

近藤は即刻、栗田に「第一小隊は攻略部隊本隊に策応するごとく行動すべし」と命じた。

おなじ九時三十分ごろから、第二波の米空母機延べ四十七機が「三隈」「最上」に襲いかかり、「三隈」は五ヵ所に直撃弾をうけ、火災、誘爆（砲弾、魚雷）で戦闘不能になり、午前十時二十分には艦も停止して、万事休すとなった。

空襲が下火になり、「朝潮」「荒潮」が救援に接近してくるのを見た副長高嶋は、「総員離艦」（退去）を命じた。

「三隈」砲術士井上健二少尉（七十期、六月一日任官）は、上甲板で部下といっしょに崎山「三隈」艦長を担架にしばり、カッター（短艇）に吊り降ろした。

総員退去がおわったのち、後部砲塔指揮官小山正夫大尉（六十二期）は四番主砲砲塔上で日本刀によって割腹自決し、副長高嶋中佐と水雷長田代昇大尉（六十期）は「三隈」と運命を共にするために艦に残った。

崎山は八駆逐隊司令駆逐艦「朝潮」に収容された。「最上」「朝潮」「荒潮」は、「最上」艦長曽爾《そじ》章《あきら》大佐（四十四期）の指揮をうけ、「三隈」乗員（定員八百八十八人）の救助作業をすすめ、約二百四十人を収容したが、海上にはまだ百人以上が残っていた。

救助作業中の午前十時五十八分、「朝潮」が電報を発した。

「敵ラシキ艦見ユ。『三隈』大爆発見込ミナシ」

大破した「最上」は、敵艦と戦える状態になかった。

曽爾は「三隈」の乗員たちを置きざりにすることに苦悩したが、とりあえず難を避けることが第一と判断して、「最上」を南方へ避退させはじめた。

午前十一時四十五分ごろから、第三波の米空母機三十二機が、生存乗員がいない再起不能の「三隈」と満身創痍の「最上」に襲いかかり、「三隈」は大火災を起こし、「最上」は五発の直撃弾をうけて戦死者が合計約百五十人にもなった。

駆逐艦「荒潮」は、第三次攻撃で後部砲塔に爆弾一発をうけて大損傷を生じ、人力操舵でようやく行動をつづけた。

「朝潮」は、直撃弾はなかったが、至近弾の断片多数が重油タンクにつきささって小穴があき、タンクに海水が入り、燃料不足に苦しんだ。

第三波の攻撃がおわるころ、「朝潮」「荒潮」は「最上」に合同して、「三隈」はまだ沈没していないと、「最上」艦長曽爾に報告した。

曽爾は日没(午後三時三十分)ちかいころ、八駆逐隊司令小川と艦長吉井に、「朝潮」は現場にひきかえして、海上に浮いている「三隈」乗員を救助するよう命じた。

「朝潮」は日没後、現場に到着したが、「三隈」を発見できず、一人の乗員も救助できずにひきかえした。「三隈」は「朝潮」の到着まえに沈没したらしい。

「朝潮」が午前十一時ごろ発見した「敵ラシキ艦」は、ついに正体不明であった。

「最上」「朝潮」「荒潮」は、六月七日午後六時すぎ、救助のために南下してくる攻略部隊本隊の指示電をうけ、速力十四ノットで、二百三十度(南西五度西)方向へ向かった。

六月八日午前四時ごろ、「最上」「朝潮」は、近藤中将がひきいる攻略部隊本隊の第二艦隊にようやく合同し、人力操舵であとからくる「荒潮」もまもなく追いついた。

そのとき、いままで行方不明になっていた「熊野」「鈴谷」が、まったく思いがけなく反対側の西方からちかづいてきて、午前五時ごろ、攻略部隊に合同した(『戦史叢書・ミッドウェー海戦』)。

合同直後、近藤は、「第七戦隊は第十八駆逐隊(『陽炎《かげろう》』『霞《かすみ》』)をひきいて損傷艦を護衛し、トラックに回航すべし」と下令した。トラックは日本海軍の大基地があるカロリン諸島のトラック島である。

「鈴谷」は「朝潮」「荒潮」からその負傷者と艦長崎山以下の「三隈」乗員を収容し、「陽炎」「霞」は「最上」の負傷者を収容した。

木村が居住している「鈴谷」艦長室に収容された重傷の崎山は、「三隈」砲術士井上健二少尉が見舞いに行ったときは非常によろこび、従兵に冷たいものを注文するほどだったという。

しかし、トラック入港前日の六月十三日、容態が急変して絶命した。

トラック入港後の十四日午後、「鈴谷」艦内で崎山の告別式がおこなわれ、夜、崎山の遺体は陸上で「三隈」乗員によって荼毘《だび》に付された（『ヒゲの提督　木村昌福伝（続）』参照）。

それにしても、六月六日朝から八日朝まで、七戦隊司令官栗田がとった奇怪な行動は、いったいどういうことなのであろうか。

「三隈」「最上」衝突のあと、栗田がひきいる「熊野」「鈴谷」の七戦隊一小隊は、命令された北寄りの連合艦隊主力部隊主隊に向かわず、かなり西にずれた三百度方向へ走った。ついで六月六日午前三時には、さらに合同針路からはなれる二百九十度（西二十度北）に変針した。

この不可解な変針について、「熊野」艦長田中菊松大佐は、終戦後、「栗田司令官が、『このまま行くと、敵空母に行き当たるから』と説明された」と語っている。

六月六日午前四時三十分、連合艦隊司令部は、合同未了の南雲部隊と七戦隊あてに、合同しやすいように、主力部隊の位置と針路・速力を打電した。その位置は七戦隊一小隊の北北西で、針路は西であった。

ところが栗田は、それでも合同針路を進まず、あいかわらず「熊野」「鈴谷」を二百九十度方向へ進ませていった。

さらに六日午後四時三十七分、栗田はますます合同針路からはなれる二百七十度（西）に変針させた。その結果、七戦隊一小隊は、連合艦隊主力部隊主隊が西進する航路からはるか南の二百二十キロあたりを、ほぼ並行に先行して西進することになった。

その後ミッドウェーの飛行威力圏外に出た六月七日午前二時ごろ、ようやく八日の連合艦隊の燃料補給予定地点に向かった。

この間、栗田は、七戦隊一小隊の位置や行動予定などを、なにひとつ近藤に報告しなかった。

七日朝、山本連合艦隊司令長官から七戦隊二小隊の救援を命じられた近藤は、直後の七日午前八時五十五分、はじめて栗田に、七戦隊一小隊は急速「日栄丸」より補給をうけ、行動予定を報告するよう命じた。

栗田は、九時三十分、近藤に、「熊野」の艦位と、ちかくの給油艦「佐多」「鶴見」から燃料補給をうけることを報告した。

近藤は、栗田に「攻略部隊本隊に策応するごとく行動すべし」と下令した。

栗田は、「佐多」から燃料を補給させて、七日午後三時ごろ、近藤がひきいて南下している攻略部隊本隊に合同するために、南東に向かった。

しかし、午後十一時、なにを考えたか、針路を近藤攻略部隊本隊の針路とおなじ南に変え、敵から遠い本隊の西側を並行に進み、翌六月八日午前四時ごろ、東方二十八キロくらいに本隊を発見し、午前五時ごろ、ようやく合同した（『戦史叢書・ミッドウェー海戦』参照）。

合同後は、「鈴谷」が「朝潮」「荒潮」の負傷者と「三隈」の乗員を収容し、「陽炎」「霞」が「最上」の負傷者を収容して、それぞれ介抱、慰労につとめた。しかし栗田が乗っている「熊野」は、そのような心づくしの世話はしなかったようである。

七戦隊一小隊の「熊野」「鈴谷」が攻略部隊本隊に合同するまでの栗田の処置について、「熊野」艦長田中は、

「連合艦隊主力部隊か攻略部隊本隊に合同すれば、第二小隊救援を命ぜられることを懸念したからだ」と、終戦後、防衛庁防衛研修所戦史室員に語っている。

栗田のそばにいた「熊野」艦長が言うことなので、その可能性は否定できない。

この経過からすれば、栗田の奇怪な行動は、自分の安全のために、死地の部下将兵を見捨て、連合艦隊や攻略部隊の命令にも従わず、逃げまわっていたようなものになる。

ではこの間、栗田が乗る「熊野」に「終始同行していたはずの「鈴谷」艦長木村は、「三隈」「最上」の衝突事件とその後の一小隊の行動を、どう見ていたろうか。

木村の具体的な談話や手記は残されていない。しかし、抽象的だが、判読すれば木村の真意が察知できるような、痛憤の思いがあふれる意味深長なメモがある。

この事件から三ヵ月ほどのちの昭和十七年九月十二日。木村は「ミッドウェー作戦ノ戦闘詳報閲読」という見出しで、つぎのようなメモを書いた。片カナは平がなに、一部の漢字は平がなに書きなおす。

「三隈、最上および八駆（朝潮、荒潮）乗員の悪戦苦闘の状況を目撃するの感あり。涙なくしては読むあたわず。とくに朝潮、荒潮は文字どおり死地に突っこみて大被害をう

けつつこれを克服、護衛の任務を全うせり。三隈、最上の乗員も奮戦せり。下級者の技倆は卓越しあることかくのごとし。

ただ一部首脳部の者の過誤によりてこの惨事を惹起し、貴重なる艦艇を喪失毀損し、忠勇技倆卓抜の下級士官、下士官兵を失えり。

われら上級士官たるもの肝銘すべきことにこそ」

「一部首脳部の過誤」というのは、岡本当直参謀の誤解されやすい緊急回頭命令の出し方と、「三隈」「最上」の操艦のまずさを指しているだけではない。

「とくに朝潮、荒潮は文字どおり死地に突っこみて大被害をうけつつこれを克服、護衛の任務を全うせり。三隈、最上の乗員も奮戦せり。下級者の技倆は卓越しつつあることかくのごとし」と、力をこめて書いているからである。

安全なところを逃げまわっていたような一小隊の行動をなんとも思わないでいるならば、こんな痛憤の文を書くわけがない。

木村は、上級者を批判するようなことは、ほとんど言わないし、書きもしない。しかし、ふつうの人間には計り知れないくらい任務に対する義務感と人命尊重の観念がつよい。そのために、「一部首脳部の者の過誤」を、木村なりに精いっぱいの表現で指摘し、自分に対する戒めにもしたにちがいない。

ひとつ、「三隈」「最上」救援にかかわる興味深い逸話がある。

平成五年（一九九三）九月十四日午後、元「鈴谷」運用長前田一郎少佐は、鹿児島市常盤

町の自宅で、そのときの体験を、私に語った。

「七戦隊の岡本功当直参謀（前田と兵学校同期）は、『熊野』の右四十五度の敵潜水艦に対して左四十五度一斉回頭を命じる信号旗を掲げて、逃げようとした。

あれは、右四十五度に回頭して、敵潜水艦に向かうべきだった。逃げれば敵をよろこばせることになるからだ。

『三隈』『最上』の衝突のあと、『熊野』は運動旗一旒《いちりゆう》（ワレニ続ケの意味）を掲げ、『鈴谷』はそれにつづいて西方へ向かった。

いつのころかおぼえていないが、とつぜん木村艦長が、

『われ機械故障、旗艦にそう知らせろ』と大声で命じ、艦の速力を落とした。機械は故障していなかった。

艦橋にいた私はなにが起こったのかわからなかったが、戦闘配置についていたので、すぐ艦内を走りまわった。

『熊野』はいままでどおり進み、まもなく見えなくなった。

翌朝、よばれて艦橋に行った。三百メートルほど前方に、『三隈』が廃人のような姿で浮いていた。見ただけで、『これはだめだ』と思った。

遠方に、艦首が切断された『最上』がよたよた走っていた。

木村艦長が、私に、

『前田君、三隈艦長以下、生きている者を全員収容してこい』と命じられた。

私は甲板士官を艇長にして、『三隈』救援のランチを出した。米軍機は何機か見えたが、

『鈴谷』は攻撃をうけなかった。

そのうちに『三隈』から吊り担架が降ろされるのが見えた。

やがて『三隈』艦長崎山釈夫大佐を『鈴谷』に収容したが、私が崎山さんを木村艦長のベッドに寝かせた。

爆弾の断片で血だらけのひどい重傷だったが、崎山さんは、

『軍刀を持っていたが、使えなくて自決できなかったのが残念だ』と言われた。

私は木村艦長の処置は命令違反にちがいないが、あの場合は正当な『独断専行』と認められていいものだったと思う」

だが、この談話には確実なうらづけがなく、すべてが事実とはみとめがたい。遭難現場で「三隈」救援のランチを出し、崎山艦長を「鈴谷」に収容したというのは、思いちがいのようである。

それにしても、木村が「三隈」救援のために、独断で「鈴谷」を反転させたということには、実感がある。

また「鈴谷」の反転が事実であっても、木村を命令違反と責めるより、山本命令と近藤命令に従わずに、二日間以上も連合艦隊主力部隊主隊や攻略部隊本隊に合同しなかった栗田の行動を、より大きな命令違反として、責めるべきであろう。

「鈴谷」が、「三隈」のちかくへもどったかどうかを知る有力な手がかりもある。駆逐艦「朝潮」が、六月七日午前十時五十八分、「敵ラシキ艦見ユ」とたしかに打電しているが、そんなところに米艦がいるわけがない。

日本艦でも、単艦でそこへゆくとすれば、「鈴谷」しかいなかったのではないかということである。

これまた、確実な証明がのぞまれる。

第三章　決断「まっすぐいけ」

昭和十七年（一九四二）八月からはじまった南太平洋ソロモン諸島南東部のガダルカナル島争奪戦で、日本海陸軍は、制空権をにぎり兵力・装備にまさる米海陸軍に、ほとんど敗れつづけた。

その状況下、司令長官南雲忠一中将がひきいる空母「翔鶴《しょうかく》」「瑞鶴《ずいかく》」「瑞鳳《ずいほう》」「隼鷹《じゅんよう》」主力の第三艦隊（七月十四日に編成された新機動部隊）が、米南太平洋部隊指揮官ウィリアム・F・ハルゼー中将が総指揮する空母「エンタープライズ」「ホーネット」主力の米機動部隊と、十月二十六日、ソロモン諸島東方海面で決戦した。

大本営海軍部（軍令部が主体）は、翌二十七日夜、真珠湾攻撃以来の大戦果を発表した。

「敵空母四隻、戦艦一隻、艦型不詳一隻、いずれも撃沈。

戦艦一隻、巡洋艦三隻、駆逐艦一隻中破。

敵機二百機以上を、撃墜その他により喪失せしむ。

わが方の損害は、空母二隻、巡洋艦一隻小破せるも、いずれも戦闘航海に支障なし。

未帰還機四十数機。

本海戦を南太平洋海戦と呼称す」

陸海軍将兵と国民は欣喜雀躍して、対米戦争での最後の勝利を信じ、連合艦隊・軍令部・海軍省でも発表戦果の大よそを信じてミッドウェー大敗の痛手を忘れ、自信をつよめた。

ところが、太平洋戦争終戦後に明らかになったことだが、日米両艦隊の実際の損害はつぎのとおりであった（『戦史叢書《そうしょ》・南東方面海軍作戦(2)』）。

〈米軍の損害〉

沈没　空母「ホーネット」、駆逐艦「ポーター」

損傷　空母「エンタープライズ」、戦艦「サウスダコタ」、重巡「サンジュアン」、駆逐艦「スミス」「ヒューズ」

飛行機喪失　七十四機

〈日本軍の損害〉

損傷　空母「翔鶴」「瑞鳳」、重巡「筑摩《ちくま》」

飛行機喪失　零《れい》戦（一人乗り零式艦上戦闘機、通称ゼロ戦）二十四、艦爆（二人乗り九九式艦上爆撃機）四十、艦攻（三人乗り九七式艦上攻撃機）二十八、計九十二機

搭乗員戦死　零戦十七、艦爆六十、艦攻六十六、計百四十三名

日本軍の残存使用可能機数（カッコ内は戦闘開始時の数）　零戦四十四（九十）、艦爆十八（七十二）、艦攻二十四（五十四）、計八十六機（二百十六機）

搭乗員戦死のなかには、「翔鶴」艦攻隊飛行隊長村田重治《しげはる》少佐（五十八期）、「翔鶴」艦

爆隊飛行隊長関衛《まもる》少佐（五十八期）など五名の名飛行隊長がふくまれていた。

日米両軍の実際の損害からすれば、日本側が大勝したというのは大誤断で、むしろ貴重な搭乗員と飛行機を多くうしない、分がわるかったというのが真相であった。

三艦隊の飛行機隊の損害がこれほど多大になったのは、米艦隊のレーダー・防空戦闘機・対空火器などによる防御力が急速に強化されて、たとえ日本の爆・雷撃隊が精鋭でも、それを突破することが至難になったからであった。

米太平洋艦隊司令長官チェスター・W・ニミッツ大将（のちに元帥《げんすい》）は、終戦後に出版した自著『ニミッツの太平洋海戦史』で、つぎのように述べている。

「戦術的に見れば、この戦闘で米軍は敗退したが、長い眼で見ると、米側の勝利となった。日本軍は百機を失い、米軍は七十四機をなくした。この相違は、数字そのものが示す以上に日本側に不利であった。というのは、米国は急速に増大するパイロット訓練と飛行機の生産計画によって、すみやかに日本を凌駕できたからである。

米艦隊は、高い代価を払って重要な戦略的利益を得たが、当面の情勢から救われたのは、ガダルカナルにおける米陸軍部隊と海兵隊であった。日本軍（陸軍）の攻撃が次第につよくなり、ついに十月二十六日にそれがよわまるまで、彼らはしっかり戦線を維持していた。飛行場は米軍の手中に確保され、日本軍の死傷者は米軍の約十倍であった。もはや、日本の地上部隊は重大な脅威とはならないであろう」

的確な見方である。

この南太平洋海戦の最中、七戦隊旗艦の「鈴谷」が、艦長木村の超能力的決断によって、戦闘不能か沈没かの窮地を脱することができた。

十月二十六日午前六時すぎ、「鈴谷」は南雲機動部隊前衛の一艦として、南雲がひきいる機動部隊本隊の前方百八十キロほどの位置から、米機動部隊側の東南東方向へ急進撃していた。

前衛は左翼の重巡「筑摩《ちくま》」から右へ重巡「利根《とね》」、高速戦艦「霧島」「比叡」、軽巡「長《なが》良《ら》」、右翼の「鈴谷」と、その前面の駆逐艦六隻で、それぞれ横陣である。

空は雲におおわれ、ときどきスコールがきた。

午前七時三十一分、米雷撃機六機が、スコールから出て「鈴谷」に向かってきた。「鈴谷」は対空射撃を開始したが、敵機は一機も落ちずに二手にわかれ、右前方と左前方から接近してきて、魚雷を発射しはじめた。

航海長長益《ちょうすすむ》少佐（五十五期）は、右前方の魚雷を回避するために「面舵《おもかじ》」（右回頭）の号令をかけ、雷跡方向に艦首を向けた。魚雷と平行に逆走するのである。

そのとき、左前方の敵機が発射した魚雷も「鈴谷」に向かってきた。長はミッドウェー海戦時、第二航空戦隊司令官山口多聞《たもん》少将（四十期）が乗っていた空母「飛龍《ひりゅう》」艦橋でみごとな操艦ぶりをみせていた名航海長だが、この窮地には進退きわまり、艦長木村に顔を向けた。

木村は間髪をいれず、

「まっすぐいけ」と命じ、反対舷（右舷）の七戦隊司令官西村祥治《しょうじ》少将（三十九期、六月二十五日、栗田と交替）を見た。勇将西村はだまってうなずいた。

左前方に投下された魚雷は、思いがけなく射点沈没（発射地点で魚雷が沈没する）となって、「鈴谷」は魚雷命中をまぬかれた。

もしこの魚雷を回避するために「取舵《とりかじ》」（左回頭）をとれば、右からくる魚雷が「鈴谷」の右舷に命中したにちがいなかった。


昭和十七年十一月一日、木村昌福は海軍少将に進級し、内報をうけたときとおなじく手ばなしでよろこんだ。

二十四日まえの十月八日夜、木村は七戦隊司令官西村によばれ、少将進級の内報をうけた。思いがけない吉報に木村は感激して、こうメモに書いた。

「優待と先輩知友の御蔭とを感謝す　またこの蔭には妻の内助自分の海上勤務を存分に延ばし得たり　家庭の心配事は探しても無かりし絶大の援助なり」（片カナは平がなになおした）

五年まえの昭和十二年（一九三七）十二月一日、木村は海軍大佐に進級し、第二艦隊第二水雷戦隊所属の第八駆逐隊（「天霧」「夕霧」「朝霧」）司令に就任した。

一ヵ月後の十三年正月、精悍な坊主頭で絵に描いたようなカイゼル髭の木村は、東京青山の写真館にゆき、海軍大佐の正装を着用して、左手に指揮刀をにぎり、堂々の上半身写真を撮した。

木村は、裏に「蓋《けだ》し最後の進級なるべし　撮って即ち大人《たいじん》に贈りて恵存を請ふ所以なり　昭和十三年春　木村昌福　高島大人」と書いた一枚を、長崎県の真珠王といわれる高島末五郎に送った。高島は木村と意気投合し、木村が兄事している人物である。

海軍兵科将校の進級・役職は、兵学校卒業時の席次と、その後の各学校（砲術、水雷、航海、通信、航空など）高等科学生、海軍大学校甲種学生（高級海軍将校として必要な学術、技能を二年間で修得する）などの学歴、成績によって大きく左右される。

木村の兵学校卒業時の席次は第四十一期百十八名中の百七番で、その後は兵科将校としては義務教育の海軍水雷学校と海軍砲術学校の普通科しか出ていない。

こういう木村が、大佐になって「最後の進級なるべし」と言うのは当然であった。

それが予備役に退かされず、望外の少将に進んだのだから、ゆきどまりに見えた道が大きな道に出たようになった。木村はそれを天真爛漫によろこび、感謝したのである。

南太平洋海戦で米機動部隊が壊滅したと信じた日本海陸軍は、ふたたびガダルカナル島に増援部隊を派遣し、ガ島を奪回する作戦に乗り出した。

十一月半ばごろガ島に到着する予定の第三十八師団（名古屋）主力と弾薬・糧食を待ち、ガ島内で苦闘をつづけている第二師団（仙台）ほかの残存部隊を合わせ、その兵力で米軍飛行場を攻略し、米軍を殲滅して、ガ島を再占領しようというのである。

ガ島飛行場は、東西に長いさつまいものような同島の中央部北側にある。

第八艦隊司令長官兼外南洋部隊指揮官三川軍一《みかわぐんいち》中将（三十八期）が直率する外南洋部隊主隊の重巡「鳥海《ちょうかい》」以下四隻と、外南洋部隊に所属し第七戦隊司令官西村祥治少将がひきいる支援隊の重巡「鈴谷」以下六隻は、十一月十三日早朝、ソロモン諸島北西部のショートランド島泊地を出撃し、南東方のガダルカナル島へ進撃した。

ガ島に増援される第三十八師団主力と弾薬・糧食の海上輸送を支援するために、ガ島の米軍飛行場を艦砲射撃し、米軍機と飛行場施設を破壊することが目的である。

三川は、午前七時三十分、西村に、

「支援隊の砲撃目標は、ガ島の米軍新旧飛行場およびその周辺」と指示した。

西村支援隊の六隻は、重巡「鈴谷」「摩耶《まや》」、軽巡「天龍」、駆逐艦「夕雲」「巻雲」「風雲」で、それに主隊の駆逐艦「朝潮」が加わる。

三川外南洋部隊は、重巡「鳥海」「衣笠《きぬがさ》」、軽巡「五十鈴《いすず》」である。

午後十一時二十分、西村支援隊は針路八十度（東十度北）の射撃コースに入り、速力二十ノット（約三十七キロ）で進み、旧飛行場の北東側海面から右前方の新飛行場を砲撃した。はじめ先頭の「鈴谷」が二十センチ主砲十門の初弾十発をぶちこみ、三十秒ほどおくれで二番艦「摩耶」が、二十センチ主砲八門の初弾八発をぶちこんだ。

十八分間ていどで射撃を中止したが、新飛行場に火災がおこったのが望見された。

午後十一時四十八分、両艦は左回頭で反転し、針路二百六十度（西十度南）で航走しながら、左方の旧飛行場（ルンガ岬に流れるルンガ川東側）に二十センチ砲弾をぶちこんでいった。旧飛行場にも火災がおこった。

十一月十四日午前零時五分、両艦は射撃を終了した。

射撃時間は前後三十三分間、「鈴谷」が発射した二十センチ砲弾数は五百二十四発、「摩耶」は四百八十五発、合計千九発であった。

しかし、米軍資料によると、この射撃で、急降下爆撃機一機、戦闘機十七機が破壊され、戦闘機三十二機が損傷したが、飛行場はあいかわらず作戦可能のままだったという。

西村支援隊は、十一月十四日午前五時ごろ、ソロモン諸島中部ニュージョージア島南方で三川主隊に合同し、三川主隊が左側（西側）、西村支援隊が右側となり、ショートランド泊地に向かった。

しかし、午前六時三十分からと、七時二十四分からの二回、米空母の艦爆十数機ずつに襲撃されて、両隊とも被害が続出した。

主隊の二番艦「衣笠《きぬがさ》」は、一回目の集中爆撃で直撃弾四発をうけ、午前九時二十分に沈没した。

三川が乗る外南洋部隊主隊旗艦の「鳥海」は、至近弾で第四、第五缶室に火災が発生し、速力が大きく低下した。三番艦の「五十鈴」は至近弾で第二、第三缶室が満水となり、舵も故障して後落し、「朝潮」が護衛についた。支援隊の二番艦「摩耶」には、撃墜した米艦爆が甲板に激突して火災がおこった（『戦史叢書・南東方面海軍作戦〈2〉』『ヒゲの提督　木村昌福伝(続)』参照）。

このとき「鈴谷」は支援隊の先頭を進んでいたが、うしろからくる米艦爆隊が爆撃にうつるまえに、艦長木村が号令をかけた。

「之《の》字運動始め、A法」（之字運動は右へ左へジグザグに前進する）

このため「鈴谷」は、みるみるうちに、隊列から後落しはじめた。

運用長前田少佐はどうなることかと思って見ていたが、米艦爆隊は一機残らず「鈴谷」の上空をとび越して、前方の戦隊に突っこんでいった。

したがって「鈴谷」には、なんの被害もなかった。

前方で爆弾と機銃弾を消費した敵機がひきかえしてきて、パラパラと機銃弾を「鈴谷」に撃って帰っていったが、人命、設備に異常はなかった。

前田は、木村の機知と決断にまたまた感嘆させられた(前田元運用長談)。

ただ木村は、この空襲時のことを、

「帰途、爆雷撃数度、本艦には幸に来ず　衣笠、摩耶被害、鳥海は漸《ようや》く被弾を免《まぬか》るるも天龍も被雷……」とメモに書いているだけで、之字運動、後落のことは何も書いていない。

しかし、三川主隊の重巡「鳥海」「衣笠」、軽巡「五十鈴」と、西村支援隊の重巡「摩耶」、軽巡「天龍」が米爆・雷撃機の攻撃をうけて被害もあったのに、重巡「鈴谷」だけが米軍の攻撃をうけなかったのは、なんらかの理由があったからにちがいない。

ただ、それが之字運動のためか、あるいは別のことなのか、もうひとつ確かな理由は不明である。

十一月十四日、十五日は、ガ島に関係がある日本陸海軍部隊にとって最悪の日となった。

第二水雷戦隊司令官田中頼三《らいぞう》少将(兵学校で木村と同期)が指揮する増援部隊の駆逐艦十一隻に護衛され、三十八師団主力を乗せて、十三日午後三時三十分、ショートランドを出撃し、ガ島に向かっていた輸送船十一隻は、十四日午前、午後にわたり、延べ百機以上の米軍機に襲撃され、六隻が沈没、一隻が航行不能、四百五十人が戦死という惨憺たる損害をうけた。

撃沈破されずに残っていた輸送船四隻と、航行不能および沈没した輸送船七隻の乗船者・乗組員を乗せた駆逐艦十一隻は、十一月十五日未明、ガ島飛行場西方のタサファロング泊地に到着した。

ところが、明るくなった午前六時ごろから、米軍機延べ三十機の爆撃と、米巡洋艦、駆逐艦各一隻の砲撃をうけ、輸送船は四隻とも再起不能になった。揚陸できたのは、人員約二千人と、糧食千五百俵、野《や》・山《さん》砲の弾薬二百六十箱だけであった。糧食千五百俵はガ島で飢えている陸軍部隊全員の四日分にすぎず、弾薬の大部分は米軍の砲爆撃で焼失した。

こんどこそガ島飛行場を奪回し、米軍を殲滅しようとした陸海軍の計画は、これで崩壊した。

この結果、日本陸海軍はガ島奪回を断念し、ガ島の陸上部隊の撤収をおこなうほかなくなった。

制空権がなく、遠すぎて戦いも増援も補給も困難なガ島戦は、はじめからやるべきではなかった。主として連合艦隊司令長官山本五十六の失敗であった。

十一月二十四日、木村に、「横須賀鎮守府出仕」の人事電報がきた。出仕は無任所の勤務である。

翌二十五日朝、木村は乗員総員の見送りをうけて、ニューアイルランド島（ニューギニア東方）カビエンに在泊中の「鈴谷」を退艦し、「鈴谷」の水上偵察機で南方のラバウルに飛んだ。

ついで二十六日早朝、日本航空の飛行艇便でラバウルを出発し、トラック、サイパンを経て、二十八日、横浜航空隊に到着した。

第四章　絶体絶命の死闘

横須賀鎮守府出仕になった少将木村昌福は、昭和十七年（一九四二）十二月五日、舞鶴海軍警備隊司令官兼舞鶴海兵団長に発令された。海兵団は下士官と新兵の教育訓練所である。

しかし二ヵ月後の昭和十八年二月五日には、第一艦隊（戦艦戦隊主力の艦隊）司令部付・第三水雷戦隊司令官予定に転補された。

二月八日、木村は東京霞が関（日比谷公園西側）にある海軍省赤煉瓦ビルにゆき、海軍省人事局や軍令部第一部（作戦部）などをまわり、さいきんの戦況を聞いた。

木村と兵学校同期の第三水雷戦隊司令官橋本信太郎少将の駆逐艦部隊が、二月一日から、ガダルカナル島陸上の日本陸海軍部隊一万余人を撤収する至難の「ケ」号作戦を三次にわたって決行し、この二月八日朝、完全成功裡におわった。

木村はその橋本の後任として、第三水雷戦隊司令官に就任するのである。

このころ、東部ニューギニアの日本陸軍部隊と海軍陸戦隊も、兵力・装備・支援航空兵力が段ちがいにまさる米豪（オーストラリア）連合軍に敗れつづけ、東部ニューギニア全域も遠からず連合軍に奪取されそうな形勢になってきた。

前年十二月三十一日、大本営陸海軍部は御前会議においてガ島陸上部隊の撤収を決定した。

昭和十八年一月二日には、東部ニューギニアの要地ブナ（大トカゲ形のニューギニアのシッポの中部で、東側のソロモン海に面した集落）を守備していた指揮官安田義達《よしたつ》大佐（四十六期、戦死後中将に特進）の海軍陸戦隊と陸軍歩兵部隊が玉砕全滅して、ブナも米豪連合軍の手に落ちた。

その結果、ブナの飛行場を発進する連合軍の小型機が、北東方に六百三十キロほど飛び、ニューブリテン島北東端にあるラバウルの日本陸海軍基地に空襲をかけることができるようになった（『戦史叢書・南東方面海軍作戦〈2〉』）。

ガ島についでまた苦境に追いこまれた大本営陸海軍部は、一月四日、陸海軍中央（この場合は陸軍の参謀本部と海軍の軍令部）協定を結び、カロリン諸島トラック島で総指揮をとっている連合艦隊司令長官山本五十六《いそろく》海軍大将と、ラバウルで総指揮をとっている第八方面軍司令官今村均《ひとし》陸軍中将に、中部ソロモン諸島（ニュージョージア島方面）、およびラエ、サラモア、マダン、ウェワク（いずれもブナ北西方のニューギニア東岸にある集落）を中核とする東部ニューギニアに、確固とした防衛態勢を固めるように指示した。

東部ニューギニア方面への増援は、つぎのようにすすめられた。

一月七日には、陸海軍戦闘機隊の全力支援をうけ、師団長中野英光陸軍中将の第五十一師団（宇都宮）の一部約五千人と、海軍の第七根拠地隊（陸戦隊が主力）の一部をラエに船団輸送した。

一月十九日から二十三日にかけては、師団長青木重誠陸軍中将の第二十師団（京城《けいじょう》、現ソウル）主力を、ブナからもっとも遠い北西のウェワクに上陸させた。

しかし、日本陸海軍陸上部隊のブナ撤退につけ入った米豪連合軍が、一月十一日以降、ラエ、サラモアの日本軍基地に攻撃の鉾先を向けてきたために、この方面の日本陸海軍部隊も危うくなってきた。


木村は二月十二日、飛行艇便で横浜を出発し、トラック島からは飛行機便で、二月十四日、ラバウルに到着した。この日、木村は、第三水雷戦隊司令官に発令された。

二月二十二日、橋本信太郎からざっくばらんな申し継ぎをうけた木村は、その夜午後九時、橋本が「ケ」号作戦で旗艦にしていた駆逐艦「白雪」に将旗（少将旗、指揮権の所在を示す）を掲げ、ラバウルから東側のニューアイルランド島北西端のカビエンに向かった。

二十三日朝、「白雪」はカビエンに着き、木村は本来三水戦旗艦の軽巡「川内《せんだい》」に移乗して、三水戦幕僚たちの意見を聴《き》いた。


この間の二月十三日、東部ニューギニアへの増援作戦について、陸海軍はつぎの輸送日程をとりきめていた。

海軍側がはなはだ危険として反対していた第五十一師団主力のラエ輸送は、急を要するという陸軍側の強い主張に押され、海軍側は確信がないまま、船団輸送で決行することに同意した。
ウェワク（ブナからいちばん遠い北西方の海岸）は、二月二十日から二十六日
ラエ（ブナからいちばん近い北西方にサラモアがあり、その北側）は、三月三日
マダン（ラエとウェワクの中間）は三月十日
これらの作戦輸送のうち、もっとも重要でもっとも危険なラエ輸送は、「八十一号作戦」と称された。

いずれもラバウルに司令部をおく、草鹿《くさか》任一《じんいち》海軍中将（三十七期）が司令長官を兼務する南東方面艦隊および第十一航空艦隊と、軍司令官今村均陸軍中将の第八方面軍がとりきめた陸海軍協定にもとづいて、二月二十一日、陸海軍の各部隊は、ラエ船団輸送の現地協定を結んだ。

陸海軍戦闘機隊の上空警戒の下に、木村三水戦司令官が指揮する護衛部隊の駆逐艦八隻が、陸軍輸送船七隻と海軍輸送艦「野島」の計八隻を護衛して二月二十八日にラバウルを出撃し、三月三日、ラエに揚陸するという輸送作戦である。

輸送する人員、物件は、軍司令官安達《あだち》二十三《はたぞう》陸軍中将がひきいる第十八軍司令部および師団長中野英光陸軍中将の第五十一師団主力の六千九百十二人と火砲、車輛、大発（発動機艇）、燃料、弾薬、軍需品、それに海軍の第二十三防空隊約二百四十人をふくむ約四百人である。

航路は、敵中・小型機の攻撃をなるべくうけないように、ニューギニア南東部にある米豪連合軍の大航空基地ポートモレスビーから遠いニューブリテン島北方航路がえらばれた。し

かし、ラエにちかづけば敵中・小型機の行動圏内に入る航路である。

　はじめ海軍側が、駆逐艦の護衛による五十一師団主力のラエ輸送に反対して、揚陸点をはるか北西方のマダンかウェワクにするように主張したのは、さいきんの米豪連合軍機の増勢状況を見れば、ラエは明らかに危険で、マダンやウェワクならば安全と判断したためであった。

　ところが陸軍の八方面軍司令部は、マダンやウェワクに揚陸すれば、マダンからラエへの約四百キロの道路づくりが困難で、兵力のラエ、サラモア地域への増強がおくれるから、危険を冒しても五十一師団主力のラエ揚陸が必要であると主張した。その八方面軍司令部は、ラエ上陸の成功率を四十パーセントから五十パーセントとしか見ていなかった。

　結局、陸軍側の主張がとおり、ラエ輸送が決定された。しかしそれは、成功の可能性より作戦の必要性を優先させる選択で、要するに懲りたはずのガ島戦とおなじく、作戦指導部の人命軽視の精神主義から出された作戦方針というべきものであった。

　木村の三水戦は、南東方面艦隊に所属する第八艦隊司令長官三川軍一《みかわぐんいち》中将（三十八期）が指揮官を兼務する外南洋部隊に所属している。

　二月二十日から二十六日にかけて、西カロリン諸島のパラオ島から、輸送船団で陸軍部隊の人員・物件をウェワクに輸送する「丙三号輸送」作戦は、駆逐艦部隊と空母「瑞鳳《ずいほう》」飛行機隊の護衛下にすすめられ、予定どおり二十六日に無事終了した。

　ウェワクは米豪軍の中・小型機の攻撃圏外であったのが、なにより幸いした。

　輸送人員・物件は、第四十一師団（宇都宮）長阿部平輔陸軍中将以下一万一千八百余人と、

車輛九十四輛、物件八万五千六百余梱などであった。

カビエンに待機していた木村は、二月二十六日、将旗を「川内」から行動が軽快な「白雪」にうつしてラバウルに向かい、二十七日午前四時ごろ、ラバウル泊地に入泊した。そこには、木村が指揮するラエ輸送作戦の護衛部隊に参加する駆逐艦「時津風」「敷波」「朝雲」「浦波」「朝潮」「荒潮」「雪風」の七隻が待っていた。

この日午前、「白雪」に各駆逐隊司令、駆逐艦長が参集し、作戦うち合わせがおこなわれた。

二月二十八日午後十一時ごろ、指揮官木村が乗った艦長菅原六郎中佐(五十一期)の「白雪」以下八隻の護衛部隊はラバウルを出撃し、港外で八隻の輸送船とともに船団部隊を編成した。そしてニューブリテン島北方航路をとり、敵機の爆撃・雷撃に対する回避がきわめて困難な九ノットという鈍足で、西方のラエに向かった。安達十八軍司令官とその司令部員は、船団部隊左側先頭の駆逐艦「時津風」に乗っている。

輸送船団は右側に第一分隊の四隻、左側に第二分隊の四隻が、それぞれ単縦陣で進んだ。分隊間の間隔は二千メートル、各船間の距離は八百メートルで、その前後左右二千メートル以上に、中央先頭の「白雪」以下駆逐艦八隻が警戒配備についている。

三月一日は無事におわった。

三月二日朝、船団部隊はニューブリテン島西端のグロセスター岬の北東海面にさしかかった。この岬の西対岸がニューギニアのフォン半島になっている。

午前八時五分ごろ、米軍のB17重爆撃機三機が高度三千メートルで船団の左方に現われ、護衛駆逐艦の対空銃砲火のあいだを縫ってちかづき、高度約二千メートルで、各輸送船を水平爆撃した。

午前八時十分ごろ、輸送船団左列先頭の「旭盛丸」が一千ポンド（約四百五十キロ）爆弾二発の直撃をうけて火災をおこし、午前八時三十五分ごろ隊列をはなれ、午前九時二十六分ごろ、あえなく沈没した。

上空には直衛の零戦九機がいたが、防ぐことができなかった。

木村の命をうけた「朝雲」「雪風」は、「旭盛丸」に乗っていた陸軍将兵千五百人のうち九百十八人を収容し、高速でラエへ急行して日没後ラエに着き、ただちに「雪風」に乗っていた五十一師団長中野英光中将以下の陸軍部隊と、「旭盛丸」から収容した将兵の全員を揚陸した。その後「朝雲」「雪風」は反転して、翌三月三日午前三時ごろ、船団部隊に復帰した。

輸送船団は三月二日午後二時二十分ごろからB17六機の銃爆撃をうけ、ついで午後四時二十五分ごろからB17八機の爆撃をうけ、各船とも多数の死傷者を出した。上空にいた陸軍戦闘機隊はよく戦ったが、防ぎきれなかった。

三月三日朝、船団部隊はフォン半島東南端のクレチン岬の北側にあるフィンシュハーフェン東方の海面に達していた。快晴であった。

ニューブリテン島西端のグロセスター岬とニューギニアのフォン半島のあいだにウンボイ島があるが、そのニューブリテン島側がダンピール海峡、ニューギニア側がビティアズ海峡になっている。

ビティアズ海峡を南東に進んでいた船団部隊は、まもなく西側のフォン半島を右に見てその南側を西方にまわり、午前九時に針路を二百七十度（西）にとれば、あと約百十キロでフォン半島南岸つけ根のラエに着く。ただ九ノット（時速約十六・七キロ）の輸送船では、そこからまだ六時間四十分ちかい航程である。

午前七時五十分ごろ、船団部隊の南方に敵機の大群が出現した。船団部隊はポートモレスビーを基地とする米豪連合軍の中・小爆撃機の攻撃圏内に入ったのである。

米豪連合航空攻撃隊は、B17重爆撃機十三機を高度三千メートルに、その上空にP38とP40戦闘機計約五十機を配備するとともに、ビューファイター軽爆撃機（豪州）十三機とB25中型爆撃機二十五機を高度約百五十メートルの超低空と約二千メートルの中空に配備して、船団部隊にちかづいてきた。

午前八時ごろ、米豪側の中高度水平爆撃機B17や急降下爆撃機の来襲を予想して、上空六千メートルで邀撃《ようげき》（迎撃）態勢をとっていた日本側の上空直衛零戦四十一機中の十二機は、ただちにB17群に突撃した。

しかし、超低空のビューファイター軽爆や中空のB25中爆に対しては、発見がおそく、距離がはなれすぎ、さらにP38・P40戦闘機の妨害をうけて、ほとんど攻撃ができなかった。

そのために、ビューファイター十三機とB25二十五機計三十八機は、船団部隊の左方から、正面から、右方から、あるいは百五十メートルの超低空から、千五百メートルの中空から、五百ポンド（約二百二十五キロ）爆弾投下を加えてきた。米側資料によると、もっとも成功したのは、B25十二機が編隊をくずし、中空から高度百五十メートルの超低空まで降下して分散し、回避運動をしている日本軍の艦船に、機銃掃射を浴びせながら五百ポンド爆弾を投下したことだという。

この新戦法によるわずか二十五分間の攻撃で、船団部隊の残存輸送船七隻ぜんぶと、駆逐艦「白雪」「荒潮」「時津風」の三隻が、沈没あるいは航行不能という最悪にちかい状態におちいった（『戦史叢書・南東方面海軍作戦〈3ガ島撤収後〉』と、同書に掲載の米軍資料を参照）。

航行不能になった「時津風」に乗っていた安達十八軍司令官以下の陸軍将兵は、「雪風」が収容した。

木村の将旗を掲げた「白雪」は、つぎのような経過で沈没した。

午前八時十分ごろ、「白雪」は、右前方から超低空約百五十メートルで機銃掃射しながら突っこんできた敵軽爆（ビューファイターか）に艦首を向け、爆弾回避運動につとめていた。そこへ右舷後方から突っこんできた一機（B25か）が、「白雪」に向けて魚雷のようなものを海面に投下した。それが水面で跳躍して、「白雪」右舷後部の三番弾庫ふきんに命中し、弾庫が爆発した。たちまち艦の後部がざっくり切断され、速力が消滅した。

軽爆の機銃弾で、左腿と右肩に貫通、右腹部に盲貫の重傷を負った木村は、短艇に収容されて舷側ふきんにいた。しかし「白雪」は次第に沈下し、やがて艦首を立てて垂直に沈没した。

魚雷のようなものは新型の反跳爆弾と推定されたが、前後から同時攻撃をうけた「白雪」が、それを回避することは不可能であった。

この猛空襲は、午前八時三十分ごろおわった。無傷だったのは「朝雲」「雪風」で、「浦波」「敷波」「朝潮」は軽傷であった。これら五隻は、午前九時ごろから、僚艦と輸送船の遭難者救助にかかった。遭難者の多くは、救命筏や竹浮輪に体をくくりつけて、海面に漂流していた。

午前九時三十分ごろ、「敷波」上の護衛部隊指揮官木村は、五駆逐艦の救助作業を指揮しはじめた。だが、午前十時三十五分、敵機二十四機発進という電報をうけ、「救助作業中止、ロング島北方海面に集結せよ」と下令した。ロング島はフィンシュハーフエンから百カイリ（約百八十五キロ）以上北西方の島で、そこならば敵の中・小型機はこないと判断したのである。

ところが、第八駆逐隊司令駆逐艦「朝潮」に乗っている同隊司令佐藤康夫大佐（四十四期）から、「敷波」上の木村指揮官あてに発光信号が送られてきた。

「ワレ野島艦長トノ約束アリ　野島救援ノノチ避退ス」

「野島」は航行不能になった海軍輸送艦で、艦長は兵学校では佐藤の一期下（四十五期）だが、肝胆相照らす仲の松本亀太郎大佐であった。

ラエ輸送作戦出撃の直前、佐藤と松本は酒を飲み、「こんどの作戦は危ないから、やられたときは助け合おう」と、笑って約束をかわした。

しかし、佐藤のやろうとしていることは、木村の命令に違反する行為とみなすこともできる。

それでも木村は、佐藤の意見をうけ入れて、

「了解」の信号を返させた。

このとき木村の頭には、ミッドウェー海戦に敗れて避退するとき、衝突して破損した僚艦「三隈」と「最上」が、無傷の「熊野」「鈴谷」から敵地に置き去りにされ、米機動部隊の艦爆隊にめった打ちにされたときのことが浮かんだにちがいない。

しかも、死に瀕したこの二艦を救援しようとして遭難現場に駆けつけたのは、司令こそ佐藤大佐ではなくて小川莚喜《のぶき》中佐（四十六期）であったが、おなじ八駆逐隊の「朝潮」「荒潮」であった。

そのうえ、いまやその一艦の「荒潮」は、今朝八時十分ごろの爆撃で二発の直撃弾をうけ、艦長久保木英雄中佐（五十一期）以下多数が死傷し、舵故障状態で「野島」と衝突して、航行不能におちいっていた。

佐藤は、「野島」ばかりか、「荒潮」の生存乗員も見捨てて去ることはできなかったのであろう。

木村は情を殺して、「朝潮」一隻を残し、「敷波」「浦波」「朝雲」「雪風」の四隻をひきいて急速北上し、午後三時ごろロング島北方海面に到着した。

八駆逐隊司令佐藤は「朝潮」を指揮して、陸軍輸送船と「野島」、「荒潮」の遭難者たちを収容し、ロング島北方へ避退しはじめた。だが午後一時十五分ごろ、二回にわたって敵爆撃機計約四十機の攻撃をうけ、「朝潮」も沈没をまぬかれなくなった。

さきに久保木「荒潮」艦長が戦死し、いままた「朝潮」艦長吉井《よしい》五郎中佐（五十期）も戦死して、ひとり生き残った司令佐藤は、沈没しかかっている「朝潮」の前甲板に残り、艦を去る「朝潮」乗員と収容者たちを見送り、車地《しゃち》（ろくろ）に体を縛り、腰をかけて、「もう疲れたよ、あとを頼む」と言って、従容として艦と共に沈んだ（『続篇・艦長たちの太平洋戦争』中の「槇」艦長石塚栄少佐〈六十三期〉の証言「戦術の極意」参照）。

吉井と久保木の両人は、ともにミッドウェー海戦の帰り、「三隈」「最上」の救援に挺身した「朝潮」と「荒潮」の艦長であった。

佐藤は、昭和十七年二月二十七日のスラバヤ（現インドネシアのジャワ島東部）沖海戦のとき、第九駆逐隊（「朝雲」「峯雲」）司令として抜群の功績をあげ、山本五十六連合艦隊司令長官から感状を授与された。開戦から戦死するまでの十五ヵ月間に二十七回にものぼる戦闘に参加し、地獄行のようなガ島への駆逐艦輸送も十二回におよんだ。昭和十八年二月はじめに決行されたガ島陸上部隊撤収の「ケ」号作戦にも、すすんで第二次、第三次作戦に参加した。第八駆逐隊司令になったのは、ラエ輸送作戦の二週間ほどまえの昭和十八年二月十五日であった。

佐藤の海軍兵学校卒業時の席次は木村と似ていて、四十四期九十五名中の八十五番である。

自分のかわりに佐藤が一身を捨てた人命救助行為に痛切な感銘をうけた木村は、のちに横須賀鎮守府司令長官古賀峯一《こがみねいち》大将（三十四期）に、故佐藤康夫の二階級特進（中将に）を願う上申書に口添えをしてくれるよう誠心誠意懇請した。やがてそのとおりになったとき、どうしても果たさなくてはならなかった宿願がかなったよろこびをメモに書いた。

「野島」艦長松本以下四十四人は、四日後の三月七日、ニューブリテン島中部南岸スルミの南方海面を漂流中（短艇か、救命筏か、ゴム浮舟か不明）、呂《ろ》号第一〇一潜水艦に救助された。

ロング島北方海面に避退した「敷波」以下の四駆逐艦は、カビエンから急行してきた「初雪」と合同し、収容中の遭難者約二千七百人を、「初雪」と「浦波」にうつした。「初雪」「浦波」は三月三日午後四時五十分ごろ、ロング島北方海面を発進し、四日午前十時十五分ごろ、ラバウルに着いた。「初雪」には、今村八方面軍司令官の命令をうけた安達十八軍司令官と司令部員が、無念の思いを秘めて乗っていた。

「敷波」「朝雲」「雪風」は、深夜の三日午後十一時から四日午前一時まで、遭難現場で救助作業をすすめた。しかし、まだ漂流中の「荒潮」上の残留員百七十人とふきんの漂流者を少数しか収容できずに、五日朝六時二十分ごろ、ラバウルに帰り着いた。この間、基地航空隊は四日朝から、零戦延べ四十一機で、帰投中の三駆逐艦を護衛した。

草鹿南東方面艦隊兼十一航艦長官は、潜水艦部隊と基地航空部隊に命じて遭難者救助作業をすすめ、三月九日までに、三百二十八人は確実に救助した。

一方、四月五日までに、百人余の遭難者が、独力でラエとニューブリテン島中部南岸のスルミふきんにたどり着いた。

しかし、八十一号作戦の大敗によって、陸海軍は、陸軍輸送船七隻、海軍運送艦一隻、駆逐艦四隻をうしなったのである。さらに陸軍は、約三千人の将兵と、武器・弾薬・車輛のすべてをうしなった。海軍は、多数の駆逐艦乗員と第二十三防空隊の人員・武器などをうしなった。この結果、その後のニューギニア方面作戦も、成功はのぞみ薄となった。

ラエ船団輸送は、もともと無謀な作戦であった。

南東方面艦隊参謀長中原義正少将（木村と兵学校同期）は、三月三日の日誌のトップに書いた。

「イ　計画に無理あり……」

安達十八軍司令官は、三月四日、情況を報告したなかで、作戦の失敗についてつぎのような所感を述べた。

「一　敵情判断を粗漏にせしことを痛感す。航空勢力に関しても多分に希望的観測に立脚し、何とかなるべしと考えいたるところに大なる誤謬ありき。

二　……今次作戦の如き原始的上陸作戦は成功の算なし。何等かの考察に依り敵の航空兵力の眼を避けて実施し得るものならざるべからず」

こういう根本的な誤りのうえに、日本海軍がこれまで経験したことのない米豪軍多数機による中高度水平爆撃、超低空銃撃・爆撃が、いっせいに四方から加えられ、船団部隊は壊滅したのである。

南東方面艦隊兼十一航空艦隊（基地航空部隊）首席参謀三和《みわ》義勇《よしたけ》大佐（四十八期、飛行将校）は、三月四日の日記に、

「余は敵のこの種の攻撃を予想せざりき、余の失敗なり、予想したりとせば如何、八十一号作戦は成り立たず」と書いている。

しかし何と言っても、このような地獄にほうりこまれて、無為に死なねばならなかった数千人の陸海軍将兵こそ、痛ましいかぎりであった。

木村は三月三日のメモに書いた。

「敵航空兵力の格段の優勢には手も足も出ず、味方劣勢の湊川の戦の如し。航空撃滅戦の成否今後作戦の成否なり」（片カナを平がなに書きなおした）

湊川《みなとがわ》（現神戸市の中部を流れる川）の戦《いくさ》は、後醍醐《ごだいご》天皇の公卿宰相坊門清忠《ぼうもんきよただ》の非合理もはなはだしい愚策のために、敗北と知りつつ、建武《けんむ》三年（一三三六）五月二十五日、武将楠木《くすのき》正成《まさしげ》が手勢七百騎をひきいて兵庫の湊川に出陣し、数万の足利尊氏《あしかがたかうじ》軍と戦って全滅した戦いである。

太平洋戦争においては、陸海軍を問わず、敵情判断を誤った作戦指導部の愚策による戦いを強いられた前線部隊が、無残に壊滅した例が無数にある。

その根元をたどれば、敵情判断を誤った陸海軍大臣・参謀総長・軍令部総長らの対米英蘭開戦につき当たる。

八十一号作戦に惨敗し、数千の将兵を殺した思いの護衛部隊指揮官木村は、自責の念にさいなまれ、戦場に死ぬことを心底からのぞんだ。

第八艦隊兼外南洋部隊参謀長で、兵学校では木村の一期下だが、「貴様、俺」と言い合う親友の大西新蔵少将（四十二期）が、それを思いとどまらせることに手をつくした。

「敷波」のベッドで寝ている木村のところに、八艦隊司令長官三川軍一、南東方面艦隊司令長官草鹿任一、同参謀長中原義正、基地航空部隊の第二十一航空戦隊司令官市丸利之助《りのすけ》少将（木村と兵学校同期）などがつぎつぎに見舞いにきて、慰撫と再起への激励のことばをかけた。

ついに木村は、再起を期すことに思いなおし、内地帰還を承諾した。

三月五日午後四時、木村が乗船した病院船「朝日丸」はラバウルを出港し、はじめトラックに向かった。

三月六日、木村に横須賀鎮守府付の辞令電報が発せられ、木村はそれを「朝日丸」のベッドの上で知らされた。

三月八日正午、トラック島泊地に入った「朝日丸」は、十二日までそこに碇泊した。その間に、先輩、同僚、後輩、知人など多数が、木村の見舞いにおとずれた。なかに連合艦隊長官山本五十六、第二艦隊長官近藤信竹、第七戦隊司令官西村祥治がいた。

三月十二日、トラックを出港した「朝日丸」は、サイパンを経て、三月二十日、午前八時三十分、広島県の呉軍港に入港した。木村はすぐ呉海軍病院にうつされた。

入院翌日の三月二十一日、木村の長女で十八歳の淑《よし》が、つき添いのために木村の病床にやってきた。

このころの家族は、五十一歳の木村昌福と、四十三歳の妻貞《てい》、長女淑、十五歳の次男気《のぼる》、十一歳の三男昌《あきら》であった。大正十二年（一九二三）五月に生まれた長男昌輝《まさてる》は、生後三日で死去していた。

昌輝が死んだときひどくがっかりした木村は、つぎに生まれてくる子に男をのぞんだ。だが、大正十三年七月二十一日に生まれたのは女の子であった。当時海軍大尉の木村は、連合艦隊司令長官鈴木貫太郎大将（十四期）が司令長官を兼務する第一艦隊（連合艦隊主力の戦艦戦隊が基幹）に所属する第一掃海隊第三号掃海艇長であった。

女児誕生の知らせと命名をもとめる電報をうけとった木村は、やはりがっかりしたが、思いなおして「女でもよし」と考え、「なんでもよし」と返電し、貞が「淑」と命名した。

しかし、淑が成長するにつれて、木村の淑に対する愛情がひとしお深まっていった。

負傷治療の経過がよく、木村は四月三日、横須賀海軍病院に転院し、そこも八日に退院した。

四月九日、横須賀鎮守府付の木村は、鎮守府に出頭して、古賀峯一司令長官に伺候《しこう》した。ラエ輸送作戦で戦死した八駆逐隊司令佐藤康夫大佐の二階級特進について古賀の口添えを誠心誠意懇請したのは、このときである。

それから九日後の四月十八日、山本五十六連合艦隊司令長官が乗った一式陸攻（昭和十六年式中型陸上攻撃機）が、ラバウル南東のブーゲンビル島上空で、米P38戦闘機十六機に襲撃されて密林に墜落し、山本以下十一名が全員戦死した。護衛の零戦は、山本の厳命で六機にすぎなかった。

山本も、他の戦争・作戦指導者とおなじように、敵情をよく知らずに状況判断を誤る長官だったようである。

四月二十一日、山本五十六の後任として、古賀峯一大将が連合艦隊司令長官に就任した。

木村に「海軍水雷学校長承命服務」の辞令が出たのは、四月二十日であった。水雷学校長は木村の前任三水戦司令官だった橋本信太郎少将で、木村は橋本と連絡をとり、橋本の指示をうけながら、当分静養すればよかった。

海軍水雷学校長承命服務の辞令を木村がうけとったのは、木村一家五人が熱海の旅館で休養中の四月二十四日の土曜日であった。

木村は、五月五日、高女を卒業していた淑を連れて、木村家の先祖の墓参りに鳥取市に向かった。妻貞は、中学校四年の次男気と小学校六年の昌が通学するので、家に残った。

五月六日、昌福、淑父娘は、鳥取駅から寺町にある木村家の菩提寺、日蓮宗妙要寺にゆき、木村の母すずの父木村木也、母登美の墓に参詣した。

木也は鳥取藩士で、当然刀を差していたが、文官で俳句を教え、袖丸宗匠とよばれていた。明治十七年（一八八四）、七十歳で死去したが、辞世の句は、「杖笠を力に夢の花野かな」であった。代表作は、「朝の鐘花にさはらぬひびきかな」のようである。

登美は明治四十二年（一九〇九）、八十一歳で死去した。

当時としては、夫婦ともめずらしい長命であった。

祖父母の墓参のほかに、思っていた用事をすませた昌福、淑父娘は、五月八日、鎌倉扇ヶ谷の家に帰った。

水雷学校長承命服務の木村の職務は、前線から送られてくる戦訓、所見などに眼を通し、おもに自分の考えをまとめて、橋本に提示することであった。

五月十二日、指揮官山崎保代《やすよ》陸軍大佐の日本陸海軍部隊が守備するアリューシャン列島西部のアッツ島に、米大攻略部隊が上陸してきて、島の周囲を戦艦、空母をふくむ四十隻以上の米艦隊がとりかこみ、日本軍に砲撃、爆撃を加えているという重大事態が発生した。山崎大佐は陸軍の北海守備第二地区（アッツ島。第一地区はキスカ島）隊長である。

大本営陸海軍部は、五月十三日からアッツ島守備隊の救援策を検討した。しかし名案がなく、五月十八日、「アッツ放棄、キスカ撤収」の方針を内定し、二十一日、これを「ケ」号作戦として正式に発令した。

アッツ島は千島列島北端にちかいパラムシル島（当時は日本領で幌筵島《ほろむしろ》と言っていた）の東北東一千十六キロにあって、キスカ島はアッツ島の東南東三百十二キロにある。

キスカ島は、司令官秋山勝三海軍少将（兵学校四十期）がひきいる第五十一根拠地隊の海軍部隊と、司令官峯木《みねき》十一郎《といちろう》陸軍少将がひきいる北海守備隊の陸軍部隊あわせて約六千人の陸海軍軍人と軍属が守備している。

五月二十九日、アッツ島を守備していた隊長山崎大佐以下の陸軍部隊二千五百二十七人と海軍五十一通信隊分遣隊・レーダー隊・および要務で同島に派遣されていた第五艦隊（重巡戦隊が主力）参謀江本弘海軍少佐（五十五期）など百十一人、計二千六百三十八人が玉砕、全滅した。

六月八日、木村に、第一水雷戦隊司令官の辞令が発令された。

木村は、一水戦司令官として、キスカの陸海軍部隊を撤収する「ケ」号作戦を成功させる至難の大役を背負わされることになったのである。

「ケ」号の名称は、完全に成功したガダルカナル島陸上部隊撤収の「ケ」号作戦とおなじく「撤退」の符号だが、「捲土重来《けんどじゅうらい》」の意味もある。

それにしても、ラエ輸送の八十一号作戦での惨敗で、

「敵航空兵力の格段の優勢には手も足も出ず、味方劣勢の湊川の戦の如し。航空撃滅戦の成否今後作戦の成否なり」と肝に銘じた木村が、このとき一水戦司令官に任命されたのも天命のようである。

第五章　信仰と戦運

明治二十四年（一八九一）十一月二十六日、木村昌福は静岡市紺屋《こうや》町六十六番地で、弁護士の父近藤壮吉、母すずの次男に生まれた。

生年月日は戸籍では同年十二月六日だが、父壮吉が、昌福という名前の由来と実際の誕生日をつぎのように書きのこしている。平易に書きなおす。

「明治二十四年十一月二十六日、第二期帝国議会を開かる。天皇議院に親臨し、開院の式を挙げたまう。勅にいわく、朕すでに我が光輝ある憲法上の進行を誤らざることを嘉《よみ》し、さらに卿らが帝国の隆昌と人民の幸福をもって目的とし、和衷《わちゅう》協同してますますその公務を竭《つく》さんことを望むと。次男この日をもって生まる。よって名に命ずと云爾《しかいう》　昌福」

近藤壮吉は、大隈重信《おおくましげのぶ》が明治十五年に組織した改進党の党員となり、英国式の漸進的改革運動に熱中した。

やがて選挙に失敗して財産をつぶし、明治四十三年（一九一〇）、静岡から東京に転居したが、まもなく妻子を東京にのこし、自分の母だけ連れて朝鮮に渡った。しかし事業は好転せず、大正五年（一九一六）、一人で東京に帰る途中、下関の旅館で病に倒れ、最期を遂げた。

すずは、鳥取藩士木村木也（実名謙三郎）、登美の一人娘で、近藤壮吉と結婚して一女六男を生み育てた。女は長女だけで、男は海軍兵学校第四十期に入った長男憲治、同校一期下の次男昌福、陸軍幼年学校に入り在校中に病死した三男克平、軍人以外の道をえらんだ五男春海、海軍兵学校第五十期に入った六男一声である。四男は夭折《ようせつ》したらしい。

才女のすずは、一人娘にもかかわらず上京して、東京女子高等師範学校（現お茶の水女子大学）第一期生の試験に合格し、卒業後、東京で教師になった。

壮吉が財産をつぶし、東京に転居した明治四十三年から、すずは女子美術学校の教師に就職し、ついで帝国女子医専の舎監をつとめた。

同年九月、長男憲治は広島県江田島《えたじま》の海軍兵学校第二学年生徒に進み、次男昌福は同校に入校したので、二人分の生活費がほとんど不要になった。

すずは三男以下も出来がよいのに張り合いを感じて働き、子どもらを優しく厳しく養い教育した。

木村昌福が生まれた静岡市紺屋町は、いまもJR静岡駅のすぐ西側にあるが、生家は近藤壮吉所有の「審法《しんぽう》館」という敷地一千坪もある事務所併設の豪邸であった。由緒ある小《お》梳《ぐす》神社のとなりである。

近藤昌福が木村姓にかわったのは、すずが木村家の一人娘なので、昌福が木村家の家督を継ぐ養子になったからである。養子縁組は、昌福が満一歳にならない明治二十五年九月におこなわれた。

木村木也は八年まえの明治十七年に死去していたので、昌福は自分の実祖母だが木村家戸主登美の養子となった。

登美は明治四十二年（一九〇九）十二月、八十二歳で他界した。昌福は県立静岡中学校五年であったが、予定どおり木村家の家督を継いだ。

昌福を戸主として市役所に申請した申請人は、木村家と親戚の元鳥取藩士無職の吉岡豊三郎である。昌福はのちのちまで、吉岡豊三郎を「吉岡のおじいさん」、その息子で海軍機関学校（十一期、兵学校三十期と同年期）を卒業して海軍機関中将に昇進し、退官後川崎造船所社長になった吉岡保貞《やすさだ》を「吉岡のにいさん」と言っていた。

明治三十八年（一九〇五）四月、木村昌福は県立静岡中学校に入学した。

五月二十七、八日、東郷平八郎大将がひきいる連合艦隊が、ロシアのバルチック艦隊をほとんど全滅同然に打ち破った。世界史にもかつてないその大勝利を聞いた昌福は、兄憲治とともに感激し、海軍への憧れを抱いた。

中学五年当時の木村は、秀才型ではなく、ガリ勉もしなかった。級友らの印象に残ったのは、抜群に強い柔道二段であったことと、いじめられっ子をよくかばったことであった。

のちに木村は自分の子どもらに、

「おれは海軍に入らなかったら、侠客の親分になっていたろう」と話したという。

おなじ静岡県の清水次郎長に魅力を感じていたのかもしれない。

明治四十三年（一九一〇）三月、木村は静岡中学校を卒業し、同年九月十二日、第四十一期生徒として、海軍兵学校に入校した。兄憲治が一年まえに入校した第四十期生徒として在校していた。

四十一期の入校時の生徒数は百二十人で、応募者は三千数百人であった。

このころ近藤家は、東京市麹町区《こうじまち》（現千代田区）飯田町（現飯田橋）にあった。

十二月一日、日露戦争時、軍令部作戦班長であった知謀家の山下源太郎少将（十期、のちに大将、連合艦隊司令長官、軍令部長）が校長になり、翌明治四十四年十二月、日露戦争時、連合艦隊旗艦の戦艦「三笠《みかさ》」砲術長であった秀才で熱血漢の加藤寛治《ひろはる》大佐（十八期の首席、のちに連合艦隊司令長官、大将、軍令部長）が教頭兼監事（生徒訓育、教練、体育などの指導官）長に就任した。

山下、加藤は、生徒らを厳しいスパルタ教育で鍛えた。

四十一期には、中原義正、納富《のうとみ》（のちに松永）貞市、草鹿龍之介（後述）、大森仙太郎（後述）、保科《ほしな》善四郎（後述）、田中頼三《らいぞう》（後述）、橋本信太郎、市丸利之助《いちまるりのすけ》（昭和二十年三月、第二十七航空戦隊司令官として硫黄島で戦死、中将）、大田実《みのる》（昭和二十年の沖縄戦で、最後に「……沖縄県民かく戦えり、県民に対し後世特別の御高配を賜わらんことを」の電報を海軍次官あてに発信して自決した沖縄方面根拠地隊司令官、中将）などがいる。

四十一期も、三号（第一学年）生徒時代、一号（最上級の第三学年）生徒（三十九期）からしばしばどなられ、殴られ（鉄拳）て、鍛えられた。

四十一期が一号になったときも、とくに四十三期の三号に対して、お達示《たつし》（大声の説教）

を浴びせ、鉄拳制裁を加えた。

しかし、一号になった木村が、二、三号に対して、どなったり殴ったりしたことがあったかどうかは不明である。

一号時代の木村は第六分隊員であった（配属分隊は毎年変わる）が、おなじ六分隊の二号（四十二期）に大西新蔵《しんぞう》（のちに第八艦隊参謀長、海軍省教育局長、中将、海軍兵学校副校長）がいた。

『ヒゲの提督　木村昌福伝（前続）』の著者星野清三郎が、終戦後大西に、木村の生徒時代の印象をたずねると、こうこたえた。

「めだたないが、黙々としてよくやる人。

柔道は阿部文太郎《ぶんたろう》（のちに耕運と改名、大佐、戦死後少将）という人もいたが、木村がいちばん強かったのではないか。

お達示などは好きではなかったようだ。下級生から恐れられるというようなことはなかった。みんなに人気があった。

私は木村の一つ下だったが、兵学校卒業後はクラスメート（同期生）のようにしていたのですよ。『おい木村』とね。兵学校のときは一号と二号だから、そうはできなかったが。

とにかく彼は、どんな人間でも収容できるような人間だったと思うよ。なかなか寛容な人でね。だから木村を嫌う人というのはいないんじゃないですか」

阿部文太郎の長男で、海軍経理学校三十三期（兵学校七十二期と同年期）の阿部克己元主計大尉は、

「私のおやじは兵学校で柔道四段だったが、木村さんは五段だったと聞いた」と述べている。

木村と同期の保科善四郎は、星野につぎのように話した。

「めだつという感じはなく、鷹揚で大人《たいじん》の風がそなわっていた。山下校長からは賞賛される性格だったが、監事長（注・加藤寛治大佐）や生徒隊監事（注・兵学校二十七期、兼坂隆《かねさかりゅう》中佐、外剛内剛のやかましい教官で、ケンパンリュウとアダ名されていた）には、ドデンと構えていてあまり受けがよくないという情況だった。

しかしクラスメートからは腹ができていて、天性の素質を持っていると見られているようだった。

私など、田舎出のきまじめさで、同分隊のクラスメートの一人を、あることで永久絶交ときめつけた（卒業前に当人から反省の申し入れがあって氷解）が、木村はそういう者をもクラスで抱いてゆくという気持のようだった。彼はうんとまじめな人からそうでない人まで、だれとでも温くつき合った。それでクラスメートのだれからも好かれ、みんなは彼を『木村』といわずに『ショウフク』とよんで親近感を示していた。

私は仙台出のズウズウ弁で、どちらかといえばボヤボヤしている方で、上手に世渡りをするというようなタイプではなかったので、そんなところに木村も一脈通じるものを感じたように思う」

木村が一号のときにいた六分隊の同期生に、やがて木村とおなじ水雷屋になった大森仙太郎と田中頼三がいた。木村はこの二人とは、家族ぐるみで生涯親交をつづけていた。

第四十一期の卒業式は、大正二年（一九一三）十二月十九日、大正天皇の名代として伏見《ふしみ》宮博恭王《みやひろやすおう》海軍少将（ドイツの海軍兵学校、海軍大学校卒業、日本の兵学校二十期に相当する。のちに元帥、軍令部総長）が臨席しておこなわれた。

卒業者は百十八名で、木村はそのうち百七番、中原は四番、納富（松永）は八番、草鹿は十四番、大森は十六番、保科は二十八番、田中（この当時は本間）は三十四番、橋本は四十三番、市丸は四十六番、大田は六十四番という席次であった。

兵学校の学術教育は、艦の装備を誤りなくあつかえる士官を養成することに重点がおかれ、そのために、教科書を理解し、試験問題に対しては、教えられたとおりに答案を書くように要求されていた。

学校側は、生徒らの各科目の答案を厳密に採点し、その総合点数によってほぼ席次をきめていた。学術点のほかに、訓育点（勤怠、品行など）、実習点があるが、学術点の比重が圧倒的に大であった。

兵学校卒業後は、海軍に在職するあいだ中、大部分は「ハンモック・ナンバー」と称する士官番号（主として兵学校卒業時の席次）によって、進級や役職がきめられていた。

日本海軍の要職にあった兵科将校の多くに、情報収集力、合理的判断力、創造力、改革力などが不足していたことは、兵学校教育と海軍人事・組織制度が米海軍よりだいぶ劣っていたからのようである。

兵学校を卒業して海軍少尉候補生になった四十一期の百十八名は、兵学校西側の江田湾《えだわん》に入港した練習艦「浅間」と「吾妻《あづま》」に分乗した。両艦は日露戦争で活躍した一等巡洋艦である。

練習艦隊司令官は、日露戦争中、難攻不落といわれた遼東半島先端にあるロシア陸海軍の旅順《りょじゅん》要塞攻略戦で、海軍陸戦重砲隊指揮官として大きな功績をあげた黒井悌次《ていじ》郎《ろう》少将（当時中佐、兵学校十三期、のちに大将）であった。

木村は「浅間」乗り組みになった。

十二月二十日、江田湾を出港した「浅間」「吾妻」の練習艦隊は、鹿児島県東部の有明《ありあけ》湾（志布志《しぶし》湾）、鹿児島湾、長崎県の佐世保軍港、中国の上海、旅順、大連、朝鮮各地、対馬、舞鶴軍港、呉軍港、神戸、伊勢湾などをまわりながら種々の学習・実習をかさね、翌大正三年（一九一四）三月二十六日、東京湾南西部の横須賀軍港に入港した。

ついで四月二十日、横須賀を出港し、ハワイと米国西海岸方面への遠洋航海に向かった。五月八日、オアフ島のホノルルに着き、ついでハワイ島のヒロ、米国西海岸のロサンゼルス、サンフランシスコ、バンクーバー、タコマをまわり、六月二十七日、シアトルに入港した。

この間の候補生らの実習訓練は、「牛馬《うしうま》候補生」（牛馬以下という意味）と言われるくらいきびしかった。

しかし、各寄港地での公式訪問交換や、邦人の歓迎行事、艦上での交歓会（アット・ホーム）、陸上見学などでは、新知識・経験が広がるよろこびがあった。

木村はのちのちまで、遠洋航海で視野が開けたことをなによりの徳としていた。

七月七日、シアトルを出港した練習艦隊はアリューシャン列島寄りの北方航路をとり、八月二日、函館に入港して、遠洋航海をおわった。

八月十一日、艦隊は横須賀に帰着し、候補生らはつぎの配乗命令をうけた。木村は第二艦隊（巡洋艦戦隊が主力）第四戦隊の「八雲《やくも》」乗り組みを命ぜられた。「八雲」は僚艦の「磐手《いわて》」「常磐《ときわ》」、他隊の「浅間」「吾妻」「出雲《いずも》」とともに、日露戦争中の一等巡洋艦である。

一九一四年（大正三年）八月五日、英国がセルビア（現ユーゴスラビアの一共和国）を支援するロシア・フランス側に加わって、オーストリアを支援するドイツに宣戦布告し、第一次世界大戦がはじまった。

八月七日、英国は同盟国の日本（日英同盟）に、東洋のドイツ海上兵力の掃蕩を申し入れてきた。

大隈重信内閣は、勅許を得て、八月二十三日、日本はドイツに宣戦布告をした。

日本海軍の第一段作戦は、黄海に面するドイツ東洋艦隊の根拠地青島《チンタオ》攻略戦とされ、八月二十七日、攻略戦がはじまった。

司令長官加藤定吉中将（十期）がひきいる「磐手」「常磐」「八雲」以下数十隻の第二艦隊は、青島前面の膠州《こうしゅう》湾周辺沿岸の海上封鎖をおこない、陸軍の独立第十八師団（久留米）を九月十五日までに青島北方の龍口に無事上陸させた。

十月三十一日、第二艦隊と英戦艦「トライアンフ」・駆逐艦「アスク」および日本海軍の陸戦重砲隊が、ドイツ軍の要塞砲台を猛撃し、日英両陸軍部隊が前進をはじめた。

十一月六日夜、ドイツ軍の砲声がやんだ。日英軍は突撃にうつり、七日早朝、要塞の一角を占領し、つづいて中央へ進撃すると、ドイツ軍は白旗を揚げた。

この間、木村が乗る「八雲」は、第四戦隊の僚艦「磐手」「常磐」などとともに、九月末まで封鎖作戦、青島要塞砲撃に加わっていた。木村の初陣であった。

大正三年十二月一日、木村は他の候補生らとともに海軍少尉に任官した。

大正五年（一九一六）十二月一日、二等巡洋艦「須磨」乗り組みになっていた木村は海軍中尉に進級すると同時に、「普通科学生」を命ぜられた。

横須賀にある海軍水雷学校と同砲術学校で、それぞれ六ヵ月、初級士官に必要な基礎術科知識と技能を習得するもので、兵科将校のだれもが通る義務教育課程である。

このころ、木村は髭を生やしはじめた。うしろからも見える雄大なカイゼル髭ではなく、若い中尉に釣り合うひかえ目な髭であった。

大正六年（一九一七）十二月一日、水雷学校・砲術学校普通科学生を卒業した木村は、臨時南洋群島防備隊付を命ぜられた。

この部隊は、日本海軍が占領したドイツ領南洋群島の防備と民政に任ずるものであった。

木村中尉は大正七年（一九一八）七月十六日、戦艦「三笠《みかさ》」乗り組みを命ぜられ、九月十日、舞鶴軍港で「三笠《みかさ》」に着任した。「三笠」は日露戦争中の連合艦隊旗艦で、ロシア艦隊を壊滅させて日本の独立と生存を保った日本艦隊の代表艦である。

木村が乗り組んだ「三笠」は、十月二日、舞鶴を出港し、十月五日、ロシアのウラジオストックに着き、警備任務についた。

「三笠」には、司令官中村正奇少将（兵学校二十期）がひきいる臨時海軍派遣隊が、シベリアに進出するために乗っていた。

大正七年八月、米国の提唱に乗った日・英・仏・中国の四ヵ国は、シベリアに駐留するチェコスロバキア軍をロシアの急進革命派（ボルシェビキ）軍から救出することを名目にかかげ、米国をふくむ五ヵ国共同のシベリア出兵をはじめた。

八月末、ウラジオストックに集結した五ヵ国の共同派兵国軍は、最大兵力を出した日本の大谷喜久蔵《きくぞう》陸軍大将を軍司令官にして作戦をすすめ、九月末までに極東ロシアの必要地域をほぼ平定して、チェコスロバキア軍を救出した。各国の出兵人員は、日本一万二千人、米国九千人、英国八百人、フランス二千二百人、中国千五百人であった。

「三笠」がウラジオストックに進出したのは、この直後である。

しかし、派兵国軍を敵とするロシアのボルシェビキは、ゲリラ戦法によって各地で猛反撃をはじめた。

大正八年（一九一九）九月十三日、木村中尉は中村正奇司令官がひきいる臨時海軍派遣隊付を命ぜられ、九月十六日、約六十人の補充員とともにハバロフスクに駐留する同隊に着任して、砲艦「モンゴール」乗り組みとなった。

臨時海軍派遣隊は黒龍江（アムール川）を中心とする河川の制河権をにぎり、陸軍作戦に協同することを任務としていて、兵力は人員約五百人と河用砲艦など十数隻である。

しかし、結氷期がせまり、黒龍江上の艦艇乗員は、十月二十一日、陸上兵舎にうつった。

大正九年（一九二〇）三月十一日、ボルシェビキ軍は、尼《に》港《こう》（ニコライエフスク、黒龍江が間《ま》宮《みや》海峡〈タタール海峡〉に注ぐ河口左岸の小都市）を守備する陸軍歩兵第二連隊（水戸）の大隊長石川正雅少佐を、「市内の治安維持には日露両軍で当たる」とだまして、市内に入った。そして翌十二日から、総勢約二千人で石川大隊約三百人と海軍部隊など約百人を全滅させ、四百余人の日本人民留民を老若男女を問わず虐殺した。「尼港虐殺事件」といわれるものである。

ハバロフスクでは、四月五日から七日まで、日本陸海軍とボルシェビキ軍が激しい市街戦をくりひろげた。装甲車三輌を盾にしたボルシェビキ軍五百人の攻撃をうけた海軍派遣隊は、三人の負傷者を出したが、撃退した。

派遣隊は四月七日から、陸軍歩兵部隊と野砲、それに派遣隊の砲台と黒龍江上の艦艇艦砲の支援をうけて基地を守った。

五月上旬、中村正奇海軍派遣隊司令官に対して、第三艦隊司令長官野間《のま》口《ぐち》兼雄《かねお》中将（十三期）から、

「現地の状況海軍の協同を要せざるに至らば、海軍根拠地を撤し、なるべくすみやかに艦艇を率いて下江し、尼港派遣隊および泥港《でいこう》（デカストリー、尼港南方二百キロほど）方面の海軍と連絡をとり、尼港救援に協力すべし」と命令が下った。

中村司令官は、五月十七日、砲艦「シクワール」「ブリヤット」「モンゴール」（艦長阿部政夫大尉、三十六期、これに木村昌福中尉が乗り組んでいる）などをひきいてハバロフスクを

出港し、陸軍部隊と輸送船二隻、運貨船二隻を護衛しながら、ニコライエフスクに向かって黒龍江を下っていった。

途中、ボルシェビキ軍の敷設機雷を排除し、火砲を制圧しながら、六月三日、抵抗をうけることなくニコライエフスクに到着した。

日本陸海軍の救援隊が大兵力で来ると知ったニコライエフスクのボルシェビキ軍は、六月一日、市街を焼き、逃げ去っていた。

六月二十四日、舞鶴帰投の命をうけた臨時海軍派遣隊は、尼港に着いた第三艦隊の派遣要員と交代して、七月二十二日までに全員舞鶴に帰り、二十三日、同隊を解散した。

シベリア出兵は、木村にとっては、危険のない青島砲撃戦とちがい、敵の銃砲弾を浴び、生死の境で戦う体験であった。

大正九年（一九二〇）九月一日、木村は横須賀防備隊第二艇隊（水雷艇隊）「白鷹《はくたか》」（約百五十トン）艇長心得兼海軍水雷学校教官に任命され、十二月一日、大尉に進級と同時に「心得」がとれ、「白鷹」艇長となった。

第二艇隊は、「雉《きじ》」「鴻《おおとり》」「鷗《かもめ》」「白鷹」の四隻で編成され、水雷学校の練習艇隊である。

木村は水雷艇長になったことを、

「海軍で早く指揮官になるには小艦艇の艇長になることだ。それで自分は小艇を希望した」

と言っている。

木村と兵学校同期の高間完《たかま》（のちに少将）も水雷屋だが、「水雷屋かたぎ」について、昭和五十四年（一九七九）三月に刊行された『海軍水雷史』（海軍水雷史刊行会）のなかで、つぎのような説明をしている。

「わたしは大正十年、大尉二年目で『鷺《さぎ》』（日本海海戦で活躍）艇長をおおせつかったが、乗員はわずか三十名で、文字どおり上も下も寝食を共にし、一人何役もやる勤務であった。艇長の私も機関操作や缶（蒸気）焚きの指図をしたし、機関兵でも手旗信号をやるし、水兵も缶室の石炭はこびをやった。

……水雷屋かたぎは、若いときから小艦艇に乗り、家族的なふんい気の中で生活を共にし、虚飾をもちいず、心のまじわりと相互扶助の精神ではぐくまれた独得の気質だ。

上にあって令する者おごらず、下にあって服する者怖じず、しかも上下の序、画然として存し、親愛の情湧然としてあふれる、とでも言おうか。

……その後、駆逐艦もだんだん大型になり、乗員も多くなって、仕事も分業化したが、水雷屋かたぎは依然として厳存し、意を強くするとともに欣快に堪えなかった」

第二艇隊は防備隊所属なので、木村もほかの士官とおなじように、陸上の下宿住居をすることになった。

大正九年十二月一日、木村は海軍大尉に進級したが、それからまもなくのことであった。横須賀海軍工廠で建造中の戦艦「陸奥《むつ》」艤装《ぎそう》（進水後の装備工事）員になっている草鹿龍之介と、やはり兵学校同期の粟屋真の両大尉が座禅をやっているところに行った木村は、シベリアでの戦闘体験をうちあけた。

「最初に敵弾の下をくぐったときは無我夢中だった。すこし慣れてくると恐ろしくなってきた。お祖師さま（開祖）のお守りを肩からかけて戦ったが、心中の恐怖を拭い去ることができない。俺も座禅の仲間に入れろ」

そして、座禅弁道の仲間入りをした（草鹿の回想記）。

『ヒゲの提督　木村昌福伝』には、さらにこう書かれている。

「木村家の菩《ぼ》提《だい》寺（鳥取の妙要寺）は日蓮宗で、ここに木村が『お祖師さまのお守り』といっているのは日蓮上人の姿を描いたものであろう。『肩からかけて』とあるのでこれとは違うと思われるが、後年木村は、高さは台座を含めて約六センチの日蓮上人の坐《ざ》像を、高さ十センチ、幅六センチの小さなごく軽い厨子《ずし》に収め、念持仏として戦陣に携行していたようである。いまは、逗子の木村家貞子未亡人の部屋に安置されているが、厨子の扉には『賜紫身延六十代日新〇』の文字が読みとれる」

生前木村は、妻や子どもたちに、

「シベリアでわれわれは黒の外套を着て雪の中で戦った。敵は白い外套だ。そのために味方はバタバタ敵弾に当たって死傷した。しかし、おれはお守りを持っていたので、タマが一つも当たらなかった」と言っていた。日蓮宗の信徒にはなっていなかったようだが、当時、日蓮の御《ご》利《り》益《やく》を信じていたことは事実のようである。

山本五十六中将が海軍次官だった昭和十三、四年ごろ（一九三八、三九）は海軍省副官、太平洋戦争開戦時は駐米大使館付武官、終戦時は軍令部出仕であった横山一郎少将（四十七期）は、昭和三十年（一九五五）に、宇宙の広大さからすれば、人間などは虫ケラかゴミみたいなものと悟ってクリスチャンになった。昭和五十八年（一九八三）春ごろ、横山は私につぎのように語った。

「山本さん（五十六大将）は神を信仰する人ではなかった。だから、自分にできないことが可能になるような祈りを持っていなかった。自分のできる範囲で一生けんめいやったが、やはり力およばなかった。

東郷さん（平八郎元帥、日露戦争時、連合艦隊司令長官）は神への信仰が篤《あつ》かった。たとえば、日露戦争のとき、出征後最初に『天佑を確信して連合艦隊の大成功を遂げよ』という命令を出している。また日本海海戦の詳報でも、冒頭に『天佑と神助により』と書き、末尾に『御稜威《みいつ》の致す所にして固《もと》より人為の能《よ》くすべきにあらず。特に我が軍の損失致傷の僅少なりしは歴代神霊の加護に由る』と記している。

僕は、そこが大事なところだと思う。天命を信じ、天命を行なえるようなことをやらなければ、ものごとは成就しない。それが戦争の場合には戦運というものになるのだが、東郷さんにはそれがあった。バルチック艦隊が対馬海峡に来たのは、東郷さんに戦運があったからだ。

秋山さん（東郷艦隊先任参謀秋山真之《さねゆき》中佐、十七期）は合理主義のかたまりみたいに言われているが、そのうえに信仰があった。だからやはり、秋山さんにも戦運があったと思う。日露戦争が終わり、最後には神がかりになってしまったほどの人だったが。

山本さんは最初はうまくいったが、あとは天命がマイナスに働くようになり、うまくいかなくなった。山本さんには信仰がなく、そのために戦運もなかったのだと思う」

山本は才に溢れた自信家で、己れを恃《たの》み、人や神に頼らずという人物のようである。東郷は才はそれほどすぐれていないが、己れを知る努力家で、人と神の助けを求める人物のようである。

木村は東郷に近いようだ。


木村の兵学校一号時代は六分隊員で、おなじ分隊の二号に大西新蔵がいたことは前に触れた。

大西は兵学校卒業時、四十二期百十七名中三番という優秀な席次であったし、卒業後の勤務も良好だったので、木村と同時の大正九年（一九二〇）十二月一日、海軍大尉に進級し、海軍砲術学校高等科学生になった。

ちなみに草鹿龍之介は、中尉に進級するときは木村と同時だったが、大尉に進級したのは、木村より一年早い大正八年十二月一日であった。

海軍砲術学校は横須賀市の楠ヶ浦（横須賀本港南側、現在米海軍施設がある）にあったが、その高等科学生になった大西は、ウマが合う木村とおなじ下宿に住んだ。二人はここで先輩、後輩の垣根をなくし、同期生のように「俺」「貴様」で語り合う仲になった。兵学校での先輩、後輩で、それも卒業席次が百七番と三番の者が、このような間柄になったのは、後にも先にもこのコンビだけではなかろうか。

兵学校出身者の誰もが、木村と大西のようになっていたならば、日本海軍もずいぶん自由で民主的で、合理的ないい海軍になっていたろう。

大西新蔵（兵学校卒業時は大西留吉、のちに改名）は、昭和五十四年（一九七九）七月、自著『海軍生活放談』（原書房）を出版したが、そのなかで、この当時の思い出をつぎのように述べている。

「木村昌福中将（終戦後の昭和二十年〈一九四五〉十一月一日進級、大西は昭和十九年十月、中将に進級）は勇名轟く人である。私は高砲学生時代に横須賀で同じ下宿にいたことを光栄としている。下宿は機関学校の正門に近い所にあった。長浜本邸の二階である。主人は請負師か何かで、海軍を篤敬しており、奥さんは料理に自信があり、二階が広く、工廠（海軍工廠、横須賀本港南側）勤務の技術大佐、砲校普学生（海軍砲術学校普通科学生）の古村啓蔵《こむらけいぞう》中尉（四十五期、のちに少将、木村の後任の第二水雷戦隊司令官）がいた。……長浜御殿といって食事が良いので評判であった。

私は木村と呼び棄てることを許されていた。自分で許したのかも知れない。乃公《おれ》、貴様の間柄になっていた。木村は当時長浦の水雷艇長をしていた。

……木村は高水学生（海軍水雷学校高等科学生、修業期間一ヵ年で、水雷長の素質に必要な学術技能を習得して、水雷専門士官と認められるようになる。高等科学生を卒業しない士官は、ノー・マーク〈無章〉士官といわれた）の試験を受けなかったのではなかろうか。木村は下学《かがく》して上達《じょうたつ》する（手近いところから学んで、のちに奥義に達する）人柄である。謡《うたい》も、茶道も、師匠について上達していた。

茶道を修めた人は湯茶を飲む時、必ず、片手で茶碗をとらずに片方の手を添えると言った。

これは私には感銘であった。田舎で育った私は、いわば、戦国の野武士のようなものである。この野武士が室町文化に接して満悦したのも無理もない。その後、湯呑みの握り方を見て、教養の一標準と考え、今日に至っている。会席（懐石であろう）料理の作法につき木村にすすめられたけれど、勉強を理由に参列しなかった。これは残念」

木村が水雷学校高等科学生の試験をうけなかった事情は不明である。高等科学生になるのは、ふつう大尉に進級したときである。しかし、大正九年八月までは生死もかかっていた臨時海軍派遣隊勤務で、九月からは困難多忙な初任水雷艇長修業になった。任務第一主義でもあって、受験準備ができなかったのかもしれない。

しかし根本的には、立身出世欲がなかったか、学校の学術教育内容に興味を感じなかったからではなかろうか。

第六章　結婚と震災救援

大正十年（一九二一）十一月から十一年二月にかけて、米国のワシントンで、列国の海軍軍縮会議がひらかれた。日本の首席全権として出席した海軍大臣加藤友三郎大将（兵学校七期、日露戦争末期、連合艦隊参謀長）は、米国が強硬に主張する米・英・日の主力艦（戦艦）・空母保有量（トン数）の比率を五・五・三にするという日本海軍としてはうけ入れがたい案を最終的に承認して、二月六日、ワシントン（海軍軍縮）条約の調印を成立させた。

無条約で軍拡競争になれば、日本財政が破綻することが明らかなので、五・五・三でがまんする方が賢明である、という判断であった。

要するに「対米不戦論」だが、これで日本は大局的に救われた。

大正十年（一九二一）七月二十九日から特務艦（給油艦）「青島《チンタオ》」分隊長になっていた海軍大尉木村昌福は、痔疾療養のため、大正十一年（一九二二）四月十一日、同分隊長を免ぜられ、佐世保海軍共済病院に入院した。

五月二十二日からは、母すずが住む東京市麹《こうじ》町区三番町二十八番地の近藤家で療養をつづけた。

この間の五月十四日、三十歳の木村は、明治三十二年（一八九九）六月二十五日生まれで二十二歳の原田貞《てい》と結婚した。木村は身長一メートル七十余センチの中背で筋骨たくましい柔道家だが、貞は小柄でほっそりした美人である。

貞の父は東京の京橋で開業している内科医で、男三人女四人の子どもがいたが、家庭は裕福で、女四人は虎ノ門女学院（現東京女学館）を卒業していた。

両親から、木村と結婚するようにと言われた四女の貞は、

「姉さんたちはみな医者に嫁いだのに、どうして私だけ海軍士官の嫁にならなければいけないの」と不満をのべたが、親がきめたことに反対しとおすことができない時代だったので、木村と結婚したようである。

当時の海軍士官は、海上勤務のために家庭にもどるのは年に二、三回、それも数日間ずつくらいだから、現代なら離婚になるのがふつうかもしれない。

木村と貞に見合いをさせ、媒酌人になったのは、横須賀海軍工廠長の山中柴吉海軍中将（財部彪《たからべたけし》、岡田啓介、広瀬武夫などと同期の兵学校十五期）夫妻である。山中夫人は若い士官らに嫁を世話するのが好きなので、木村も「白鷹」艇長時代、山中夫人のところに通って、嫁さがしを頼んだらしい。

結婚した木村は自前の家に移るために、水交社（海軍士官の親睦・扶助団体）から三千五百円を低利で借り、鎌倉市扇ヶ谷に自宅を新築した。同地に自宅を建てた兵学校同期の大森仙

太郎の世話になり、同設計の住居にしたのである。

木村は新居を、ひとりひそかに、「扇ヶ谷秋草庵」と名づけた。秋草庵は祖父木村木也の法名「秋草庵袖丸日詠居士」からとったもので、木村が俳人の木也に私淑していたからである。しかし家族も親戚も、昌福がこの家を「秋草庵」と命名したことを知らなかった。木村の死後、戦後の木村メモに「扇ヶ谷秋草庵」と書かれているのを発見して、はじめて知ったという。


大正十一年六月十二日、高橋是清《これきよ》内閣の後を継いで加藤友三郎内閣が成立した。加藤は海相兼務であった。六月二十四日、首相加藤は、

「本年十月をもってシベリアからの撤兵を断行する」と声明を発表した。

これで日本は、すでに撤兵を終了している米、英、仏、中国ほか、世界各国の日本に対する疑惑不信を解消するとともに、戦費の浪費による日本財政のいっそうの悪化を防いだ。

日本は加藤声明どおり、十月二十五日、北樺太《からふと》（現サハリン北部）に駐留する日本軍だけを残して、シベリアからの撤兵を完了した。尼港事件の賠償をとるために北樺太に残した日本軍の撤兵は、大正十四年（一九二五）五月におわった。


八月十一日に全快した木村は、九月一日、ふたたび第二艇隊艇長兼水雷学校教官に任命され、「白鷹」艇長にもどった。

翌大正十二年（一九二三）五月二十三日、木村夫婦に男児が誕生した。大よろこびした木

村は、昌輝《まさてる》と名づけた。ところが、三日後の二十六日、はかなく死去した。

木村の落胆は深かった。しかしその思いを人に話し、あるいは書きとめることはしなかった。

六月三十日、艇隊の編制が廃止され、木村大尉は単に「鷗」艇長になった。

大正十二年九月一日、土曜日、午前十一時五十八分、関東大震災（マグニチュード七・九）が激発した。首相加藤友三郎が、八月二十五日、大腸ガンで死去し、後継首班の大命をうけた海軍大将（後備役）山本権兵衛《ごんべえ》が組閣の最中であった。

鹿児島出身の山本権兵衛は兵学校二期で、明治二十七、八年（一八九四、九五）の日清戦争中は大佐の海軍省主事（後年の軍務局長に相当する）、明治三十一年（一八九八）十一月から三十九年（一九〇六）一月までは中将、大将の海軍大臣をつとめ、日本海軍の日清、日露戦争は山本によって勝つことができたといえるほど、快刀乱麻を断つ辣腕を発揮した。

大正二年（一九一三）二月から三年四月まで、山本は第一回目の首相をつとめた。

第二回目の山本内閣は、「地震内閣」とよばれた。このときの海相には、大正十二年五月以来の財部彪《たからべたけし》大将（十五期）が留任した。財部は山本の長女いねの夫である。

横須賀軍港では、工場が倒壊あるいは埋没して百人以上が死傷し、ドック内の潜水艦二隻が横倒しになり、巡洋戦艦から「赤城」と同型の空母に改造中の「天城《あまぎ》」が再生不能の損傷を負うなど、大被害が生じた。横須賀地区では、全世帯十万七千戸のうち罹災が十一・七パーセントに達し、市内だけで死者七百人、負傷者約九百人にのぼった。

横須賀鎮守府司令長官野間口兼雄《のまぐちかねお》大将（十三期）は、横須賀海軍区内の警備、治安、市民の医療・食糧確保などを指揮した。

海相財部は、横鎮に対しては横浜の治安維持と東京への救護物資の輸送を、連合艦隊と各鎮守府に対しては、救護物資の輸送と救護班の急速派遣を命じた。

土曜日なので、木村は多くの士官とおなじく自宅に帰る途中であったが、即刻、艇にひきかえして、待機した。

命令をうけた艇長木村の水雷艇「鷗」は、東京と横須賀間の交通・連絡の任についた。

九月五日午後二時半、横須賀に入港した司令長官竹下勇大将（十五期）の連合艦隊旗艦戦艦「長門」以下は、準備をととのえ、東京湾奥の芝浦沖へ進入して投錨し、罹災者たちへの救援物資を陸揚げした。

海軍部隊は全力をあげて罹災者たちの救護、避難民の輸送に当たり、九月十八日までに輸送した避難民の総数は三万四千四百三十一人にのぼった。

この間の木村の活動を、当時横須賀鎮守府副官の草鹿龍之介大尉はつぎのように述べている。

「土曜日だったので、地震発生のそのとき、士官の多くは上陸の途にあった。中にはそのまま帰宅した者もいたが、それは平素優秀と目されていた者が多かった。

木村も帰宅途上にあったが、ただちに艇に引き返し、いつでも上司の命に応じられる準備をととのえて待機した。事あってこそ平素の心構えが表われるというところである。

木村の指揮する水雷艇鷗は、東京、横須賀間の交通連絡任務に従事することとなった。

災害勃発直後は通信は意のごとくならず、断片的な不完全情報だけで最も大事な情況把握がたくなった。帝都の交通機関は麻痺し、都内の往来は困難をきわめたが、そのなかでも通信ができない。また、鉄道は破壊、道路も山崩れなどのため遮断されて、頼みは海上交通のみという状況の下で、木村の艇は重宝がられ、百パーセント活用された。とくに海軍省の高官が利用した。

小艇といっても一五〇トンはある。長さもかなり長い。これを操縦して浮流物が一面にひろがる隅田川を遡江し、芝浦岸壁に横づけするのは容易なことではない。

しかし木村は、日ごろこつこつと修練を重ねてきた技倆を発揮して、月島と芝浦の間の、しかも流れのある中で艇を回頭させ、ぴしっとみごとに出船《でふね》（船首が出てゆく方向に向いている）に横づけする。往復する多くの士官の目にこれが映らぬはずはない。

『艇長は誰だ。実にみごとなものだ』と―

大震災後の混乱は、九月二十日ごろになると落ちつきをみせ、九月二十二日、東京の秩序回復を見とどけた連合艦隊旗艦「長門」は、芝浦沖から母港の横須賀に帰った。戒厳令は九月末、解除になった。艇長木村の「鷗」は、十一月十六日まで罹災者救護をつづけた。

十二月一日、「鷗」艇長木村は、第一掃海隊の第三号掃海艇長になった。

大正十三年（一九二四）七月二十一日、木村夫婦に長女が誕生し、「女でもよし」と思って、「淑」と名づけたことは、前に触れた。

横鎮副官草鹿の官舎は、大地震で倒壊はしなかったが、内部ががたがたになったので、草鹿は出産直後の妻子を大阪の生家に帰し、自炊生活をしながら、海軍大学校甲種学生の入試準備をすすめていた。

八月の筆答試験がちかづくと、草鹿の官舎に、海大甲種学生受験に応募する同期生らが泊まりにきた。大森仙太郎、橋本信太郎、伊藤三郎、木村昌福、神田芳夫である。家庭では勉学がしにくく、ここなら専念できるというのであった。

筆答試験がおわり、論文提出日の朝、草鹿が起きてみると、木村が誰かと将棋を指していた。

「おい今日は論文提出日だぞ」と草鹿が声をかけると、木村は、

「さあそれがどうも考えがまとまらないのでなあ」と言って、駒をぱちんと打った。

ここにあつまった六人のうち、大正十三年十二月一日、海大甲種第二十四期学生になれたのは、草鹿と橋本の二名だけであった。

この期の学生は二十名で、兵学校三十九期の原忠一大尉以下二名、四十期の山口多聞《たもん》大尉以下六名、四十一期の中原義正大尉以下七名、四十二期の小林謙五大尉以下五名である。

海大甲種学生は、高級海軍将校として必要な学術・技能を二年間で修得するもので、大尉三年以上の経験者から銓衡《せんこう》、採用されるエリート・コースである。しかし、同学生出身の高級士官といっても、日本海軍の役に立ったと言いきれる者がすくなかったことは、歴史が示すとおりであった。ここでの学術・技能だけでは、大事は為しとげられないということであろう。

大正十五年（一九二六）十二月一日、木村は少佐に進級して駆逐艦「槇《まき》」艦長になった。

「槇」は舞鶴要港部に所属する第九駆逐隊四隻中の一艦で、排水量八百五十トンの二等駆逐

艦である。

以前舞鶴には舞鶴鎮守府があったが、軍縮政策によって、大正十二年四月一日、「要港部令」が制定され、舞鶴要港部に格下げされた。

しかし昭和十二年（一九三七）七月七日、支那事変（日中戦争）がおこり、昭和十四年十二月一日、軍拡政策によって、舞鶴要港部はふたたび舞鶴鎮守府に格上げされる。

昭和二年（一九二七）三月七日、舞鶴要港部管下で「奥丹後地震」が起こった。丹後半島一帯の地震である。要港部の艦艇、部隊が救護活動をすすめ、三月十七日、一段落状態になった。

京都府が発行した『奥丹後震災誌』には、要旨つぎのように書かれている。

「演習のため宮津沖に碇泊していた駆逐艦（第九駆逐隊四隻）が救助隊に早変わりして、いちはやく機敏な活動をつづけたこと、それ自体がいかに多くの惨害を軽減し得たことであろうか。

……右のほか駆逐艦槇は網野（丹後半島北西部）方面の情況偵察の任に当たり、陸路の自転車通ぜず、ほとんど孤立の状態にあったさい、同町ふきん町村民に救助の第一歩をあたえ得るよう適切で迅速な最初の状況報告をもたらし、さらに物資の配給、救援隊の輸送に任じてよく危急を救い得た。これらに対しては、同地官民はひとしく海軍当初の機敏な措置に感謝している」

昭和二年（一九二七）八月二十七日、鎌倉扇ヶ谷の木村家に、次男気《のぼる》が生まれた。次男といっても、長男昌輝が夭折したので、長男のようであった。

第九駆逐隊は、昭和二年十二月一日、第二遣外艦隊に転入し、北中国に進出した。その後、四年（一九二九）五月末まで木村は「槙」艦長のまま、旅順を基地としての警備勤務をつづけた。

昭和四年九月五日、八百五十トンの二等駆逐艦「萩」艦長に転じた木村は、一年二ヵ月後の昭和五年（一九三〇）十一月十五日、はじめて一等駆逐艦艦長に発令された。駆逐艦「帆風」で、排水量千二百十五トン、最大速力三十九ノット（約七十二キロ）、十二センチ砲四門、五十三センチ魚雷発射管六門という艦《ふね》である。

昭和六年（一九三一）八月十一日、木村夫婦に三男昌《あきら》が誕生した。

同年九月十八日、満州の奉天《ほうてん》（現瀋陽）北郊柳条湖《りゅうじょうこ》ふきんの満鉄（日本の半官半民の南満州鉄道株式会社）線路が爆破される事件がおこった。

関東軍（満州に駐屯した陸軍の大兵団）高級参謀板垣征四郎大佐、作戦主任参謀石原莞爾《かんじ》中佐、奉天特務機関花谷正少佐らが、関東軍司令官本庄繁《ほんじょうしげる》中将に無断で強行した謀略事件であった。

中心人物石原は、『満蒙問題私見』で、

「満蒙問題の解決策は満蒙をわが領土とする以外ぜったいに道なきことを肝銘するを要す。……国家が満蒙問題の真価を正当に判断し、その解決が正義にしてわが国の義務なることを信じ、かつ戦争計画確定するにおいては、その動機は問うところにあらず。期日定め、かの日韓合併の要領により満蒙併合を中外に宣言するをもって足れりとす。

しかれども国家の状況これを望みがたき場合にも、もし軍部にして団結し戦争計画の大綱を樹て得るにおいては、謀略により機会を作製し、軍部主動となり、国家を強引することかならずしも困難にあらず」（一部の漢字を平がなに書きかえた）と書いている。

爆破事件のあと、関東軍はこれは中国軍の仕《し》業《わざ》であるとデマをとばし、中国軍を奇襲攻撃した。

陸軍中央（陸軍省と参謀本部）は九月十九日午前七時から、陸軍省と参謀本部の首脳者会議をひらいた。

陸軍省からは杉山元《はじめ》次官、小磯国昭軍務局長、参謀本部からは二宮治重次長、梅津美治《よしじ》郎《ろう》総務部長、今村均《ひとし》作戦課長、橋本虎之助情報部長が出席した。席上小磯が、「関東軍今回の行動は全部至当のことなり」と発言すると、一同異議なく賛成、兵力増加も、全面的に賛成した（参謀本部第二課「満州事変機密作戦日誌」、『太平洋戦争への道　資料編』参照）。

陸軍暴走に対して、若槻内閣の閣僚と重臣（首相経験者と枢密院議長、枢密院は天皇の諮詢《しじゅん》に応《こた》えることを任務とした合議機関）たちは、陸軍を恐れ、陸軍に追随した。

首相若槻礼次郎は、陸軍の言のままに昭和天皇に報告し、裁可を仰いだ。日本は、「天皇制」から「陸軍制」になったようであった。

陸軍は昭和七年（一九三二）二月五日には、満州北部の黒龍江省都ハルビンまで占領し、東三省（黒龍江省、吉林省、奉天省〈現遼寧《りょうねい》省〉）の主要都市と鉄道沿線一帯をその支配下におさめた。これが「満州事変」と称された。

この結果、石原の謀略は功名手柄を望む現地軍参謀らの手本となり、陸海軍の血気に逸る青年将校らの下剋上《げこくじょう》思想を燃えあがらせることにもなった。

第七章　長官米内光政指揮下の砲艦艦長

昭和七年（一九三二）一月二十八日、海軍少佐木村昌福は、第一遣外艦隊所属の河用砲艦「堅田《かただ》」艦長に任命された。「堅田」は中国の揚子江上で警備に任ずる砲艦隊の一艦で、三百三十八トン、十六ノット（約三十キロ）、八センチ高角砲二門の小艦だが、艦首に皇室の菊の紋章をつけた軍艦（駆逐艦、潜水艦、特務艦などは軍艦ではない）である。

この日、上海市北四川路で、中国第十九路軍と日本海軍の上海特別陸戦隊が衝突して、第一次上海事変が起こった。事のおこりはつぎのようである。

十日まえの一月十八日、上海で、日蓮宗の僧侶など四人が、抗日中国人らに襲撃されて重傷を負い、そのうち一人が二十四日に死亡した。

じつは、この日本人僧侶襲撃事件も、関東軍の板垣征四郎大佐、奉天特務機関の花谷正少佐、それに上海駐在武官補佐官田中隆吉少佐らが共謀して、田中がニセ抗日中国人一味を使って強行したもののようであった。田中は、自分の手記にこう書いている。

「板垣らはこう言った。日本政府は国際連盟をおそれて弱気なので、ことごとく関東軍の計画がじゃまされる。

関東軍はこのつぎにハルビンを占領し、来春（昭和七年）には満州独立まで持ってゆくつもりで、いま（関東軍司令部付、奉天特務機関長の）土肥原（賢二）大佐を天津《てんしん》に派遣し、溥《ふ》儀《ぎ》（清朝の末裔《まつえい》）の引き出しをやらせている。

しかしそうなると、国際連盟がやかましく言い出すし、政府はやきもきして計画がやりにくい。このさいひとつ、上海で事を起こして、列国の注意を逸《そ》らせてほしい。その間に独立にこぎつけたいのだ」

日中両軍の衝突は、田中隆吉らが仕組んだ日本人僧侶襲撃事件がきっかけでおこったというのが真相のようである。

しかし、上海には数万人の在留日本人がいる。理由はどうであれ、その生命財産は守らなければならない。上海特別陸戦隊千八百余人は、攻撃をしかけてきた中国第十九路軍およそ三万三千人と戦い、第一遣外艦隊の艦艇二十二隻がそれを支援した。

政友会総裁犬養毅《いぬかいつよし》を首相とする内閣は、二月二日、陸軍部隊の派遣を決定した。海軍は野村吉三郎《きちさぶろう》中将（二十六期）を司令長官とする第三艦隊を編成して、上海方面の警備に当たらせた。

陸軍は、二月十四日、第九師団（金沢）を上海に到着させ、二月二十四日、軍司令官が白川義則《よしのり》大将、兵力が第十一師団（善通寺）と第十四師団（宇都宮）の上海派遣軍を編成した。

昭和天皇は、出発前の白川に、

「すみやかに敵を掃蕩して長追いせず、局を結んで帰還するように」と、念入りに内意を伝えた。白川は感激して、天皇の意に副《そ》う決意をかためた。上海派遣軍は、三月一日、七了口に上陸し、三月三日までに中国軍をすべて戦場から撤退させ、白川は「戦闘行動中止」を声明し、海軍の野村もそれにならった。世界はこれを歓迎した。

天皇は白川の果断な処置をよろこび、侍従長の海軍大将（予備役）鈴木貫太郎らに、「白川はよくやった」と述懐した。

　この間の三月一日、陸軍主導の日本は、東北行政委員長張景恵《ちょうけいけい》に「王道楽土」「五族協和」（日本、満州、中国、蒙古、朝鮮）をうたう「満州国」の建国宣言を大々的に公布させ、三月九日には、清朝廃帝の溥儀《ふぎ》を傀儡《かいらい》的「執政」に就任させた。当然だが、国際連盟は「満州国」を承認しなかった。

日中両軍は、五月五日、停戦協定を成立させた。

だが、停戦協定成立まえの四月二十九日、上海新公園でおこなわれた天長節（天皇誕生日）の祝賀式で、朝鮮独立党尹《いん》奉吉が投げた爆弾のために、白川軍司令官、植田謙吉第九師団（金沢）長、野村司令長官、重光葵《しげみつまもる》公使、村井倉松総領事らが重軽傷を負い、白川は五月二十六日に死去した。

　第一次上海事変のあいだ、艦長木村の「堅田」は、上海、鎮江（南京《なんきん》の東方）方面にいたが、これという問題もなく日を過ごしていた。

海軍青年将校四名と陸軍士官候補生五名が、昭和七年五月十五日午後五時すぎ、総理官邸に乱入し、拳銃で首相犬養毅《つよし》を射殺した。別働隊は、内大臣《ないだいじん》（天皇の側近）牧野伸顕《のぶあき》邸、政友会本部、三菱銀行に手榴弾を投げこんだ。五・一五事件である。

彼らは、腐敗した指導階級と見る元老（西園寺《さいおんじ》公望《きんもち》）・重臣・政党・財閥・軍閥・吏僚（官僚）閥に恐怖をあたえ、反省をもとめ、天皇と国民が一体の理想国が生まれることを願ってテロをやったと言う。

犯行に加わった海軍将校は、海軍兵学校五十四期三上《みかみ》卓《たかし》中尉・黒岩勇少尉（予備役）、五十六期古賀《こが》清志《きよし》中尉・山岸宏中尉・中村義雄中尉、五十七期村山格之《かくゆき》少尉らである。

犬養の死去によって、翌五月十六日、犬養内閣は総辞職した。

五月二十二日午後、参内した元老西園寺公望は、後継内閣首班に斎藤実《まこと》（兵学校六期、海軍大将、元海相、対米英協調派）を天皇に推薦した。

斎藤は、元軍令部次長、現第二艦隊司令長官で対米英強硬派の末次信正《すえつぐのぶまさ》海軍中将（兵学校二十七期）をしりぞけ、対米英協調派の岡田啓介海軍大将（同十五期）を再度の海相（一回目は昭和二年四月から四年七月）に迎えた。

昭和七年五月二十六日、斎藤を首班とする「挙国一致」内閣が成立した。

五・一五事件の公判は、昭和八年（一九三三）七月二十四日から、横須賀の海軍軍事法廷でひらかれたが、元軍令部長加藤寛治《ひろはる》大将、元軍令部次長末次信正《すえつぐのぶまさ》中将（二十七期）などにかつがれ、昭和七年二月から海軍軍令部長になっていた（昭和八年十月からは軍令部総長と改称）軍縮反対派のトップに立つ伏見宮博恭《ふしみのみやひろやす》王元帥は、五・一五事件の公判の最中、海相の大《おお》角岑生《すみみねお》大将（二十四期）にこう伝えた。
「事件の士官の志は十分理解できる。彼らの意図を国民に徹底させ、何分の援助をしてやるべきだ」

十一月九日、判士長（裁判長）高須四郎大佐（三十五期）はつぎのような判決を言いわたし、刑が確定した。

古賀清、三上卓中尉は禁錮十五年（求刑は死刑）、黒岩勇少尉は禁錮十三年（求刑は死刑）、
中村義雄、山岸宏中尉、村山格之少尉は無期禁錮（求刑は死刑）。

この甘い判決は、昭和十一年の陸軍青年将校らによる二・二六事件の有力な原因の一つになった。

木村昌福少佐は、昭和七年（一九三二）十二月一日、海軍中佐に進級し、第一遣外艦隊の砲艦「熱海《あたみ》」艦長になり、従来どおり揚子江上での警備任務に就いた。

昭和八年（一九三三）二月二十四日の国際連盟総会は、満州国の否認、日本軍の満州撤退勧告案を四十二対一（日本）で採択し、日本の首席全権松岡洋右《ようすけ》は、
「日本政府は日支紛争に関し、国際連盟と協力せんとする努力の限界に達したことを感ぜざるをえない」と述べて、退席した。

三月はじめから、「熱海」は上海で整備、補給をすすめた。

三月十日、第三艦隊司令長官米内光政《よないみつまさ》中将（二十九期）の巡視があった。このころ上海は

平穏であった。

ところが、三月二十七日、不吉なニュースが上海の平穏を突き破った。日本が国際連盟に脱退の文書を送ったというのである。

この日、第三艦隊は、旗艦「出雲《いづも》」（日露戦争時の一等巡洋艦）で、司令部主催の指揮官参集をおこなった。

「熱海」艦長木村は、その席で三艦隊の指示・説明を聞き、必要なことをメモにした。

米内のつよい意向による指示は、艦隊将兵が中国共産党員のスパイ・謀略行為に乗じられないよう、綿密な対策を立てて厳戒すべきこと、「五・一五事件」の手段は断じて許さるべきではないと銘記すべきこと、の二点であった。

ほかでは、艦隊将兵の一部に軍紀風紀弛緩の兆しが出ていること、上陸時の防犯と傷病防止（とくに性病）に万全を期すべきこと、警急呼集におくれをとらないようにすべきこと、などである。

「熱海」は、四月半ばから五月末まで、僚艦「鳥羽」「二見」とともに、洞庭湖《どうていこ》南方の湖南省省都長沙《ちょうさ》に在泊して警備に当たった。

五月三十日から六月下旬まで、「熱海」は漢口に在泊し、米艦「オアフ」「スチュアート」と表敬訪問をかわした。

この間、漢口で三艦隊の指揮官参集があって、木村はつぎのようなメモを書いた。

「米内長官は、『蔣介石の仕事のしやすいようにしてやる』という考えで、日中融和を軸にして柔軟に対応しようとしている。

ふきんの水路調査をふくむ軍事情報収集が重要であり、『要人あたりと交歓の機会を逃さぬよう』にしなければならない」

六月二十六日、「熱海」は漢口を出港し、長江（揚子江）を遡江《そこう》して、湖北省西部の宜昌《ぎしょう》に入港した。この行動はつぎの事情によるものであった。

長官米内は、六月十四日、「出雲」からうつした旗艦の砲艦「保津」に乗り、「二見」をしたがえて揚子江を遡江していたが、「二見」が水路図にもない亀の子岩という暗礁に乗り上げた。

善後処置を講じているうち、六月二十五日、米内は先任参謀保科善四郎中佐（木村と同期）をよび、

「宛大臣

増水期ニ際シ二見ヲモ率イ揚子江ヲ遡江セルハ、適当ナラサリシト認ム。二見ノ座礁ハ本職ノ責任ニ帰ス。謹《ツツシ》ミテ命ヲ待ツ」

という電文をわたして、発信を命じた。進退伺いであった。

海軍大臣は、海軍軍縮反対派のトップに立つ軍令部長（昭和八年十月から軍令部総長）伏見《ふしみの》宮博恭王《みやひろやすおう》元帥によわい大角岑生《おおすみみねお》（二十四期）である。

保科は、「二見」の座礁は舵故障か水先案内のミスによるもので、不可抗力であったと判断して、

「この電報の処理は先任参謀に一任させてください」と述べ、にぎりつぶした。

米内の責任感と無私無欲の人柄に打たれ、こういう人が非常時の重責に当たれる人だ、こ

ういう人を温存することが帝国海軍の義務だ、と考えたという。

保科が米内の言うがままに電報を発信し、海相大角が米内を予備役に退かせたら、その後の海軍も日本も、よほど変わったものになったはずである。

艦長木村中佐の「熱海」は、七月三日から二十一日まで、「二見」とともに座礁地点にいて、後始末に当たった。木村にこの任を課したのは、保科三艦隊先任参謀であろう。「二見」の離礁は成功し、修理されて、ふたたび揚子江での警備任務につくようになった。

年末年始を上海ですごした「熱海」は、昭和九年（一九三四）一月二十日、上海を出港し、鎮江、南京方面の警備行動をつづけ、三月十日、漢口に入港した。同日、木村は駆逐艦「朝霧」艦長の辞令をうけた。およそ二年三ヵ月にわたる揚子江上の砲艦艦長勤務であった。

この間の三月一日、日本は溥儀を傀儡的満州国皇帝に仕立て、満州国の帝政実施に踏みきらせた。

第八章　国内は大乱、中国は果てしない戦争

木村が新艦長に就任した駆逐艦「朝霧」は「天霧」「夕霧」とともに第八駆逐隊の一艦で、千六百八十トン、三十八ノット（時速約七十キロ）、十二・七センチ砲六門、六十一センチ魚雷発射管九門という、良性能の特型一等駆逐艦であった。

しかし、この当時の八駆逐隊は、横須賀鎮守府部隊警備戦隊に所属する予備隊になっていた。

「ワシントン（海軍軍縮）条約」の廃棄に執念を燃やす軍令部総長伏見宮博恭王元帥と、それに従う海相大角岑生《おおすみみねお》大将は、陸軍の参謀総長閑院宮載仁親王《かんいんのみやことひとしんのう》元帥と協力して、廃棄に反対しつづける昭和天皇と首相岡田啓介海軍大将（後備役）を、昭和九年（一九三四）十一月二日、ついに同条約廃棄に同意させた。

この条約は、大正十一年（一九二二）二月六日に調印され、米・英・日の戦艦・空母の保有量（トン数）の比率が、いずれも五・五・三と定められたものである。

天皇も、岡田も、海陸軍内で圧倒的に優勢な対米英強硬派に後押しされる両老皇族総長が相手では、抑制しきれなかったであろう。

海陸軍とも、軍国主義者に利用される皇族が総長に就任できる制度は失敗だったようである。

岡田内閣は、昭和九年十二月三日の閣議で「ワシントン条約」の廃棄通告を確認した。広田弘毅《こうき》外相の訓電をうけた斎藤博駐米大使は、十二月二十九日、コーデル・ハル国務長官に、同条約の廃棄を通告した。

補助艦（巡洋艦、駆逐艦、潜水艦など）保有量の比率を交渉する第二次ロンドン会議は、一年後の昭和十年十二月九日から英国外務省でひらかれた。（第一次ロンドン海軍軍縮会議は昭和五年一月からひらかれ、「補助艦保有量全体の日本の対米英比率を六割九分七厘とする。潜水艦保有量は日米英とも五万二千トンとする」などの条約が、四月二十二日、調印された）。だが日本側が、米英のうけいれるわけがない案を提示したので、昭和十一年（一九三六）一月十五日、「ロンドン条約」も不成立におわった。

「ワシントン条約」と「ロンドン条約」は、いずれも昭和十一年十二月三十一日で期限切れとなり、その後の世界は無条約、軍備無制限時代となった。

伏見宮にしても大角にしても、この両人を後押しした元軍令部長加藤寛治大将にしても、軍縮条約廃棄が日本海軍の壊滅、日本陸海軍の無条件降伏につながるとは、夢にも思わなかったにちがいない。忍耐して「ワシントン条約」を成立させ、「対米不戦」の方針を樹立した海相加藤友三郎の見識と勇気にならうのが正解だったのである。

昭和十年（一九三五）十一月十五日、木村中佐は第十六駆逐隊司令に発令されて、二十一日、台湾西方澎湖島の馬公《まこう》で同隊に着任した。

十六駆逐隊は二等駆逐艦「朝顔」「芙蓉《ふよう》」「刈萱《かるかや》」から成り、中国方面警備に当たっている司令長官及川古志郎中将（三十一期）の第三艦隊第五水雷戦隊に所属しているが、木村は司令駆逐艦を「芙蓉」とさだめた。「芙蓉」は九百トン、三十五・五ノット（約六十六キロ）、十二センチ砲三門、五十三センチ魚雷発射管四門の小艦で、「朝顔」「刈萱」も同型である。

このころ中国では、日本陸軍の「華北分離工作」（中国北部を国民政府から分離して日本の支配下におくための工作）に対して、中国国民の抗日排日運動が全国的に激化していた。

折も折、昭和十一年（一九三六）二月二十六日、東京で大乱がおこった。陸軍の青年将校二十一名が、上官の命令なく、独断で千四百余人の兵をうごかし、午前五時すぎ、桜田門の警視庁と、警視庁北西の三宅坂《みやけ》にある陸軍大臣官邸を占拠し、陸軍大臣川島義之《よしゆき》大将を拘束したほか、「君側の奸臣軍賊を斬除する」と称して、天皇側近者、政府要人、陸軍首脳の一部に凄惨きわまる集団テロを強行した。

首相岡田啓介によく似た秘書官松尾伝蔵予備役陸軍歩兵大佐、斎藤実《まこと》内大臣（退役海軍大将、兵学校六期）、高橋是清《これきよ》大蔵大臣、渡辺錠太郎《じょうたろう》教育総監（陸軍大将）を惨殺し、鈴木貫太郎侍従長（後備役海軍大将、同十四期）に瀕死の重傷を負わせた。

首相岡田は秘書官松尾が身がわりになったために紙一重で死をまぬがれ、重傷の鈴木は辛うじて命をとりとめた。

太平洋戦争末期、岡田と鈴木が戦争終結に不可欠の大事な役割を果したことを思えば、両人がここで殺害されなかったことは天佑のようである。

陸相官邸を占拠したテロ青年将校らに「蹶起《けっき》趣意書」を天皇に伝えると約束した五十七歳の陸相川島は、午前九時半ごろ参内《さんだい》し、三十四歳の昭和天皇に向かい、テロ部隊を「蹶起《けっき》部隊」と弁護して、その趣意書を読みはじめた。

天皇はそれをきびしく制して、

「今回のことは精神の如何《いかん》を問わずはなはだ不本意なり。国体の精華を傷つくるもの(憲法・軍法・軍人勅諭違反)と認む。朕が股肱《ここう》の老臣を殺戮《さつりく》す。かくのごとき凶暴の将校ら、その精神においても何の赦《ゆる》すべきものありや。……すみやかに暴徒を鎮圧せよ」と厳命した。

川島は恐懼《きょうく》して退出した。

この日午前九時すぎ、先任参謀山口次平中佐(四十一期)の報告をうけた五十五歳の横須賀鎮守府司令長官米内光政中将は、即座にテロ部隊を「叛乱軍」と明確に断定して、

「叛乱軍の行動はぜったい赦すべからざるものだ。横鎮管下各部所轄《しょかつ》長(管轄責任者)を参集させろ。それまでにこれを印刷に付しておくように」と命じ、自ら書いた訓示を後任副官阿金《あがね》一夫大尉(五十二期)にわたしていた。

こうして横鎮管下全海軍部隊は、テロ部隊を「叛乱軍」と断定した米内の方針に従い、厳然と事件に対処することになった。その実務は、米内と思想・志をおなじくする四十六歳の

参謀長井上成美《しげよし》少将（三十七期）が、迅速的確にすすめた。

ようやく天皇の命令どおりに動き出した陸海軍部隊によって、二月二十九日、叛乱軍は鎮圧され、国家の秩序は正常に復しはじめた。

このころ、侍従武官長本庄繁《ほんじようしげる》陸軍大将は、事件で瀕死の重傷を負わされた鈴木侍従長がかつて話してくれたことを思い出していた。

「陛下は、箕作元八《みづくりげんぱち》氏の大部の歴史を詳細に読了されておられたが、かつてこんなことを語られた。

……ドイツ帝国の滅亡は、ドイツのみのことを考えて、世界のためを思わなかったことに由る。

『論語』のなかに子貢《しこう》が政治を問うのに対して、孔子《こうし》が答えたうち、こういうことばがある。国に不測のことが起これば、まず兵を去れ。次に食を去れ。国家の信義に至りては遂に去る能《あた》わず。

国家に信義のとくに重んずべきを説くところを、深く味わうべきだ」

叛乱軍の将校らは、口々に貧窮に苦しむ農村出身の下士官・兵がかわいそうだからやった、と言った。それならば、「まず兵を去る」ことに努めるべきであったろう。まして陸海軍の首脳らは、それに身命を賭すべきであった。

叛乱軍の青年将校のうち、陸軍大尉野中四郎は、事件がおわった二月二十九日、西郷隆盛を思って自決した。陸軍大尉香田清貞、安藤輝三、同中尉栗原安秀など十五名は、五ヵ月後の七月十二日、代々木練兵場に隣接する東京衛戍《えいじゆ》刑務所で銃殺刑を執行された。

集団テロの首謀者元一等主計磯部浅一《あさいち》、元陸軍大尉村中孝次と、「首魁者《しゆかい》」にされた（陸軍の人身御供といわれる）思想家北一輝《いっき》、西田税《みつぎ》の四名は、一年後の昭和十二年八月十九日に処刑された。

青年将校らを教育指導し、事件発生後も彼らを援護した陸軍大将真崎甚三郎《まさきじんざぶろう》、荒木貞夫以下の高級将校らは、みな無罪となった。

二・二六事件で破壊された岡田啓介内閣のあと、昭和十一年三月九日、広田弘毅《こうき》内閣が成立した。広田は前外相である。陸相は寺内寿一《ひさいち》大将、海相が伏見宮軍令部総長に推薦された永野修身《おさみ》大将（二十八期）であった。

昭和十年十一月から一年一ヵ月、南支（南中国）沿岸警備をつづけた十六駆逐隊司令木村は、昭和十一年十二月一日、一等駆逐艦「初霜」「子の日《ね》」「若葉」「初春」の第二十一駆逐隊司令に発令され、十二月十一日、佐世保で同隊に着任して、司令駆逐艦を「初霜」とした。

横鎮長官米内光政中将が連合艦隊司令長官に親補されたのも、この十二月一日である。司令官吉田庸光《つねみつ》少将（前任の南雲忠一とおなじく三十六期）がひきいる第一水雷戦隊は、旗艦が軽巡「川内《せんだい》」で、子《ね》隊（駆逐隊）がそれぞれ駆逐艦四隻の第二駆逐隊、第九駆逐隊、第二十一駆逐隊である。

「初霜」は昭和九年九月に竣工したが、改装後は、一千七十トン、三十三・七ノット（約六十二キロ）、十二・七センチ砲五門、六十一センチ魚雷発射管六門の大型駆逐艦になった。

昭和十二年七月七日、北京ちかくで大事件が勃発したため、二十一駆逐隊が所属している一水戦は、第一艦隊中の第八戦隊とともに、上海にゆくことになった。司令官南《な》雲《ぐも》忠一《ちゅういち》少将の八戦隊は、「鬼怒」「名取」「由良」の軽巡洋艦部隊である。

昭和十二年（一九三七）七月七日、北京南西郊外の永定河《えいていが》にかかる盧《ろ》溝橋《こうきょう》ふきんで日中（国民政府）両軍が衝突し、北支（北中国）事変（のちに支那事変、日支事変、日中戦争と改称）になった。盧溝橋事件である。

七月十七日、中国国民政府主席蔣介石は盧《ろ》山《ざん》（江西省北部、鄱陽湖の北西）で、「最後の関頭」と題して、重大声明を発表した。

「盧溝橋事件を日中戦争にまで拡大させるか否かは、まったく日本政府の態度いかんにある。和平の希望が断たれるか否かは、挙げて日本軍隊の態度いかんにある。和平の最後的絶望に陥る一瞬まえにも、弱国外交の最低限度として、われわれの和平解決の条件には、きわめて明瞭な四項がある。

一、いかなる解決も、中国の領土と主権を侵害することを許さない。

二、冀《き》察《さつ》（河北省とその北方の察哈爾《チャハル》省）の行政組織に対するいかなる非合法的政変も容認できない。

三、冀察政務委員会委員長宋哲元らのような中央政府（南京の国民政府）が派遣した地方官吏を、外部の要求で更迭させることはできない。

四、第二十九軍の現在の駐屯地区（北京方面）に対するいかなる制限をもうけることはできない。

これを要するに政府は、盧溝橋事件に対してすでに終始一貫した方針と条件を確立し、全力を尽くしてこの条件を固守しようとするものである」

これらは、日本陸軍の「華北分離工作」に対する徹底抗戦の決意を表明するものであった。

しかし、七月二十五日夜、北京南東方の郎坊で日本軍が中国軍から攻撃され、二十九日、北京東側の通州で中国保安隊が日本人居留民百二十四人、守備隊員十八人を殺害する事件がおこって、事変は拡大されていった。

八月九日、日本海軍の上海特別陸戦隊大山勇中尉と、自動車運転手の斎藤與蔵一等水兵が、上海西部の虹橋飛行場南東で、中国軍に殺害された。高まっていた抗日感情から意識的におこなわれたようである。

八月十二日午後、第三艦隊司令長官長谷川清中将（昭和十一年十二月就任、三十一期）から、海軍中央（軍令部と海軍省）へ電報があった。中国軍の第八十八師が、上海北停車場ふきんと呉淞《ウースン》（黄浦江が揚子江に注ぐところ）方面に進出しているので、陸軍の派兵が必要というのである。

近衛文麿《ふみまろ》内閣は、八月十三日、三万人以上の日本人居留民を保護するために、上海への派兵を決定し、閑院宮総長の参謀本部と伏見宮総長の軍令部が協議して、第三師団（名古屋）、第十一師団（善通寺）などの派遣を決定した。

この八月十三日の夜、南京の国民政府主席蔣介石は、警備総司令張治中に、日本軍に対する総攻撃を命じ、八月十五日には、みずから陸海軍総司令に就任した。

上海特別陸戦隊約四千人は、兵力が十倍以上の中国軍約五万人と、上海周辺で全線にわたり戦闘状態に入った。

日本軍と全面的戦争を決意した蔣介石《しせんしょう》は、中国軍の主力を揚子江流域の諸都市に配備して、揚子江の線が破られた場合は、四川省の重慶など奥地に最後の抵抗線をきずいて抗戦をつづけるという、遠大な戦略を決定していた。短兵急に中国軍を屈服させようとする日本陸海軍は、この大仕掛けな戦略と、国共（中国国民政府と中国共産党）合作によって結成される「抗日民族統一戦線」のために、終わりない戦争にひきこまれてゆく。

八月十四日、十数機の中国軍機が上海特別陸戦隊本部と、呉淞《ウースン》沖にいる軽巡「鬼怒」「名取」「由良」の八戦隊、上海係留中の第三艦隊旗艦「出雲」などを爆撃した。

それに対して、「出雲」と第一水雷戦隊旗艦「川内」の艦載機二機が中国軍の飛行場と陸上部隊を爆撃し、ついで台北から九六式中型陸上攻撃機（七人乗り）十八機が台風をついて飛び、浙江《せっこう》省省都の杭州と広徳（杭州の北西）の飛行場などを爆撃して、航空撃滅戦をはじめた。

この状況下、強硬な不拡大主義者であった海相米内光政大将（昭和十二年二月二日、永野修身にかわって就任、四月一日大将）が、八月十四日夜の閣議で態度を一変し、

「かくなるうえは事変不拡大主義は消滅し、北支事変は日支事変となった。国防方針は当面の敵をすみやかに撃滅することである。日支全面作戦となったうえは、南京を撃つのが当然ではないか」と主張した。近衛内閣も、

「……南京政府の反省をうながすため、いまや断乎たる措置をとるのやむなきに至れり」と決議した。

明くる八月十五日、米内が時局について天皇に報告すると、天皇は、

「自分は海軍を信頼しているが、なおこのうえ感情に走らず、よく大局に着眼し、誤りのないようにしてもらいたい」と、切々と希望を伝えた（軍令部次長嶋田繁太郎中将〈山本五十六とおなじく兵学校三十二期〉備忘録）。

蔣介石の国民政府は、八月二十一日、ソ連と「不可侵条約」を結び、二十二日には、中国共産党の紅軍四万五千人が一軍三個師団に改編され、国民政府軍の一部に編入されて「国民革命軍第八路軍」とよばれるようになった。中国は抗日挙国体制を成立させて対日戦に集中し、長期戦に耐えられる態勢をつくったのである。

米内をふくむ陸海軍は、南京まで攻撃すれば中国は戦意を失い、和平条件を譲歩するであろうと判断したのだが、目算がはずれる形勢になった。

十月二十日、司令長官豊田副武《そえむ》中将（三十三期）の第四艦隊が編成され、従来の第三艦隊と合わせて、支那方面艦隊が新編された。長谷川清中将が支那方面艦隊兼第三艦隊司令長官に就任した。

八戦隊と一水戦は、豊田四艦隊長官が指揮官を兼務する南支（中国）部隊に編入され、「南支部隊第一監視隊」になった。

陸軍は、おなじ十月二十日、柳川平助中将を軍司令官として、第六師団（熊本）、第五師

団（広島）の一部、第十八師団（久留米）、第百十四師団（東京）による第十軍を新編成した。

参謀本部は、第十軍を上海南側の杭州湾に上陸させて中国軍の右側背を衝かせ、さらに別の一個師団を上海北西の白茆口《はくぼうこう》（揚子江南岸）に上陸させて中国軍の左側背を衝かせて、約三十個師団の全中国軍を包囲殲滅《せんめつ》しようと計画したのである。

第四艦隊の軽巡・駆逐艦部隊（八戦隊と一水戦をふくむ）に護衛された第十軍の杭州湾上陸は、昭和十二年十一月十二日に終了した。この作戦に参加した輸送船は百五十五隻、陸軍部隊は六師団、十八師団、五師団の一部、百十四師団で、上陸兵員数は約十一万人であった。

十一月十三日、台湾軍から派遣された重藤支隊と、大連から来た第十六師団（京都）は、白茆口に上陸し、十九日、南西方の要地常熟を占領した。

前日の十一月十八日、四艦隊参謀長から南雲八戦隊司令官と吉田一水戦司令官に、「八戦隊と一水戦は、二十日付で連合艦隊に復帰の予定」と、電報があった。

司令木村の二十一駆逐隊をふくむ一水戦は、十一月二十二日、四ヵ月ぶりに佐世保に帰った。

昭和十二年十二月一日、木村昌福は海軍大佐に進級し、かつて木村が「朝霧」艦長として勤務していた第八駆逐隊司令に発令された。

この間の十一月十七日、事変でも必要に応じて設けることができる「大本営令」が制定されて、十一月二十日、宮中に「大本営」が設けられ、「大本営・政府連絡会議」も設置された。

大本営は天皇に直属する最高統帥機関で、大本営陸軍部と海軍部があり、終局の戦争目的に対して陸海軍の策応協同を計るものとされ、大本営・政府連絡会議は、政略・戦略の整合を図る機関とされた。

第九章　わが家にまさる憩所はなし

海軍大佐木村昌福は、昭和十二年（一九三七）十二月二日、横須賀軍港で「天霧」「夕霧」「朝霧」の第八駆逐隊に着任して、司令駆逐艦を「天霧」とした。

三艦とも昭和五年（一九三〇）後半に竣工した特型中期型の一等駆逐艦である。

木村が「朝霧」艦長のときの八駆逐隊は横鎮警備戦隊所属で予備役であったが、いまは連合艦隊第二艦隊（重巡戦隊が主力）第二水雷戦隊の一隊で、ばりばりの現役駆逐隊になっている。

国民政府の首都南京が、昭和十二年十二月十三日、軍司令官松井石根《いわね》大将がひきいる中支那方面軍の攻撃をうけて陥落した。だが、主席蔣介石の国民政府は重慶に、同政府軍は揚子江上流の漢口（湖北省東部、現武漢）方面に後退しはじめただけで、日本に降伏する気配はすこしもなかった。

近衛内閣は十二月二十一日、蔣介石に伝達するつぎの和平案を決定した。

「一、満州国の承認　二、反日政策を放棄する　三、北支、内蒙古に非武装地帯を設定する　四、北支には中国主権の下に日満支三国の共存共栄を実現する機関を設定する　五、内蒙古に防共自治政府を樹立する　六、防共政策を確立し、日満両国に協力する　七、中支占領地域に非武装地帯を設定、上海については両国が治安の維持および経済発展に協力する　八、日満支三国は資源の開発、関税、交易、交通、通信、航空などに所要の協定を締結する　九、賠償を支払う」

十二月二十六日、日本はこれをトラウトマン駐中国ドイツ大使を通じて、蔣介石に伝えた。蔣介石は、このうちの四、七、八、九を侵略条項と認定した。

昭和十三年（一九三八）正月、日中交渉の詳細を知らない木村は、希望がふくらむ思いを、ありのままに詠んだ。

　戦いに勝ちて迎うる今年こそ
　　東亜の空も晴れ渡るらむ

このころ、青山北町の写真館で、正装の海軍大佐姿の上半身写真を撮り、「蓋《けだ》し最後の進級なるべし……」と裏面に書いて、長崎の真珠商高島末五郎に贈ったことは前に触れた。

近衛内閣は、一月十六日、

「帝国政府は爾後《じご》国民政府を相手とせず、帝国と真に提携するに足る新興支那政権の成立発展を期待し、これと両国国交を調整して更生新支那の建設に協力せんとす」という、中国の主権を無視するまったく独善的な声明を発表した。

蔣介石は中国国民によびかけた。

「大量の陸海空軍によって中国領土を攻撃し、中国人民を殺戮《さつりく》したのは日本である。……中国の和平への願望は、終始一貫してかわりはない。中国政府はどのような状況のもとにおいても、全力をもって領土、主権、行政の完整に努力している。この原則を基礎にしたものではないかぎり、中国はいかなる和平回復もぜったいにうけいれない。同時に日本軍占領地域内において、かりに政権を僭称する非合法組織があろうとも、対内外を問わず、すべてぜったい無効である」

このような中国情勢下の一月十九日、二水戦の七駆逐隊「朧《おぼろ》」以下三隻と司令木村の八駆逐隊「天霧」以下三隻の計六隻は、横須賀を出港し、太平洋上で午後八時ごろ、司令長官嶋田繁太郎中将がひきいる第二艦隊第四戦隊の重巡「鳥海」「摩耶」に対して、夜襲教練をおこなった。

一月二十一日午前一時には、二水戦旗艦の軽巡「神通《じんつう》」と七駆逐隊・八駆逐隊・十二駆逐隊「叢雲《むらくも》」以下四隻、計十一隻が、四国西部沖で、かさねて四戦隊に対して夜襲教練をおこなった。

その後、第二艦隊は、佐伯湾（大分県）を作業地として艦隊訓練にかかり、三月二十八日、九州北西部で連合艦隊の主力第一艦隊（戦艦戦隊が基幹）と合同した。

四月九日、佐世保港外の寺島水道を出た第一、第二艦隊以下の連合艦隊は、司令長官吉田善吾《ぜんご》中将（山本五十六、嶋田繁太郎と兵学校同期）にひきいられて、中支（中部中国）、南支、台湾方面を巡航し、四月二十五日、鹿児島県東岸の有明湾にはいった。

五月一日、第二艦隊は四国西岸の宿毛《すくも》湾に移動し、前期訓練の仕上げをおこない、各隊艦は自分の母港に向かった。

木村の八駆逐隊は横須賀に帰った。

鎌倉扇ヶ谷の自宅に着き、手足を伸ばした木村は、自分だけの三十一文字をつくった。

　呉佐世保別府に佐伯よけれども
　　わが家にまさる憩所はなし

港々には、うまい酒や料理や粋な芸者がいて楽しいが、わが家以上にいいところはない、ということらしい。

連合艦隊は、六月二十日、艦隊集合をおこない、後期訓練に入った。一艦隊が有明湾、二艦隊が伊勢湾集合である。

しかし、十月中旬に予定されている陸海協同の広東《カントン》（現広州、広東省都）攻略作戦に、八戦隊、二水戦、一航戦、二航戦が参加することになった。

広東攻略の上陸作戦は、十月十二日未明に開始され、陸軍攻略部隊の第十八師団（久留米）は、十月二十一日午後三時、早くも広東城に入城した。

五日後の十月二十六日、中部中国の要衝漢口も、日本陸軍部隊によって陥落した。

しかし、重慶の蔣介石は、前日の十月二十五日、ラジオを通じて中国民衆によびかけていた。

「敵は武漢（武昌、漢口地域）でわが主力を撃滅して短期決戦に勝つ、という重要目的に失敗した（中国軍は損害軽少で撤退した）。

今後われわれは全面的抵抗を展開するであろう。わが軍の移動は、退却であろうと、前進であろうと、制限されない自由なものとなるのであろう。……これに反し、敵は何一つ得るところがない。敵は泥沼深く沈んで、ますます増大する困難に遭遇し、ついには破滅するであろう」

二水戦（軽巡「神通」、十二駆、司令木村の八駆）をふくむ海軍部隊の広東方面作戦は、十一月六日におわった。二水戦は台湾の高雄を経て、十一月十八日、「神通」と十二駆は呉に、司令木村の八駆は横須賀に帰った。

木村は以前から、横須賀籍の艦《ふね》に乗ったときは、できるだけ妻子とともに行楽、観劇などに出かけて、たがいの和合をはかっていた。

横須賀帰港後まもなく、休暇をとった木村は、ジフテリアで入院していた小学校五年の次男気《のぼる》の全快祝いということで、三十九歳の妻貞、十四歳で女学校二年の長女淑《よし》、十一歳の気、七歳で小学校一年の三男晶《あきら》を連れて、熱海から箱根へ気晴らしの物見遊山に出かけた。

木村の服装は背広、コート、中折帽で、貞は和服、淑、気、晶は学校の制服である。

木村ははじめからおわりまで、飄々として、口数はすくなかった。しかしみな気楽に、家族そろっての道行きを楽しんだ。

支那事変解決に自信をうしなった首相近衛文麿は、昭和十四年（一九三九）一月四日、内閣総辞職をした。近衛の後任首相には、枢密院議長で国家主義者の平沼騏一郎《きいちろう》が指名され、一月五日、平沼内閣が成立した。陸相は留任の板垣征四郎中将、海相も留任の米内光政大将である。

一月二十八日、木村昌福大佐は特設工作艦「香久丸《かくまる》」艦長に転任した。「香久丸」は昭和十一年六月に竣工し、排水量一万五千トン、重油庫量一万七千トン、清水庫量九百八十四トン、速力約十五ノット（約二十八キロ）、乗員が艦長以下百八十七人という艦である。

木村は一月三十日、佐世保で「香久丸」に着任して、一月三十一日、佐世保を出港し、香港南西の万山諸島泊地で、司令長官近藤信竹《のぶたけ》中将がひきいる重巡「妙高」以下の第五艦隊（重巡戦隊が主力）に合同した。

五艦隊は、南シナ海北西部にある海南島北岸の海口《かいこう》に上陸する陸軍部隊と、つづいて南岸の三亜《さんあ》に上陸する海軍の第四根拠地隊の各輸送船団を護衛するのだが、「香久丸」は長官近藤が直率する五艦隊主隊の付属艦であった。

近藤がひきいる重巡「妙高」以下の五艦隊に護衛された陸軍一個旅団（歩兵五個大隊基幹）の輸送船団は、昭和十四年二月九日、海南島北岸に到着し、十日、同旅団はほとんど抵抗をうけることなく海口一帯を占領した。第五艦隊の戦闘艦も「香久丸」も戦うことはなかった。

つづいて、第五艦隊に護衛された海軍の第四根拠地隊五個大隊と護衛艦隊から派遣された陸戦隊の輸送船団が、二月十四日午前零時、海南島南岸に達し、攻略部隊は何の抵抗もうけずに三亜一帯を占領した。艦長木村の「香久丸」は、一航戦（空母「赤城」基幹）の陸戦隊を乗せていた。

米国国務長官コーデル・ハルは、手記でこう述べている。

「日本軍は一九三九年二月十日に海南島を占領した。米英仏は釈明を求める通牒を東京に送った。有田外相（有田《ありた》八郎）は、日本は同島を併合する意図を持つものではなく対中国封鎖を強化するためにこれを使用したいのだと言明した。われわれは強い懐疑を持ってこれをうけとった」

米、英、仏などの抗議に対して日本外務省は、

「海南島の占領は、南支封鎖を厳重ならしめ、蔣政権の壊滅をすみやかならしめんとする軍事上の目的に出たもので、性質においても期間においても、軍事的必要以上に出るものではなく、また領土的目的はない」と声明を発表した。

重慶の蔣介石は、海口一帯が占領された直後の二月十二日、外人記者団との会見で、「太平洋上の満州事変」と題して、

「一九三一年九月十八日の奉天攻略と対を成すもので、奉天は満州事変の発端となり、海南島攻略は太平洋事変の発端となろう」と説き、世界列国の日本抑制を訴えた。

海南島を攻略したのち、日本海軍航空部隊は北岸の海口を基地にして、援蔣物資の搬入ルートである雲南鉄道を爆撃しはじめた。

日本政府は、学者を海南島に派遣して全島にわたる地下資源を調査させ、やがて二箇所の鉄鉱山を発見、開発をすすめるようになった。

日本外務省の声明にかかわらず、軍令部の海南島攻略の目的は、この攻略作戦を発案、推進した軍令部第一（作戦）課長草鹿龍之介海軍大佐が、

「海南島は、将来日本が南方に伸びる足元で、そのために海軍は同島南岸の三亜に、一大根拠地をつくりたい」と言っていたとおりのものになっていった。

この当時の軍令部首脳は、総長伏見宮元帥、次長古賀峯一中将、第一部長宇垣纏《まとめ》少将で、前第一部長が近藤信竹中将（昭和十三年十二月に五艦隊長官）であった。

海南島攻略作戦中、三亜沖で海底から石油が湧いていると報告をうけた木村が、連合艦隊司令部に、「天皇陛下万歳、ワレ油田発見ス」と打電した。ところがよく調べてみると、海底にドラム罐が落ちていたとわかった。この伝説については前に述べた。

平沼内閣は海南島攻略について「領土的目的はない」と声明したが、二ヵ月余ののちの四月十八日、

「新南群島（現南沙諸島、南シナ海南東部）を日本領とする」と宣言した。

これに対して米英仏蘭の抗議が激しくなり、米海軍は対日作戦計画「オレンジプラン」の強化をすすめることを決定した。

昭和十四年（一九三九）四月二十日、特務艦「知床《しれとこ》」艦長に発令された木村は、翌二十一日、佐世保軍港で「知床」に着任した。同艦は大正九年（一九二〇）九月に竣工した給油艦だが、このころは、石炭、煉炭補給艦として、中支、北支、内地方面を行動していた。

一万四千五十トン、速力十二ノット（約二十三キロ）、十四センチ単装砲二門、八センチ単装高角砲二門の艦である。

五月十三日、満州と外蒙古間の国境で「ノモンハン事件」がおこり、関東軍・満州軍とソ連・外蒙古軍が戦闘状態に入った。

日満軍は、兵力が三倍以上、装備も圧倒的にまさるソ蒙軍に壊滅的敗北を喫し、九月十五日、モスクワで東郷茂徳《とうごうしげのり》駐ソ日本大使とV・M・モロトフ外務人民委員による停戦協定が締結された。争いの原因は、満州と外蒙古の国境線であったが、最終的に昭和十五年（一九四〇）六月九日、事件まえからソ蒙側が主張していた常識的な線に決定された。

昭和十四年六月十四日、日本軍が援蒋反日行為をつづけているとみなす天津の英仏租界を封鎖する事件をおこした。

それにも刺激された米国は、七月二十六日、六ヵ月後に失効という条件で、日本政府に対して日米通商航海条約廃棄を通告してきた。

艦長木村の「知床」は、八月十日、練習艦隊付となった。この艦隊も日露戦争時の一等巡洋艦「八雲《やくも》」「磐手《いわて》」で編成され、司令官沢本頼雄《さわもとよりお》中将（三十六期）にひきいられて、ハワイから北米西岸への遠洋航海に出かけるものである。乗艦する少尉候補生らは、海軍兵学校六十七期生二百四十名、海軍機関学校四十八期生七十名、海軍経理学校二十八期生二十五名、計三百三十五名である。

八月二十三日、日本と防共協定を結んでいるドイツが、日本に無通告で、モスクワにおいて独ソ不可侵条約に調印した。

ドイツとの軍事同盟を要求していた日本陸軍の主張をうけ入れ、海軍の反対をおさえ、「日独伊三国同盟」を締結して、ソ連の満州、中国進出を抑止しようと図っていた平沼は、八月二十八日、ドイツの裏切りと自分の不明に落胆し、「欧州の天地は複雑怪奇なる新情勢を生じた……」と述べて総辞職した。

退陣に当たって平沼は、内大臣（天皇側近）湯浅倉平に、

「海軍の主張は終始一貫して時勢を見るに誤りがなかった」と、語った。

海相米内、次官山本五十六、軍務局長井上成美の「海軍左派トリオ」は、「日独伊三国同盟」を結べば対米英戦になるが、戦争になれば日本海軍は米英海軍には勝てないと明言して、三国同盟締結に反対し通していたのである。

昭和天皇は、この夜、阿部信行《のぶゆき》予備役陸軍大将に組閣の大命を下したとき、異例の指示をした。

「外交の方針は英米と協調するの方針を執ること……」

八月三十日、阿部信行内閣が誕生し、陸相には天皇の信頼がある畑俊六《はたしゅんろく》大将、海相には米内が推薦した前連合艦隊司令長官吉田善吾中将が就任した。

海相米内は軍事参議官（無任所の大将）に、次官山本五十六は吉田の後任の連合艦隊司令長官に就任した。

山本を連合艦隊司令長官に推薦したのは米内で、

「海軍大臣がよかったかもしれぬが、そうすると陸軍のまわし者か右翼に暗殺される恐れがあった。しかし、吉田でもおなじ考えでやるよ」と、海軍省経理局長武井大助主計中将に語った。

独ソ不可侵条約を利用した総統ヒトラーのナチス・ドイツは、九月一日、狙いすましたよ

うにポーランド侵略を開始した。

仏英は、九月三日、あいついでドイツに宣戦布告し、第二次世界大戦が開始された。

九月十五日、日本とノモンハン停戦協定を結んだソ連は、九月十七日、この協定と独ソ不可侵条約（「ポーランド分割協定」をふくむ）を利用して、東からポーランドに侵略を開始した。

ポーランドの首都ワルシャワは九月二十七日に陥落し、翌日には「独ソ、ポーランド分割協定」が発表された。


国際情勢急変のために、沢本練習艦隊の遠洋航海は、北米西岸訪問をとりやめ、ハワイ訪問後は日本の委任統治下の南洋諸島をまわることになった。

兵学校六十七期の遠航記録には、

「ホノルル入港は、各種の行事が盛り沢山にあった。厳しい国際情勢を反映して米海軍の接遇は最小限度の公式行事にとどまった……」と書かれている。

十月二十三日、ホノルルを出港した練習艦隊と「知床」は、ハワイ島のヒロ、マーシャル諸島南部のヤルート島、カロリン諸島東部のポナペ島をまわり、十一月十六日、日本海軍の大基地があるカロリン諸島中部のトラック島泊地に到着した。

十一月十八日、「知床」は単艦でトラックを出港、十一月二十三日、西カロリン諸島のパラオ島に入港した。

二十七日午前に入ってきた「磐手」「八雲」に最後の石炭補給をした「知床」は、二十九日、艦隊と別れてパラオを出港し、十二月九日、横須賀に帰った。

木村は、十二月五日に第二艦隊第二水雷戦隊旗艦の軽巡「神通《じんつう》」艦長に発令されていたので、十二月十一日、「知床」を退艦し、「神通」が在泊中の呉に向かった。

第十章　伏見宮元帥の天皇への直言

昭和十四年（一九三九）十二月十二日、木村は呉軍港で「神通」に着任した。二水戦は司令木村の八駆逐隊が所属していた戦隊で、旗艦「神通」も木村にとっては懐かしかった。しかも二水戦は、第二艦隊の代表水雷戦隊である。兵学校卒業時の席次が末席に近く、無章（高等科未修）の大佐が特務艦長になれば、あとは予備役に退かされるのがふつうだが、木村は、ばりばりの現役軽巡「神通」艦長に返り咲いた。

実戦につよい指揮官を一人でも多く必要とする時勢のためもあったろうが、木村が高等科学生出身者もおよばないほどの実力を身につけていることを、海軍省人事局もみとめたのであろう。

また、海軍が木村を予備役にせず現役に残したことは、海軍のためにも日本のためにも、計り知れないほど幸いであった。

昭和十五年度の艦隊集合は、例年より一ヵ月早い十四年十二月となり、連合艦隊司令長官山本五十六中将がひきいる第一、第二艦隊は、十二月二十七日、豊後水道に面する大分県の佐伯湾に集合した。

二水戦司令官五藤存知《ごとうありとも》少将（三川軍一、栗田健男とおなじく三十八期）がひきいる「神通」

および第十八駆逐隊の「霰」「霞」「陽炎《かげろう》」は、十二月二十三日、呉を出港して、佐伯湾に入った。

このころ阿部信行内閣は、米不足、物資不足、インフレに対する「無為無策」を議会で追求され、退陣必至の情勢となっていた。このおもな原因は支那事変が拡大、長期化したことにあった。すでに在中国陸軍兵力は八十五万人にのぼり、いつ終結するかの目途も立っていない。

昭和十五年（一九四〇）一月十四日、阿部内閣が総辞職し、一月十六日、日独伊三国同盟締結を未然に阻止したい昭和天皇の内意によって、米内光政内閣が成立した。外相が有田八郎、陸相が天皇の信頼がある畑俊六、海相が米内に推薦された吉田善吾の留任である。

親独伊の陸軍は、対中（蔣介石政権）英米和解協調主義の米内内閣を敵視し、すでに内閣打倒の決意をかためていた。

枢密院議長近衛文麿、元内相（内務大臣）木戸幸一、元首相平沼騏一郎も、米内内閣の早期退陣をのぞんだ。彼らに共通する考えは、陸軍を利用して国益を増大させる（満州、中国などでの権益をふやす）政治であり、恐怖は自分らへのテロであった。

米内内閣の前途はいちじるしく困難で、短命は確実とみられた。

組閣と同時に、米内はみずから予備役編入を願い出て、現役を去った。予備役では海軍に対する発言権はなくなり、活動もよほど狭小になる。

海相吉田は海軍が米内をうしなう損失の大きさに心痛してひきとめたが、米内は、「純行政に当たる総理が軍の現役にとどまることは、統帥権を冒瀆《ぼうとく》するものである」と、聞きいれなかった。ひらたく言えば、「軍人勅諭」にある「軍人は政治に拘《かかわ》らず」を堅守することであった。

一月二十六日、日米通商航海条約が失効し、新聞は、

「日米両国の友情がプッリと切られた」と報じた。

一月二十九日、宮中での新年御歌会始で、天皇は平和の願いをこめて、

「西ひかしむつみかはして栄ゆかむ世をこそいのれとしのはしめに」と詠んだ。

ドイツ軍が、四月九日から、ノルウェー、デンマーク、オランダ、ベルギー、ルクセンブルクをつぎつぎに席捲した。

ドイツ軍に包囲された英軍とその同盟軍約三十四万人が、五月二十六日から六月三日にかけて、フランス北岸のダンケルクから、辛うじて本土に撤退した。

六月十日、首相ムッソリーニのファシスト・イタリアが、英仏に宣戦布告した。

ドイツ軍は六月十四日、無防備都市を宣言したパリに入城し、六月二十二日、独仏休戦協定の調印がおこなわれた。

ドイツ軍の快進撃に驚喜した日本の親独伊派は、ドイツ軍が遠からず英本土に上陸して英

国を屈服させると信じ、ふたたびドイツとの同盟を強調しはじめた。

病に臥した硬骨の内大臣湯浅倉平にかわり、六月一日、内大臣となった木戸幸一は、近衛、平沼と気脈を通じ、第二次近衛内閣を成立させるために、米内内閣打倒の工作にとりかかった。

六月二十四日、近衛はみずから枢密院議長を辞任した。「首相に再任され、陸軍と協力して独伊との協定を強化し、蔣介石政権を屈服させ、中国から英米の勢力を駆逐して、日本を核心とし日満支（中国）の強固な統合を根幹とする大東亜新秩序を建設する」ことを夢想したのである。

七月十六日午前、参謀総長閑院宮元帥の意をうけた陸相畑は首相官邸で米内に辞表を提出し、午後には閑院宮以下の陸軍首脳たちが後任陸相を出さないことを決議して、米内内閣の倒閣が決定した。海軍側の総長伏見宮以下の軍令部も、米内内閣の退陣に賛成した。

こうして、日独伊三国同盟締結阻止をのぞむ天皇の内意をうけて発足した米内内閣も、ちょうど六ヵ月目の七月十六日、あえなく総辞職となった。

政治に対する米内の信念は、つぎのようなものであった。

「近衛が提唱する国内新体制（全体主義的・軍国主義的政治経済文化体制）とかいうようなものには絶対に反対で、あくまでも立憲的に行動する。欧州の情勢に刺激され、英米を対象とする三国同盟の議がさかんになってきたが、独伊は信頼できない。……中国問題は日英中の三国間の交渉によって解決すべきである。日独伊三国同盟には絶対に反対する。

あくまで自由の立場に立ち、わけのわからぬ強がり（東亜の盟主になるなど）を言わず、他人の褌で相撲《すもう》を取るような依頼心（独伊への）を抑え、欧州戦争の渦中に巻きこまれることなく、静観の態度をとって妄動しないことは、世界の平和のためであり、日本の将来のためにもよろしい」（高木惣吉写・実松《さねまつ》譲編『海軍大将米内光政覚書』）

七月二十二日、第二次近衛文麿内閣が成立した。近衛がえらんだ外相は権謀術数家の松岡洋右《ようすけ》、陸軍が出した陸相はもっとも強硬な親独伊・反米英派の東條英機《ひでき》中将、海相は線のよわい留任の吉田善吾中将であった。

木村の兄近藤憲治大佐（四十期）が、七月二十九日、病死した。「神通」艦長木村は、二艦隊の東北地方方面における訓練行動中の七月三十日、訃報をうけ、日記手帳の同日欄に、鉛筆で「近藤憲治大佐死去」と書き、二十九日（日曜日）に矢印をつけた。ほかには何も書かなかった。

昭和十五年九月十五日、霞が関の海軍省に隣接する海相官邸で、日独伊三国同盟問題を議題として、海軍省、軍令部の首脳、各軍事参議官、各艦隊司令長官、各鎮守府司令長官が参集した海軍首脳会議がひらかれた。海相はノイローゼが高じて倒れた吉田にかわり、軍令部総長伏見宮の意をうけて九月五日に就任した前横須賀鎮守府司令長官及川古志郎大将であった。

しかし、討議のまえに、伏見宮がだしぬけに、

「ここまできたら仕方ないね」と座を制するように発言したために討議はおこなわれず、及

川が、

「それでは海軍は三国同盟に賛成ということにいたします」と宣言して、会議は終了となった（軍事参議官長谷川清大将の昭和三十七年の証言、野村実著『歴史のなかの日本海軍』を参照）。

九月二十三日、東條陸相の腹心で参謀本部第一（作戦）部長富永恭次陸軍少将と南支那方面軍参謀副長佐藤賢了《けんりょう》大佐が、日仏協定も、天皇の「過早な発砲は禁ずる」という厳命も無視して、現地陸軍部隊の北部仏印（現ベトナム北部）への武力進駐と、同地域の占領を強引にすすめた。

四日後の九月二十七日，日本陸軍と近衛内閣の外相松岡洋右が推進していた日独伊三国同盟がベルリンで調印された。日本は完全な侵略戦争を強行しているドイツ・イタリアと同盟国となり、英仏蘭および米国の明らかな敵国になったのである。

十月十五日、七十五歳の閑院宮元帥が参謀総長を辞任した。すでにロボット的存在であったが、米内内閣打倒と三国同盟締結が成就したことを機会に、引退したようである。

かわって、東條と主義・主張をおなじくする杉山元《はじめ》大将が参謀総長に就任した。

この日、海軍大佐木村昌福は、「神通」とおなじく司令長官古賀峯一中将（三十四期）がひきいる第二艦隊に所属し、母港も同じ呉の第七戦隊二番艦重巡「鈴谷《すずや》」艦長に発令された。

昭和十六年（一九四一）四月はじめ、六十五歳の伏見宮元帥が、体調低下という理由で、軍事参議官の永野修身大将を自分の後任軍令部総長に推薦し、四月九日、永野と職を交替して、自分は軍事参議官になった。永野は米英に対して、海軍内でもっとも強硬な現役大将で、伏見宮は自分の意思を永野に継がせようとしたのである。

四月十三日、外相松岡が、モスクワでソ連共産党書記長ヨシフ・スターリン相手に交渉し、「日ソ中立条約」に調印した。「日本の南進のために北辺を安泰にしておく必要がある」が松岡の魂胆で、「独ソ戦の場合、背後を安泰にしておきたい」がスターリンの魂胆であった。

このころワシントンでは、駐米大使野村吉三郎（予備役海軍大将、二十六期、元外相）と米国務長官コーデル・ハルの日米交渉が連日のようにおこなわれていたが、ほとんど進展がなかった。

最大の問題点は、米国の、

「日本軍は仏印、中国から全面的に撤兵せよ。日本は日独伊三国同盟から離脱せよ（もしくは同盟条約を空文化せよ）」という要求にあった。しかし、日本陸軍は二点とも一歩も譲歩しないし、首相近衛は陸軍を恐れてなにもできなかった。

ドイツが、六月二十二日、独ソ不可侵条約を破り、ソ連侵入を開始した。

英空軍と英海軍がドイツ空海軍より強力で、英本土上陸作戦の成功がみこめず、ヒトラーはソ連領内の石油、食糧などの資源獲得と、ドイツ領土の拡張を図って反転したのである。

七月一日、近衛内閣は、要旨つぎのような「帝国国策要綱案」を決定した。

「蔣介石政権屈服のため、南方諸地域から圧力を強化する。

南部仏印、泰《タイ》に進駐し、南方（マレー、シンガポール、蘭印方面）進駐の態勢を強化する。この目的達成のため、対英米戦を辞せず。

独ソ戦の推移、帝国のため有利に進展せば（在極東ソ連総合戦力が半減すれば）、（日ソ中立条約を破棄し）武力を行使して北方問題を解決し（極東ソ連領を占領し）、北方の安定を確保す」（『戦史叢書・大本営陸軍部〈2〉』参照）

翌七月二日、大本営・政府連絡会議の御前会議がおこなわれ、「帝国国策要綱案」が提議された。反対意見はなかった。

立憲君主制の原則をまもる天皇は、大本営（陸海軍部）と政府が決議した同案を裁可するほかなかった。

近衛は、対米交渉の障害になっている頑迷な外相松岡を排除するために、七月十六日、第二次近衛内閣の総辞職をした。

翌日、重臣会議で近衛がふたたび後継内閣の首班に推され、七月十八日、第三次近衛内閣が成立し、前商工大臣の豊田貞次郎海軍大将（予備役、元海軍次官、豊田副武とおなじく三十三期）が新外相となった。

しかし、新内閣の対米方針がきまらないうちに南部仏印進駐の期限がきて、七月二十三日、現地陸海軍部隊に進駐の大命が下った。

米国は、七月二十五日、在米日本資産凍結令を公布し、英国、フィリピン、オランダ、ニュージーランドがそれにつづいた。

日本陸海軍部隊は、七月二十八日、南部仏印への武力進駐を開始した。

八月一日、米国は日本に対して全面的石油禁輸令を発令した。

米国務長官ハルは、八月八日、駐米大使野村に、「仏印より撤兵し、タイ国とともに中立

を保証することを要請す」という文書をわたし、

「日本の政策に変更がないかぎりは、話し合いの根拠はない」とクギを刺した。

日本は、手持ちの石油で米国と戦い、その間に蘭印などの石油資源地帯を攻略占領して日本にはこぶか、米国の要求（仏印・中国からの全面撤兵、日独伊三国同盟条約の空文化など）を呑むか、いずれか一つをえらぶほかなくなった。

近衛首相とフランクリン・D・ルーズベルト大統領の日米会談に対する事前交渉もついに不調におわり、九月三日、日米国交調整は絶望的となった。

九月六日にひらかれた大本営・政府連絡会議の御前会議では、

「……外交交渉により十月上旬ごろに至るもわが要求を貫徹し得ざる場合においては、直ちに対米（英、蘭）戦を決意す」という条項をふくむ「帝国国策遂行要領」が決定された。

「わが要求」とは、「一、米英は日本の支那事変処理に干渉し、またこれを妨害しないこと　二、米英は極東において日本の国防を脅威するような行為に出ないこと　三、米英は日本の所要物資獲得に協力すること」などである。

一は米英が承認するはずがなく、二、三は一の決着次第である。

軍事参議官になっていた伏見宮元帥は、十月九日、二十六歳年下で四十歳の昭和天皇に、気合いを入れるように、

「米国とは一戦避けがたく存じます。戦うとするならば早いほど有利です（海軍は予定の戦備がととのった）。即刻にも御前会議をひらき、対米戦を決定していただきたい」

衝撃をうけた天皇は、

「いまはその時機ではないと思う。まだ外交交渉によって尽くすべき段階である。しかし結局、一戦は避けがたいであろうか」と、つよい不満の色をみせた。

内大臣木戸は、翌十月十日の日記に書いた。

「十時二十分ヨリ十一時二十分迄拝謁ス。其ノ際、過日伏見宮ト御会見ノ際、対外問題ニツキ殿下ハ極メテ急進論ヲ御進言アリシ趣旨ニテ、痛ク御失望遊様《あそばされしよう》拝シタリ」(『木戸幸一日記』)

首相近衛の私邸荻外《てきがい》荘で、十月十二日、近衛、外相豊田貞次郎、陸相東條、企画院総裁鈴木貞一(予備役陸軍中将)の五相会議がひらかれた。

席上、東條は強硬に主張した。

「駐兵(中国内)問題は陸相としては一歩も譲れない。所要期間は二年、三年では問題にならぬ。第一、撤兵を主体とすることがまちがいである。退却を基礎とすることはできぬ。陸軍はガタガタになる。支那事変の終末を駐兵に求める必要があるのだ。日支条約のとおりやるのだ(蔣介石主席の国民政府との条約ではなく、日本陸軍が支援して、昭和十五年三月三十日、南京で発足した汪兆銘《おうちょうめい》主席の新中華民国国民政府との条約)。所望期間とは永久の考えなり」

会議は、こういう東條のために決裂となった。

結局、近衛は、東條の「中国からの撤兵は一歩も譲歩できない。時機を失せず開戦を決意すべし」という対米英強硬論をはねかえすことができず、十月十六日、内閣総辞職をした。

天皇の意に副い、陸軍を抑えて、戦争を回避する方法は一つしかなかった。

伏見宮が海軍軍事参議官代表者となり、海相及川、軍令部総長永野以下の海軍首脳部と結束し、開戦に反対する天皇を輔佐して、「海軍は対米英戦はおこなわない」と言明し、その方針を貫きとおすことである。

しかし、残念ながら、それを望むことは不可能の状況であった。

第十一章　ドイツ軍の大敗を知らずに開戦

昭和十六年（一九四一）十月十七日、内大臣木戸が推薦する前陸相東條英機中将に後継内閣組織の大命が下った。

東條は、「九月六日の御前会議の決定（「十月上旬ごろに至るもわが要求を貫徹できない場合は、ただちに対米〔英・蘭〕開戦を決意する」）を白紙還元して、和戦を慎重に検討するように」という天皇の内意を木戸から伝えられ、神妙に受諾した。

しかし、総長杉山元大将、次長塚田攻《おさむ》中将、第一部長田中新一少将、作戦課長服部卓四郎大佐ら参謀本部の十月十七日付『機密戦争日誌』には、

「いかなることありといえども、新内閣は開戦内閣ならざるべからず。開戦、これ以外に陸軍の進むべき道なし」と書きこまれた。

東條内閣の親任式は十月十八日におこなわれた。この日、陸軍首脳部の推薦でにわかに陸軍大将に進級した東條は、米内が首相になったときとちがい、真新しい三つ星の襟章をつけ、首相兼陸相兼内務相という現役陸軍大将の大権力者になっていた。

外相は東郷茂徳《しげのり》、海相は軍事参議官ながら海軍の実権をにぎる大御所伏見宮元帥の寵臣《ちょうしん》嶋田繁太郎大将（山本五十六、吉田善吾と兵学校同期、前横鎮司令長官）である。

連合艦隊司令長官山本五十六大将は、昭和十四年八月までの海軍次官時代は、「日本海軍は米海軍に勝てない」と断言して、対米戦に絶対反対説を通していた。それが連合艦隊司令長官になって一年四ヵ月経った昭和十六年一月になると、対米戦反対よりも機動部隊によるハワイ真珠湾の米戦艦部隊に対する奇襲攻撃作戦に、物の怪にとりつかれたように異常な執念をつのらせるように変身した。

十六年十月には、主力空母六隻の機動部隊による真珠湾攻撃作戦決行を条件として対米英蘭開戦の加担者となった。

新海相嶋田は、格別の引き立てをうけてきた伏見宮元帥の意見に従い、十月三十日、開戦に同意の肚をきめた。

対米英蘭戦に対する陸軍の勝算は、参謀本部作戦課長服部卓四郎《はっとりたくしろう》大佐の終戦後の回想によると、つぎのようである。

「理由は二つあった。ひとつはドイツがかならず英国を屈服させるということ、もうひとつは海軍が海上交通路をかならず確保してくれると信じたこと。海上交通路の確保ができれば日本は長期自給自足ができるわけだし（おもに蘭印その他の東南アジアからの物資によって）、その間に英国がドイツに屈服すれば、米国は戦争継続に意味を失い、米国民の戦意が衰える。そこに我方に有利な終戦になるチャンスが生まれる。……」（『太平洋戦争秘史』保科善四郎〈元海軍中将〉、大井篤〈元海軍大佐、兵学校五十一期〉、末国正雄〈元海軍大佐、同五十二期〉共

著、財団法人日本国防協会発行）

海軍の軍令部総長永野修身の勝算も、服部と同様であった。

昭和十六年当時、参謀本部作戦課員の少佐（終戦時大佐）高山信武《しのぶ》著『服部卓四郎と辻政信』（芙蓉書房）にはつぎの記事がある。

「服部は陸士三十四期（兵学校四十九期に相当）、辻は同三十六期生で、大東亜戦争開始直前、服部は参謀本部作戦課長、辻は作戦課戦力班長の職にあった。そして両者力を併せ、時の作戦部長田中新一少将を推戴し、東條英機をして対米開戦の決断をなさしめた。いわばこの人達は開戦の原動力というべき存在であった」

高山は陸士三十九期、陸大トップ、昭和十六年七月、参本作戦課員になり、服部が作戦課長に昇格されたり、辻が戦力班長に迎えられたりした経緯を見聞していた証人のひとりである。

開戦予定を決定する大本営・政府連絡会議が、十一月一日にひらかれた。おもな出席者は杉山、永野、東條、嶋田、外相東郷、蔵相賀屋興宣《おきのり》、企画院総裁鈴木貞一であった。

永野は強硬に、

「帝国として対米戦争の戦機は今日にあり。……」と主張した。

外相東郷と蔵相賀屋が「臥薪嘗胆《がしんしようたん》」の意見を述べたが、会議は、

「帝国は現下の危局を打開して自存自衛を全うし、大東亜の新秩序を建設するため、この際対米英蘭戦を決意す。武力発動の時機を十二月初頭と定め、陸海軍は作戦準備を完整す。対米交渉が十二月一日までに成功せば、武力発動を中止す」という要旨の「帝国国策遂行要

領」を決定した。

十一月五日の御前会議で、この「帝国国策遂行要領」が最終的に決定された。

昭和十六年十一月十五日、呉軍港に入港した「鈴谷」「三隈」「最上」の第七戦隊（「熊野」は機関修理で欠）は、臨戦準備にかかった。司令官は前年十一月から栗田健男《たけお》少将で、旗艦は修理中の「熊野」にかわり「鈴谷」になっていた。この日、海軍兵学校を卒業したばかりの第七十期海軍少尉候補生四百三十二名中の十名が、艦長木村昌福大佐の「鈴谷」に乗艦してきた。

十一月二十日午前、「鈴谷」「三隈」「最上」の七戦隊は、呉から山口県岩国市南東方の柱島《はしらじま》泊地に回航した。

木村は二十日付のメモに、着任候補生十名に対する指導方針を書きとめた。

「候補生ニ　積極果敢
○指導要領
⑴配置ニ重点　⑵全力ヲ一般教育ニ充《あ》ツ
○自分達ノ勉強習得ガ第一
生徒（兵学校一号時代の）ノ考ヘデ兵員ヲ殴打スル等ハ以テノ外
（人格者多シ腹ノ出来テ居ル者多シ）
○甲板士官（候補生の）ハ乗員ノ世話ヲスルツモリデヤレ
（中略）

○指揮監督ノ要点
〔乗員の〕怪我、過チノ防止
○分隊士〔分隊長補佐、この場合は候補生の〕ハ分隊員ニツキヨク観察スベシ即チ人格有経験者ヲヨクワキマエヨ
○唯形式・無意味ニ叱ッタリスルモノアリ
（例、衛兵司令ニナリタル候補生……ナッテイナイ……ナドト）
○若年兵ノ体力ニ関シテ注意セヨ
保養休養ノ件」

木村は、十名の候補生を、実務実戦に通用し、「鈴谷」全艦の実力向上に役立つ初級士官に急速錬成するにはなにを為すべきかを熟慮して、この結論を出したようである。それぞれ適切であろう。〔 〕内は私の注。

七戦隊は、この日十一月二十日午後三時、司令官橋本信太郎少将（木村と同期）の第三水雷戦隊とともに、七戦隊司令官栗田にひきいられて、馬来《マレー》部隊集結地の海南島三亜に向かった。

七戦隊と三水戦が所属する馬来部隊は、第二艦隊司令長官近藤信竹中将（昭和十六年九月就任）が指揮官を兼務する南方部隊の一部隊で、南遣艦隊司令長官小沢治三郎中将が指揮官である。

十一月二十六日朝（ワシントン時間の二十五日夕刻）、第一航空艦隊司令長官南雲忠一中将

がひきいる「赤城」以下正規空母六隻を基幹とする三十隻の機動部隊が、北方の択捉島《えとろふ》単冠湾《ひとかっぷ》を出撃して片道およそ六千五百キロのハワイ奇襲の途についた。南雲部隊は、日本時間の十二月八日午前三時三十分、ハワイ時間十二月七日午前八時、ワシントン時間十二月七日午後一時三十分に、オアフ島真珠湾の米太平洋艦隊主力（戦艦部隊）に攻撃を開始する予定である。

ワシントン時間の十一月二十六日夕刻（日本時間十一月二十七日朝）、米国務長官コーデル・ハルは、国務省において、日本の最終案に対する米国の回答を、駐米日本大使野村吉三郎《きちさぶろう》と特命全権大使来栖《くるす》三郎に手交した。「ハル・ノート」とよばれ、要点は、

「一、二、三（省略）

四、支那および仏印から一切の陸、海、空軍兵力および警察力を撤収すること

五、蔣介石政権以外は支持しないこと

六、支那における治外法権および租界を撤廃すること

七、八、九（省略）

十、日米両国が第三国との間に締結したいかなる協定も、本協定および太平洋平和維持の目的に反するものと解釈されるべきではないことを約す」である。

要するに日本の立場を完全に無視し、とくに仏印、中国からの全面撤兵と日独伊三国同盟条約の空文化を要求するものであった。

じつは米国は、日本が十一月二十五日（ワシントン時間）ごろ交渉をうち切り、戦争に突入することを暗号解読によって知り、対日戦を決意していた。

「抜け」というようなものであった。

交渉の進展をのぞんでいた外相東郷、蔵相賀屋も、「もはや交渉の余地なし」と憤激した。しかし、戦争を待望していた東條、杉山、嶋田、永野はじめの陸海軍の開戦派は、これで絶好の口実ができた、思うツボにはまったとよろこんだ。

日本は、米国が「ハル・ノート」ほど挑発的回答を出さなくても、予定どおり対米英蘭戦に突入したにちがいない。とくに日本陸軍は、「中国からの全面撤兵、日独伊三国同盟条約の空文化」には断じて反対であり、対米英蘭戦に負けるはずがないと、自信に満ちていたからである。


司令官栗田にひきいられた「鈴谷」「三隈」「最上」の七戦隊と、旗艦の軽巡「川内《せんだい》」・十一駆・十九駆・二十駆の三水戦は、十一月二十六日午後零時四十分、三亜《さんあ》に着き、南遣艦隊旗艦になる重巡「鳥海」も到着した。

昭和十六年十二月一日、午後二時から宮中で御前会議がひらかれ、午後四時十分、「……対米交渉は遂に成功するに至らず、帝国は米英蘭に対し開戦す」という昭和天皇の勅裁が下った。

十二月八日朝、南雲機動部隊の旗艦「赤城」以下六隻の空母を発艦した三百五十機の飛行機隊は、奇襲に成功して、オアフ島真珠湾の米戦艦部隊九隻中の七隻に沈没あるいは行動不能の大損害をあたえ、目的を達成した。だが全米国民は憤激し、結束して日本打倒に立ち上がった。

軍司令官山本奉文《ともゆき》陸軍中将の第二十五軍が乗る輸送船団は、指揮官小沢海軍中将の馬来部隊に護衛され、十二月七日夜、マレー半島北部沖に達し、二十五軍の各攻略部隊とも八日未明、上陸に成功して、シンガポールへ進撃を開始した。

この日の昼、首相兼陸相の東條は、「大詔（宣戦の詔書）を拝して」と題するラジオ放送をおこなった。そのなかで、勝算についてつぎのように強調した。

「およそ勝利の要訣《ようけつ》は『必勝の信念』を堅持することであります。建国二千六百年、われらはいまだかつて戦いに敗れたことを知りません。……八紘《はっこう》を宇《いえ》となす（世界を一家とする）皇謨《こうぼ》（天皇の国家統治のはかりごと）のもとに、この尽忠報国の大精神あるかぎり、英米といえども何ら恐るるに足らないのであります」

具体性、合理性がなく精神主義の勝算であった。

ところがこのころ、ヨーロッパの東部では、日本陸海軍の目算が根本から崩れる思いもよらない大事件が発生していた。

ソ連に侵入したドイツの大軍が、まず十一月下旬、はじめて大敗した。ドイツ陸軍のハルダー参謀総長は、十一月二十六日の日記に、

「東部軍の損失の統計は七十四万三千百十二人であり、三百二十万人の総兵力の二十三パーセントに相当する」と、ドイツ軍の無残な死傷者数を書いた。

十二月に入り、ソ連の新鋭百個師団が、中央戦線の全体にわたって大規模な反撃にうつり、ドイツ軍の花形、戦車部隊の指揮官グーデリアン大将は、十二月五日の日記に、

「われわれのモスクワ攻撃計画は潰《つい》え去った。われわれは惨憺たる敗北を喫したのだ」と、

絶望の情況を書いた。

ヒトラーは、十二月六日、ソ連政府が発したニュースを聞いて驚愕した。

「ソ連軍の新鋭百個師団の大規模な反撃によって、モスクワに対するドイツ軍の脅威は一掃された」

酷寒の戦線ですでに持久力の限度に達していたドイツ軍は大動揺をきたし、この後数日間、敗退をつづけた。この時点でドイツの敗北が決定した。

南雲機動部隊が真珠湾攻撃をかけたのは、ヒトラーがソ連政府のニュースに驚愕した翌日の十二月七日（米国、ヨーロッパ時間）であった。しかし、まさにこの時点で、ドイツの勝利に日本を賭けた日本の敗北も決定した。

「バスに乗り遅れるな」の言葉が喧伝されたが、日本は先をいそいで、「地獄行バス」に乗ってしまったのである。

第十二章　アッツ・キスカ占領と撤収開始

「アッツ島守備隊は、好機に潜水艦で撤収につとめる。

キスカ島守備隊は、なるべくすみやかに主として潜水艦で順ぐりに撤収につとめる。海霧の発生状況、敵情を見きわめて、状況がよければ、輸送船や駆逐艦もあわせて撤収に使用する。この作戦を『ケ』号作戦と称す」

昭和十八年（一九四三）五月二十一日、大本営陸海軍部は、このような趣旨の「北太平洋方面作戦陸海軍中央協定」を発令した。

死に直面している両島守備隊の救出に対する熱意や自信は、あまり感じられない。

大本営陸軍部首脳は参謀総長杉山元《はじめ》大将、次長秦《はた》彦三郎中将、第一部長綾部《あやべ》橘樹《きつじゅ》少将で、海軍部首脳は軍令部総長永野修身《おさみ》大将、次長伊藤整一中将、第一部長福留繁中将である。

五月二十八日、戦闘司令所（司令部）を札幌から千島列島北端幌筵《パラムシル》島の柏原に進めた陸軍の北方軍司令官樋口季一郎中将は、第五艦隊（旗艦「那智」以下の重巡戦隊が主力）司令長官兼北方部隊指揮官河瀬四郎海軍中将（三十八期）および第十二航空艦隊（基地航空部隊）司令長官兼第二基地航空部隊指揮官戸《と》塚《つか》道《みち》太《た》郎《ろう》海軍中将（三十八期）と会談して、「ケ」号作戦の陸海軍協定をとりきめた。

「キスカ部隊の撤収は霧を利用し、潜水艦以外の艦艇をもって一挙撤収に努める」という一点が核心である。

　樋口の誠意に打たれ、また北東方面の戦線を縮小して火急の南東方面ないし中部太平洋方面に全力を投入したい連合艦隊司令長官古賀峯一大将の指示をうけた第五艦隊は、水上艦艇部隊によるキスカ撤収作戦を積極的にすすめることにした。

　五月二十九日、キスカ島西方のアッツ島を守備する北海守備第二地区隊長山崎保《やす》代《よ》陸軍大佐指揮の陸海軍部隊二千六百三十八人が、玉砕全滅した。

　古賀連合艦隊司令長官は、河瀬北方部隊指揮官と戸塚第二基地航空部隊指揮官に、陸軍と協同して「ケ」号作戦を決行するよう下令した。

　アッツ、キスカの守備隊が、こんな窮境におちいったのはなぜなのか。

日本陸海軍部隊が、昭和十七年六月八日、アッツ、キスカ両島を占領したときから、司令官木村昌福の第一水雷戦隊が、昭和十八年七月二十九日、キスカ撤収作戦を完全に成功させるまで、一水戦先任（首席とおなじ）参謀として作戦計画立案・指導に当たっていた有《あり》近《ちか》六《ろく》次《じ》中佐（五十期）は、終戦後の昭和二十三年（一九四八）ごろ、『奇蹟作戦「キスカ撤収」』と題する手記を書きあげた。

　そのなかの「補給の終止符」というところで、つぎのように述べている。

「前記の『間隙補給』（高速補給艦船をもってする糧食、弾薬、人員などの夜間補給）も、十八年三月ごろまではなんとか夜間時間が利用できた（冬季は夜が長い）ものの、それ以後は夜間時間が短縮されて八、九時間ほどになると、十七、八ノット（時速約三十二〜三十四キロ）の補給船の速力では危険区域（米軍機の哨戒圏内）を夜間に往復することが不可能になったので、『間隙補給』もできなくなった。

つぎは潜水艦による二十トン、三十トンずつのいわゆる『鼠《ねずみ》補給』による以外に安全な方法がなくなった。しかもアッツ島を敵に奪回されてからは、キスカはまったく敵中に孤立し、潜水艦による補給も連続実施が困難となった（米艦艇のレーダー・水測兵器による索敵と高性能の対潜兵器による攻撃のために）。そして、ついには補給も終止符を打たねばならない窮境に達した。

そもそも、かくのごとき補給難が占領前に予想されたならば、アリューシャン攻略は実施されなかったかも知れない。その当時山本連合艦隊長官が『冬ごもりは可能なりや』と質問されたとき、問う方も答える方も陸上における生活が可能なりや否やの末梢にとらわれて、この補給難に想いいたらなかったことは、失敗だった。

また占領してから後でも、ガダルカナル島の戦訓に鑑《かんが》み、あるいは十七年秋以来の戦況から、やがて来たるべき補給難を想起すべきであった。そして昭和十八年春ごろ（三月ごろ）までに思い切って両島を放棄して、守備隊撤収を実施すべきであったと思われる。ここでもジリ貧を繰り返す結果となり、あの悲惨なるアッツ島の全員玉砕となって現われたのは、かえすがえすも残念の極みである」

これはそのとおりであった。

日本海陸軍がアッツ、キスカを占領し、その長期確保を図ることになった経緯の要点はつぎのようである。

昭和十七年四月五日、連合艦隊のミッドウェー島攻略作戦案を大本営海軍部（軍令部が主体）がうけいれて、同作戦が内定した。そのとき海軍部は、アリューシャン列島西部（アッツ、キスカなど）も攻略し、米航空部隊の西進をおさえるとともに、ミッドウェーとアリューシャン西部の両地に哨戒兵力（航空機、潜水艦などの）を進出させれば、米空母の日本本土接近をいっそう困難にできると判断して、連合艦隊にはかった。

連合艦隊はかねてその必要性をみとめていたうえ、攻略兵力にも余裕があったので、さっそく同意した。

海軍部は四月十二日、ＭＩ（ミッドウェー）、ＡＬ（アリューシャン）両攻略作戦を大本営陸軍部に提議した。

陸軍部は、ＭＩ作戦は海軍単独でもよいというので反対できなかったが、ＡＬ作戦は陸軍部ものぞむところで、問題はなかった。

五月五日、「アリューシャン群島作戦に関する陸海軍中央協定」が発令され、この作戦は「ＡＬ作戦」と称されることになった。

六月五日、南雲機動部隊の空母「赤城」以下四隻は、米機動部隊の空母機隊に奇襲されて全滅した。連合艦隊司令長官山本は目が眩《くら》むような衝撃をうけたが、ＡＬ西部攻略作戦を決行する決意はかえなかった。

連合艦隊のアッツ、キスカ長期確保希望を伝え聞いていた大本営陸海軍部は、ＡＬ方面の長期確保を研究することに意見が一致した（『戦史叢書・ミッドウェー海戦』参照）。

日本陸海軍部隊は、昭和十七年六月八日、住人が三十七人、米人が二人のアッツ島と、米海兵隊員十人のキスカ島に、それぞれ無血上陸して、これらを占領した。

米軍はその直後から、長距離飛行可能な大型機、水上艦艇、潜水艦によって、キスカに集中攻撃をくりかえしはじめた。

九月ごろ、キスカ東方三百八十九キロのアダック島に飛行場を完成した米軍は、昭和十八年（一九四三）一月下旬にはキスカ東方わずか百三十四キロのアムチトカ島にも飛行場を完成し、一日数回延べ数十機の戦爆（戦闘機・爆撃機）連合攻撃隊をキスカ空襲に向かわせるようになった。

昭和十八年二月当時、キスカを守備する海軍部隊は、第五艦隊に所属する司令官秋山勝三海軍少将（四十期）の第五十一根拠地隊であった。海軍と協同して、キスカとアッツを守備する陸軍部隊は、司令官峯木十一郎《といちろう》陸軍少将の北海守備隊である。

北海守備隊は、昭和十八年二月十一日、紀元節の日（現建国記念日）、札幌に司令部を置く北方軍の樋口軍司令官の指揮下に入り、キスカを第一地区隊、アッツを第二地区隊として、峯木北海守備隊司令官が第一、第二地区の統一指揮をとることになり、第一地区隊長に佐藤政治大佐、第二地区隊長に山崎保代大佐が就任した。

二月半ば、全般的戦争情勢を検討した軍令部第一部第一（作戦）課長山本親雄《ちかお》大佐（四十六期）は、第一部長福留中将にアリューシャン方面からの撤収を進言したが、福留は、「アリューシャンの占領は無意味ではない。もしこれを占領しなかったら、米軍はとっくに千島占領をくわだてたかもしれない。千島の一角を占領されたら、東京は敵の空襲圏内に入るだろう。アッツ、キスカの占領によって米軍の千島占領を阻止していると思う。

アリューシャン占領の適否は後世の史家によってはじめて明らかになることであろう。しかし、課長のせっかくの意見だから虚心坦懐に研究してみよう」と答え、同意しなかった（キスカ会編『キスカ戦記』原書房、参照）。

山本親雄の方が卓見だったことは、その後のアッツ守備隊全滅、キスカ守備隊も全滅寸前になったことから明らかである。

昭和十八年三月二十七日、アッツ島北方海面で、「アッツ島沖海戦」がおこった。アッツ島増援の陸軍部隊約五千人を乗せた輸送船三隻を護送していた司令長官細萱《ほそがや》戊《ぼ》子《し》郎《ろう》中将（三十六期）、参謀長大和田昇大佐（四十四期）の五艦隊は、猛烈な荒天で輸送船一隻を見うしない、荒天が去ってから同船との会合地点に向かう途中、同日未明、米艦隊と遭遇した。

五艦隊は重巡「那智」「摩耶」、軽巡「多摩」と軽巡「阿武隈」・駆逐艦六の計十隻で、米艦隊は重巡「ソルトレイクシティ」、軽巡一、駆逐艦四の計六隻であった。

優勢な五艦隊が米艦隊を撃滅できそうな形勢にあったが、午前三時ごろから午前七時ごろまで、艦砲、魚雷の命中率がゼロにひとしい遠距離戦に終始したので、戦果はほとんどあがらなかった。

米艦隊では「ソルトレイクシティ」と駆逐艦一隻が中破し、五艦隊では「那智」が甲板に数発被弾して乗員十数人が死傷した、という結果におわった。

五艦隊が護送していたアッツへの陸軍増勢部隊を乗せていた輸送船三隻は北千島に逆もどりさせられ、セミチ島（アッツ南東約九十五キロ）攻略も中止された。

五艦隊長官細萱中将は、指揮不適切のために、まもなく河瀬四郎中将と交替させられ、八ヵ月後の十一月、予備役に退かされた。

アッツ島沖海戦のころは、米航空部隊、艦艇部隊のキスカ、アッツに対する攻撃が目に見えて激化し、北海守備隊司令官峯木は米軍のキスカ奪回作戦も必至と判断して、対策をいそいでいた。

三月末、大本営陸海軍部に対して、増援部隊・軍需物資輸送の抜本的強化を要求する目的で上京した北海守備隊次席参謀藤井一美少佐は、海軍部に乗りこみ、永野軍令部総長、軍令部第一部第一課部員高松宮宣仁《のぶひと》親王大佐（五十二期）が臨席する場で、

「確保せよ（キスカ、アッツを）と言うならその裏づけをくれ（増援部隊の輸送も補給もない）。現状のままなら死守という命令にしてくれ」と声を大にして直言し、軍令部首脳に衝撃をあたえた。

しかし大本営陸海軍部は、「キスカは現有兵力で保持し、防衛の重点をキスカからアッツに変更し、アッツ兵力を増強するとともに、五月末までにアッツに陸上飛行場を完成させ、陸軍機を進出させる」という方針を示しただけであった（『キスカ戦記』参照）。

四月十八日、山本五十六連合艦隊司令長官が戦死し、四月二十一日、古賀峯一大将が連合艦隊司令長官になった。

アッツ、キスカに対する米軍の艦砲射撃、空襲がいよいよ激化してきた。

アッツ玉砕二日まえの五月二十七日、伊七潜（伊号第七潜水艦）はキスカ港（キスカ島中部東岸）に入泊し、六十人を収容して千島北端の幌筵島に帰投した。「ケ」号第一期作戦のはじめである。

しかし、伊二一潜が六月十一日、霧中で砲撃をうけた。六月十三日と十四日にキスカ島に到着する予定の伊二四潜、伊九潜が行方不明になった。

六月二十一日、伊七潜はキスカ島南東岸の七夕《たなばた》湾外で、濃霧の中から砲撃をうけて潜航不能になった。この時点で、潜水部隊指揮官古宇田《こうだ》武郎《たけろう》少将（木村と兵学校同期）は、潜水艦による撤収作戦の中止を命じた。

しかし、「ケ」号第一期作戦は実働九隻の潜水艦によって十三回成功し、人員八百七十二人（海軍三百八人、陸軍五十八人、軍属五百六人）と遺骨四十一柱を収容して、弾薬・糧食二百三十トンをキスカに輸送するという、なみなみならぬ成果をあげていたのである。

河瀬北方部隊指揮官は、六月二十三日、潜水艦による「ケ」号作戦の中止を下令し、第一期作戦の幕をとじた。

海軍通の第一人者と評判の作家阿川弘之氏は、著書『私記キスカ撤退』（文藝春秋、昭和四十六年六月初版）のなかで、つぎのように述べている。

「当時の文書には、いろいろもっともらしいことが書いてあるが、結果的にはまったく役に立たなかったキスカやアッツを、なぜ日本軍が占領したかといえば、要するに一つは軍人の名誉欲、勲章の問題であったと私は推察する。そのころ南では、いたるところで派手な戦闘が行なわれていたが、北の部隊はまだ何もやっていない。ひとつアリューシャンにでも攻めこませて手柄をたてさせてやりたいということである」

しかし、この説には客観的な裏づけがなく、むしろこの本の信憑性を損なっているようである。

『戦史叢書・北東方面海軍作戦』（防衛庁防衛研修所戦史部著）の「まえがき」に、つぎのように書かれていることは事実であった。

「十七年六月初旬、日本軍は西部アリューシャン列島のキスカ、アッツ両島を占領した。米軍は直ちに大型機並びに潜水艦による反撃を開始し、爾後逐次航空兵力を推進して激烈な反攻を行なった。

航空および潜水艦の発達した近代戦における孤島防備に関して日本軍の認識は十分でなかった。その防備増強と輸送に苦心を重ねたが、成果を得ることはできなかった」

第十三章　司令官は春風駘蕩の村長

木村昌福は、昭和十八年（一九四三）六月八日、北方部隊の第一水雷戦隊司令官に発令された。

前一水戦司令官森友一少将（四十二期）が、六月六日、脳溢血で倒れ、その後任に任命されたのである。

陸路青森県下北半島の大湊警備府に急行した木村は、六月十一日午前十時三十分、一水戦旗艦「阿武隈」に着任した。「阿武隈」は大正十四年（一九二五）五月、浦賀ドックで竣工した「長良《ながら》」型六番艦で、六千四百六十トン、三十四・二ノット、口径十四センチ砲七門、十三ミリ四連装機銃一基、二十五ミリ連装機銃二基、六十一センチ魚雷発射管八門の軽巡洋艦である。

先任参謀有近六次中佐は、木村を迎えたときの感想を、手記「奇蹟作戦『キスカ撤収』」にこう書いている。

「木村司令官は、前々司令官大森仙太郎少将と（兵学校）同期の駆逐艦乗りのヴェテランで、鼻下の長い髭をもって（海軍）部内に知られていた。煙草を喫わないから、ぶさたがちの両手は、絶えず交代にその長髭をひねりつづけるのに忙しい。温厚沈着、不言実行型の長者で、十数年熟知の私も、いまだかつて木村少将の怒声を聞いたことがない」

「阿武隈」航海士の大賀良平《おおがりようへい》少尉（七十一期、終戦後海上幕僚長）は、昭和六十年（一九八五）四月四日、木村の印象を、

「私は身長百六十五センチだが、木村さんはそれほど大きいとは思わなかった。百七十センチちょっとぐらいではないかな。そんなに太ってもいなかった。

司令官然としていて口やかましく、艦橋内がピリピリしていた森さんとは対照的で、木村さんはヒゲは豪傑でも春風駘蕩のムードがある村長みたいな人で、艦橋内はほっとして和《なご》やかだった」と、私に語った。

六月十四日午前七時三十分、「阿武隈」は幌筵島の東対岸占守島《シュムシュ》片岡湾に着き、五艦隊旗艦重巡「那智」のちかくに投錨した。

待っていたように、「那智」から「阿武隈」に発光信号がきた。

「シチヨシカ』シカ、セサ、ラ」（司令長官より司令官へ』司令官、先任参謀来艦せよ）

木村と有近は、すぐランチに乗って、「那智」に向かった。

午前九時から、「那智」の長官室で、五艦隊司令長官河瀬四郎中将（三十八期）、参謀長大和田昇少将（四十四期、五月に進級）、先任参謀高塚忠夫大佐（四十九期）と、木村、有近は「ケ」号第二期作戦のうち合わせに入った。

大和田が発言した。

「このさい思いきってキスカを放棄し、その守備隊全員を急速撤収することに中央（大本営陸海軍部）方針も定まり、その実施命令が当艦隊にまいりました。

当艦隊はその計画実施を第一水雷戦隊司令官に指名されることになりました。……」

ついで河瀬が口をひらいた。

「木村君、ご苦労だけれど願います。この撤収は容易ならざる作戦であって、敵重囲の中から全員を無きず、秘密裡にひき揚ぐることは、激戦死地に飛びこむ以上に苦心と忍耐がいる。どうか最後のご奉公のつもりで善謀善処、好機を捕捉してこれを決行していただきたい。幸い先任参謀（有近）は占領当初から当地方に連続勤務せるただ一人の参謀だから、よく司令官をお助けして見事に成功してもらいたい。

なお本作戦は一水戦司令官に一任するが、もとよりわが五艦隊の作戦であるから、私も十分責任を持つし、また使用兵力量などで一水戦の要望があれば、私でできることならどんな世話もするし、命令も出すから、申し出てもらいたい」

木村は、ふだんと変わらない態度で、ひと言、

「承知しました」とこたえた。

高塚は作戦計画上の参考資料と言って、つぎのように述べた。

「ひき揚げ人員は陸軍が約三千二百名、海軍が約二千名で、合計約五千二百名です。

撤収作戦の兵力（艦艇）は、いっさい一水戦司令官に一任されます。

それから今回の作戦に使用できる燃料でありますが、当隊としては約一万トンの貯量がありますので、そのなかでまかなっていただきたい（二往復分）。……」

木村はとなりの有近に声をかけた。

「先任参謀、さっそく計画準備にかかってくれ。質問や希望があれば、ここで申し述べておくように」

有近は思っているとおりに要望した。

「本作戦はぜったいに敵に発見されないことが第一要件ですから、実施時機は一に霧の利用いかんによって決せられます。その予察能力を強化するために、気象専門の士官一名を増員していただきたい。

新鋭駆逐艦六隻の増勢を希望いたします。

その一隻は、ぜひ『島風』としていただきたい。同艦は電波探信儀（レーダー）を装備しておりますので、本作戦に貢献するところきわめて大と期待されます」

大和田が確答した。

「ご希望の件はまったく同意で、さっさく手配いたします」

これでうち合わせはおわった。

作家の阿川弘之氏も、『私記キスカ撤退』にこのうち合わせの情景を書いている。しかしそこに、事実を誤認しているとしか思われない文章があるので、指摘しておきたい。

「その中で河瀬司令長官の『最後のご奉公のつもりで』という一言は、もし有近氏の記憶にまちがいがないとすれば、長官が思わず洩らしたいささか失敬な本音であったにちがいない。

『木村昌福なんて、平時ならそろそろ首のころなんだが』

という思いは、海軍上層部の多くの者が持っていたはずであったから。……」

と書いていることである。

これは、至難な作戦の指揮官として死地に赴く木村に対して、河瀬が、「この作戦が終われば、君は予備役に退かされて、もう難しい戦《いくさ》はしないで済むようになるから、最後のご奉公のつもりで」と言っていると解説しているような文章である。

しかし、これほど重要な場面で、重任を帯びる相手をそのように小バカにした気持で、「最後のご奉公のつもりで」と「思わず洩らす」ような長官がいたとは、とうてい考えられない。

日露戦争で旅順港口閉塞作戦に挺身して戦死した広瀬武夫中佐（十五期）らの決死隊にまさるとも劣らないキスカ撤収作戦に成功すれば、予備役どころか類まれな名指揮官として現役にとどまることは確実である。失敗すれば、戦死の公算が大きい。

予備役に退かされるとすれば、作戦指導や戦闘指揮を誤り、失敗して生還した場合である。河瀬が「最後のご奉公のつもりで」と言ったのは、木村のラエ輸送作戦での死闘を評価し、ラエと同様か、それ以上に困難なキスカ撤収作戦の成功を願って激励する気持からであったにちがいない。阿川説はまったくの見当ちがいであろう。

木村と有近が「阿武隈」に帰り、司令官公室に砲術参謀今泉正次少佐（五十九期）、通信参謀福山寅雄大尉（六十二期）、機関参謀瀧田孫人少佐（海機四十一期、兵学校六十期と同年期）があつまると、「ケ」号第二期作戦計画のうち合わせになった。有近の説明につづいて、木村が、

「先任参謀、とにかく至急作戦計画を立ててくれ。まず連れてゆく艦《ふね》は何にするかだが、何にしてもおれは先頭艦に乗って黙って立っている。あとは先任参謀に一任する」と、所信を表明した。

「『阿武隈』『木曽』、一水戦の駆逐艦四隻と増強される新鋭駆逐艦六隻があれば、五千二百名も収容できましょうし、機動性があって望みどおりの運動もできると思います」

「人員の収容力さえあればそれがいい。よしそれにきめよう。

先任参謀、ただひとつ注意しておくが、責任はおれがとるから、決してあせるなよ。じっくり落ち着いて計画し、十分訓練してから出かけることにする。霧の利用期間はまだこれから二ヵ月もあるんだから」

こうして部隊編制の腹案が定まり、有近を中心として各参謀がそれぞれ分担業務の計画を立案することになった。

通信参謀は敵機の哨戒圏を海図に書きこみ、砲術参謀は収容人員五千二百人の軽巡二隻、駆逐艦六隻（あとの四隻は警戒任務）に対する分乗計画案をつくり、機関参謀は所要燃料の見積りを出す、などである。

このころ司令官古宇田少将の潜水艦部隊は、すくなからぬ犠牲を出しながら、「ケ」号第一期作戦での任務遂行に苦闘していた。一水戦司令部の「戦時日誌」には、六月の敵情が記されているが、それを平易に書きなおしてみる。

「敵の艦隊と航空部隊のキスカ島に対する監視偵察はきわめて厳重で、とくに航空機は霧の合間に執拗に来襲し、哨戒艦艇はキスカ島への物資補給と部隊輸送に挺身する日本潜水艦を霧の中でもレーダーや水測兵器（聴音器、ソナー）でキャッチして、精度のいいレーダー射撃や爆雷攻撃を加え、その行動を困難にしている。

アダック島（キスカの東方三百八十九キロ）クルック湾やアムチトカ島（キスカの東方百三十四キロ）コンスタンチン湾を基地とする有力な米艦隊は、キスカ島ふきんをしばしば遊弋《ゆうよく》し、強行偵察をしたり艦砲射撃をして、キスカを孤立無援にしようと努めている」

六月十五日午後二時、「阿武隈」は幌筵海峡南口にある水雷戦隊の錨地に転錨した。

そこへ、六月十日に北方部隊に編入となった第十駆逐隊司令吉村真武大佐（四十五期）と「夕雲」「風雲」「秋雲」の三艦長、またもともと一水戦所属の第九駆逐隊司令小西要人大佐（四十四期）と「朝雲」「薄雲」の両艦長らが、新司令官木村に伺候するために「阿武隈」にやってきた。

「阿武隈」の司令官公室にあつまった九、十駆逐隊の司令、艦長一同を見まわして、木村がカミシモぬいだ態度で言った。

「みなご苦労さま。こんどはご承知のとおり大任をひきうけたが、これには諸君の協力を得なければならない。見わたすとわが水戦の老練ばかりだから、作戦計画を見てもらえば、あとは何も言うことはない。おれは例によって先頭に立って黙っているから、あとから抜かりなく押してくれ。

みなと会うのもひさしぶりだ。南方方面の戦況でも聞かせてくれ。先任参謀、一杯出すか」

そのあと、あけっぴろげな懇談になった。

翌六月十六日には、前日とは反対に木村は、電探（電波探信儀、レーダー）の不備を慨嘆して、「メモ」につぎのようなことを書きつけた。

「鳴神（キスカ）方面の潜水艦の被砲撃情況からして、敵は小艦艇でさえすべて電探を持ち、夜間、霧中でもよく砲撃してくる。

この状況からして、わが方も電探を装備しなければ当方面において任務達成はおぼつかず、玉砕に終わるだけだろう。（海軍）工廠各部とも、できないできないと言う。これは平時の考えだ。無能ぶり慨嘆に堪えない。敵は潜水艦に対しても精度のいい電探砲撃を加えてくる」

これは、木村が現実を軽視する精神主義者ではなく、現実を重視する合理主義者であることを示しているものであろう。


六月二十日午前、誰もが期待している気象担当の橋本恭一海軍少尉が、「阿武隈」内の一水戦司令部気象班付として着任した。橋本は九州帝国大学（現九州大学）地球物理学科卒で、第一期兵科予備学生（一般の大学出身の兵科士官候補生）として海軍入りした二十五歳前後の青年である。

この当時「阿武隈」主計長で、昭和五十八年八月に発行された『キスカ』―日本海軍の栄光―（コンパニオン出版）の著者、市川浩之助元海軍主計少佐は、橋本について、

「……青年士官というよりは青年学徒といった方がピッタリの青年であった。彼は若さに似

合わず冷静で、作戦期間中にたびたび司令官、参謀に呼び出され、諮問《しもん》に答えている様子を見ていたが、その理路整然とした説明ぶりはまことに説得力があった。……」と述べている。

市川主計長は東京帝国大学（現東京大学）法学部政治学科卒で、昭和十五年、短期（二年）現役第五期主計科士官として海軍入りした。「阿武隈」時代は、明朗、ユーモラス、楽天的な二十八歳の海軍主計大尉であった。

着任した橋本は、有近から命じられた。

「君の仕事は毎日午前六時、正午、午後六時の三回、天気図を書いて俺のところへ持ってくるんだ。ふつうの天気図ではなく、天気予報のほかに、かならず幌筵からキスカまでの霧の予想を記入するんだ。できるかな」

にっこりした橋本は、やる気満々にこたえた。

「はい、一生けんめいやります。こちらにまいりますときに東京で、貴様はこれから幌筵の一水戦に行き、霧と戦争するんだと言われて、覚悟をしてまいりました」

午後、キスカから潜水艦に便乗してやってきた五十一根先任参謀安並《やすなみ》正俊海軍中佐（五十期）と、北海守備隊次席参謀藤井一美陸軍少佐（陸士四十五期、兵学校六十期と同年期）が、「阿武隈」に到着した。司令官公室に二人を迎えた木村は、それぞれのグラスに冷酒を注ぎながら、

「キスカはどうしておる。さぞかし待っているだろうな。しばらく待ってくれ、かならず連れにゆくから」と、やわらかく力づよく断言した。

安並はグラスをひと息に空け、

「一日千秋の思いで待っております。いまごろは撤収準備にあれこれと忙殺されているでしょう。立つ鳥跡をにごさずで」と、真情をこめてこたえた。

「その準備も、すべて夜間にやっております。昼間は敵の空襲が間断なくありますので、その防衛にいっぱいであります。物資はだんだん欠乏してまいりましたが、陸海軍有無相通じ、士気きわめて旺盛で、衛生状態もしごく良好であります」

　藤井は、情況を具体的に説明した。

　安並と兵学校同期の一水戦先任参謀有近が、さっそく、

「安並、キスカには人員輸送に使える大発（大発動機艇）がいま何隻ぐらい残っているか」

と、うち合わせにとりかかった。

　一隻の大発には平均百二十人を乗せることができる。キスカの陸岸から沖の「阿武隈」「木曽」と駆逐艦六隻へ、二往復の一時間以内で五千二百人の人員を運ぶには、すくなくとも二十二隻の大発が必要である。話し合いの結果、キスカの五十一根側が十隻、一水戦側が十二隻の大発を用意することにきまった。

　一水戦水雷部隊の入港日時と、キスカ陸海軍部隊の大発乗艇待機の関係は、つぎのように協定された。

「幌筵を出港した水雷部隊は、順調に進出できれば、五日目にキスカ島東岸のキスカ湾に入港する。入港時刻は午後二時から四時のあいだとする。幌筵出港日は、同海峡に在泊する五艦隊からキスカの五十一根に無線で知らせる。幌筵を出た水雷部隊は、行動を秘匿するために無線を封止する。

キスカの陸海軍守備隊はそれにあわせ、五日目から全員乗艦準備を完成し、午後二時までに所定のキスカ湾岸の待機地点に到着して待つ。午後四時までに水雷部隊が入港しなければ、その日はいったん守備位置にひきあげ、翌日、ふたたび午後二時までに待機地点に到着して待つ。

水雷部隊は、霧がなくて敵に発見される公算が高いばあいは、撤収行動を中止して途中からひきかえし、再挙をはかることにするが、そのときでも無線封止をつづける。

それがわからないキスカの守備隊は、最長四日間は、毎日守備位置とキスカ湾の待機地点を往復しなければならない。とくに守備位置がキスカ湾の待機地点から南西に九キロ以上はなれている七夕《たなばた》湾ふきんの陸軍部隊は苦労するが、がまんしてもらわなければならない」

陸軍の藤井参謀が発言した。

「そのくらいの苦労は大局の前に当然のことです。陸軍は万事、海軍のお指図どおりいたしますから、十分ご研究のうえ、万全の方策を立ててください。この点は峯木部隊長も、かならず海軍側に申し入れておくようにとの命令がありました事項で、峯木部隊長のお考えは、陸軍部隊の希望や意見で海軍の作戦を掣肘《せいちゅう》することは絶対にお避けになるご趣旨であります」

木村が感謝してこたえた。

「ありがたい。お帰りになったら、峯木少将によろしくお伝え願います。このたびの作戦は、この木村が全責任をもってご期待に副うつもりであります」

うち合わせのあと、木村は北海守備隊参謀藤井を別室に招いて、真意をうち明けた。

「撤収作戦中、敵艦隊に遭遇したときは、掩護に任ずる艦隊の主力は、むろんその撃破に任ずる。しかし、撤収を主任務とする小生麾下《きか》の戦隊は、一隻でも二隻でもキスカ島に突入させ、一兵でも多くの陸軍部隊の収容に任じたい。海軍部隊は同僚であるから遠慮してもらう」

藤井は、忘れることのできない感動をうけたという。

北海守備隊司令官峯木は、幌筵に派遣するに当たって、藤井に、

「今回の撤収作戦は海軍側の非常な努力によって実施されることになったが、アッツ島なきあと、敵のキスカ島に対する封鎖はまことに厳重なものがある。撤収のためキスカ島に接近すれば敵艦隊と衝突することは必至である。その際は、陸軍としては一兵たりとも撤兵を考えず敵上陸部隊の撃破に任ずるから、海軍側は全力を挙げて敵艦隊の撃破に任じてもらいたい」と言いわたしていた。

藤井が述懐するとおり、峯木、木村の陸海両指揮官の相互理解、いたわり合いの心情が、陸海軍一体の協同作戦を成立させ、「ケ」号作戦を成功させる大きな要因になったことはたしかである。

「木村メモ」（現在も木村家に残されている）の昭和十八年六月二十二日のところに、

「六月二十二日火曜、晴、打合セ、戦闘ニナリタル場合、空襲時ノ運動法」と書かれている。

この日、撤収作戦計画案についてのうち合わせがあった。しかし、作戦の成算は、木村にも有近にもなかった。

作戦完了後、木村は作戦開始まえの心境をメモに書いた。読みやすくなおす。

「鳴神（キスカ）に突入してなにほどの将士を乗艦せしめうるや、実のところ確信なかりき。ぜんぶ乗艦せしめうれば、あとは根拠地に到達しえずとも『成功』ともいうべきほどの困難なる作戦」

成算がなかったのは一水戦の各指揮官、参謀ばかりではなかった。五艦隊も、連合艦隊も、大本営海陸軍部の誰にもなかった。

撤収作戦計画のなかでもっとも肝心なことは、水雷部隊がキスカに突入する航路の計画と、守備隊員収容の計画であった。

従来の航路は、キスカの南方から北上し、キスカの東側を進み、キスカ湾に入港するものである。しかし、いまやキスカの東側は米艦隊、潜水艦、航空部隊の監視偵察が厳重をきわめ、無事にキスカ湾に入港できるみこみはほとんどない。

ところが、有近が入手した米海軍の海図（測深航法計画図）には、「精測未済、避航するを可とす」と注意書きはあるが、キスカ西側海面の水深、岩、渦流、波紋などがかなりよく書かれている。

それを見せながら、前年通ったことがあるという有近が、

「だいたいの水深が書いてあるし、そうトッピな特性もなく、ちょっと気味が悪かっただけだった。測深をこまかくやりながら、速力を落として航行すれば、大丈夫」と、主張した。

そこで西回り航路を採用することがきまった。

じつは有近が前年西回り航路を通ったと言ったことはウソであった。米船が海図をつくっ

たくらいだから、艦が転覆したり、座礁するほどの危険はないと判断した有近が、米軍に発見されることがすくないこの航路にきめてもらおうと考えての方便であった。

守備隊員収容のために、一水戦側が十二隻、五十一根側が十隻の大発を用意することは、前記のとおりきまった。

その収容時間が問題だが、「阿武隈」主計長市川は、その著『キスカ』のなかで、木村がつぎのように厳命していたことを、明確に証言している。

「本作戦準備中、万事先任参謀まかせであった木村司令官もキスカ島守備隊五千二百名を収容する時間、キスカ湾在泊時間を出来るだけ短縮することだけは、かたくななまでに自説を主張され、必ず一時間以内に終わらせるよう強く命令されていた。

……『湾内の作業が一時間ですまなければ、この作戦は必ず失敗する。絶対一時間以内に完了せよ。私は一時間経ったら作業を中止しても出港命令を出す』とまで言われていた」

収容計画に関連して、陸海軍とも守備隊員が乗艦するときの携行品は最小限にさせ、身命にかけても手ばなすなと厳命されている小銃も海中に投棄させ、使用済みになった大発は撤収の証拠を湮滅するために底栓を抜いて自沈する、なども決定された。

六月二十三日、一水戦司令部は前日までにまとめた作戦計画案を持って「那智」の五艦隊司令部にゆき、うち合わせをした。

五艦隊司令長官兼北方部隊指揮官河瀬四郎中将は、六月二十四日、

「七月Z《ゼット》日（収容部隊の〈水雷戦隊〉のキスカ港入港日）、軽巡と駆逐艦をもってキスカ島残留部隊の一挙撤収を図る。

収容部隊は海霧の状況を善用して隠密迅速に進退し、わが企図の秘匿に努める。電探（レーダー）、逆探（敵レーダーの電波をとらえ、敵の方向、距離を測定する）を活用し、情況によっては断乎抵抗を排除して目的の貫徹を期すものとする」という機密北方部隊作戦命令第十五号を発令した。

河瀬は前日の二十三日、潜水艦による「ケ」号第一期作戦の中止を発令していた。また二十四日には、キスカから来ていた五十一根安並先任参謀と北海守備隊藤井次席参謀をキスカに帰任させる潜水艦輸送もとりやめにした。

六月二十五日から二十七日にかけて、軽巡「阿武隈」「木曽」には各二隻、駆逐艦には各一隻の大発を搭載する作業が試みられた。

各収容艦の舷側一面に張りめぐらす多人数同時乗艦用の大型縄梯子づくりも促進された。

河瀬北方部隊指揮官は、六月二十八日、木村一水戦司令官が、「阿武隈」「木曽」・駆逐艦六隻の収容部隊と駆逐艦五隻の警戒隊から成る水雷部隊、および運送艦「粟田丸」の応急収容隊、給油艦「日本丸」、海防艦「国後《くなしり》」の補給隊をあわせ指揮して、

「七月七日（Y日）幌筵出撃、Z日（Yプラス四日、七月十一日の予定）日没後『キスカ』に突入、守備部隊全員五千二百名を収容帰投すること」という機密北方部隊作戦命令第十六号を発令した。

七月一日朝食後、「阿武隈」において、撤収作戦計画の総合研究会がひらかれた。五艦隊、一水戦の参謀、各隊艦の司令、艦長、航海長が参加した。

一水戦司令官木村の挨拶は、要旨つぎのようであった。

「本作戦の目的は、キスカ陸海軍守備隊五千二百名を一兵も残さず完全に撤収することにあります。そのためには、企図を完全に秘匿し、濃霧を全幅利用して、途中絶対に敵に発見されずに行動し、好機到来すれば電光石火、敵の意表を衝いて撤収作業を断行せねばなりません。

しかもこの作戦は、十五隻の大編隊で連続十日間くらいの霧中航行が予想され、さらに時には二十八ノット（約五十二キロ）の高速霧中航行もあり得るので、霧中の保安には最大の注意が必要となります。

本作戦の結果については、本職が全責任をとりますから、ここでは腹蔵ない意見を述べてもらい、衆議、衆知を結集して最後の大成を期したいと思います」

つづいて先任参謀有近の作戦計画説明があった。

「薄雲」艦長池田周作少佐（五十四期）が、「キスカ突入の最後の決心はどの点できめられますか」と質問すると、

「突入前日の天気図とキスカからの気象通報によって、キスカへ向首するために三十度方向（北から三十度東）へ変針するZ点ふきんで決意し、翌日夜明けごろのふきん海面とキスカの霧の情況および敵情によって、最後の決定をすることになっています」

有近はこう答えた。

軽巡「木曽」艦長川井巌大佐（四十七期）は、意見具申をした。

「霧中で敵潜水艦や哨戒艦艇に発見されたばあい、欺瞞の一法として、『阿武隈』『木曽』の三本煙突の一本を白灰色に塗装し、米海軍の軽巡のように二本煙突に見せ、駆逐艦は反対

に煙突一本を仮設追加し、三本煙突のように見せてはいかがでしょうか」

　これには有近も感心し、木村もわが意を得たように、

「よろしい、いまのご意見をそのまま採用いたします」と即座に賛成した。


　七月二日、よび出しをうけた「阿武隈」主計長市川が司令官室に駆けつけると、木村はいつものようにゆったりと椅子に坐ったままでたずねた。

「主計長、人事考課表の準備は大丈夫か。麾下《きか》の各艦から書類はとどいているか」

　市川は「ハッ」とした。キスカ島撤収という大作戦をひかえていたために、「そんな事務的なことはあとまわしでもよいのではないか」と思っていたからであった。

　一瞬とまどったが、すぐ、

「いかに多忙なときでも、為さねばならぬことは的確に処理しておかねばならぬ。とくに人事のことは士気に大きな影響をおよぼすから、手落ちがあってはならない」という戒めだと悟った市川は、木村の心のゆとり、肌理《きめ》こまかな配慮に心中で脱帽した。

　さっそく主計科を督促して、準備がおくれている麾下の九駆逐隊（「朝雲」「薄雲」）と二十一駆逐隊（「若葉」「初霜」）に連絡し、考課表の提出、そのほか未達の書類作成をいそがせた。

　木村は一兵に至るまで、部下への配慮をゆるがせにしない指揮官だったようである。

　七月三日は霧が濃すぎて出動訓練はとりやめとなり、水雷部隊は七月四日午前八時、幌筵海峡南口泊地を出て、北方のオホーツク海で訓練をおこなった。

旗艦「阿武隈」を先頭に、「木曽」、駆逐艦十隻、給油艦「日本丸」、海防艦「国後」までの十四隻が、一本棒の単縦陣で薄霧のなかを進み、霧中浮標（前続艦の艦尾から曳航して航続艦の目標とする）を投じて、変針、変速、蛇行運動、燃料補給作業などの訓練を、万事円滑にすすめた。

その後、軽巡二、駆逐艦十、計十二隻による高速霧中編隊運動を演練した。燃料節約のため最高二十四ノット（約四十四キロ）としたが、訓練のおわりごろは、何の不安もない状態になった。

泊地へ帰る途中では、霧中での咄嗟砲戦、魚雷戦のほか、電話、電測（レーダー測的）、測深（水深測定）の訓練をおこない、実用の自信を持つことができた。

泊地進入のときは、キスカ湾入港を想定して、大・小発（発動機艇）の泛水《はんすい》（艦から海上に浮かべる）、人員の揚収訓練をおこない、全艦が一時間以内に人員を収容できる見とおしも明るくなった。

有近は、手記に、木村が、

「この成果はかならず現われよう。有難いことだ」と、眼をしばたたきながらよろこんだと書いている。

第十四章　突入か反転か

昭和十八年（一九四三）七月五日、キスカ守備隊撤収作戦の水雷部隊作戦命令が出された。

『機密　水雷部隊命令作第四号

昭和十八年七月五日

作戦地　旗艦　阿武隈

水雷部隊指揮官　木村昌福

機密北方部隊命令作第十五号及び十六号による鳴神島《なるかみ》（キスカ島）守備陸海軍部隊の撤収実施要領を左の通り定む

第一　作戦方針

水雷部隊（収容部隊）はY日（五艦隊所定）幌筵出撃、途中友軍部隊の協力により極力海霧を善用し、行動の隠密、企図の秘匿を主眼とし、Z日（Y日プラス四日）鳴神港（キスカ港）に進入、撤収部隊（キスカの陸海軍守備隊）を収容、急速幌筵へ帰投せんとす。情況により断乎抵抗を一蹴脱過し、極力目的の貫徹を期す。

第二　部隊区分

一　第一軍隊区分（往路）

区分	指揮官	兵力	任務
巡洋艦部隊	一水戦司令官	「阿武隈」・「木曽」	撤収員収容
収容駆逐隊	十駆司令	十駆・九駆・「響」	撤収員収容
警戒駆逐隊	二十一駆司令	二十一駆・「島風」・「長波」・「五月雨」	護衛警戒　要すれば収容
補給隊	日本丸監督官	「日本丸」・「国後」	補給　要すれば応急収容
応急収容隊	粟田丸艦長	「粟田丸」	応急収容

（十駆は「夕雲」「風雲」「秋雲」の第十駆逐隊、九駆は「朝雲」「薄雲」の第九駆逐隊、二十一駆は「若葉」「初霜」の第二十一駆逐隊。「日本丸」は給油艦、「国後《くなしり》」は「日本丸」護衛の海防艦。「粟田丸」は運送艦）

二　第二軍隊区分（復路）　省略

第三　行動要領

①往路一回（艦によっては二回）の燃料補給をおこない、Z日午前一時、針路三十度（北三十度東）、速力十八ノット（約三十三キロ）で一挙にキスカ島に向かい、状況に変化なければ午後四時三十分、キスカ湾に入泊予定。

②③　省略

第四　収容計画（損傷艦なき場合）

①艦別収容人員

「阿武隈」「木曽」は各千二百人。

十駆（「夕雲」「風雲」「秋雲」）、九駆（「朝雲」「薄雲」）の各艦は四百八十人、駆逐艦「響」は四百二十人、計二千八百二十人。

合計五千二百二十人。

②携行舟艇など

十駆・九駆・「響」・「長波」（計七隻）は大発各一隻。「阿武隈」・「五月雨」は小発（小発動機艇）各二隻、「木曽」は小発一隻。

折たたみ浮舟は各艦（「島風」を除く）五個。

特製縄梯子は駆逐艦各四個、「阿武隈」・「木曽」各八個』

というようなものである。

この日、各艦は不用品の陸揚げ、艦内整理をおこなった。

七月七日午後、幌筵海峡南口錨地に勢ぞろいした水雷部隊全艦中の「阿武隈」に、五艦隊長官河瀬が来艦した。すでに部隊の各艦長、司令、駆逐艦長全員が参集している。出撃前の集会である。

木村の「鳴神撤収作戦に当たって訓示」は、要旨つぎのようであった。

「先般来幕僚諸官が稠密《ちゅうみつ》なる計画を立て（骨格はすべて有近が立案した）、諸官もまた鋭意これに従って準備を完成され、いよいよ本日出撃することとなりました。古語に『千慮無惑』という句があります。こんどの作戦は実に難しいのでありますが、命令作四号はまことに練りに練った籌画《ちゅうかく》（はかりごと）であります。これを基礎としてあとは臨機応変、軍人精神とわが伝統の腕前（戦術思想・技倆）をもって解決するので、いささかも惑うところはないのであります。

御稜威《みいつ》（天皇の威光）の下幸いに各員の奮闘努力によりまして成功を確信いたします。

ここに神酒《みき》を頒《わか》ちて祝盃を挙げたいと存じます」

このころ、キスカの海軍守備隊五十一根から、「キスカ周辺に敵有力艦隊が出現、艦砲射撃をおこなっている」という電報が入った。米軍の上陸作戦がせまってきたのである。

大本営海軍部特務班も、六月中旬以後の米軍の活発な通信状況が、米軍のアッツ島攻略前に酷似しているとみとめた。米海軍省のフランク・ノックス海軍長官（日本の海軍大臣に相当する）は、天候の状況を見て一気にキスカを奪回すると断言した。

キスカの日本陸海軍守備隊将兵は、生死の境で苦悩している。

この状況下の木村の真情を、市川「阿武隈」主計長は、『キスカ』のなかで、つぎのように述べている。

「だが、救援に行く側の水雷部隊の苦悩も、キスカ島で待っている人々にまさるとも劣らな

かった。のちに木村司令官がこの時の感懐を、

　濃霧覆天暗　濃霧天を覆《おお》うて暗し
　怱忙不貸時　怱忙《そうぼう》時を貸さず
　傷心征戍士　傷心征戍《せいじゅ》の士
　独恃百神慈　独り恃《たの》む百神の慈《めぐみ》

の五言絶句の漢詩に残されているが、まさにその通りであった。……」

木村は合理主義者だが、神仏を敬虔に信仰する謙虚な軍人でもあった。若いころ、日蓮上人の小さな座像を厨子に入れ、念持仏として戦陣に携行していたことは前記した。

この詩では、「独り恃む百神の慈」と書いている。

小柄だが温厚篤実な「阿武隈」艦長渋谷紫郎大佐（四十四期）は、着任早々、木工科の下士官森本（のちに谷口と改姓）正雄兵曹に神棚をつくってもらい、艦長室に安置して朝夕「阿武隈」の武運を祈っていた。

六月十一日に着任し、それを聞いて感動した木村は、さっそくおなじく森本兵曹に頼んで神棚をつくってもらい、司令官公室に安置して、自分は毎日朝夕欠かさず、一水戦の武運を祈った。

主計長市川は、終戦後、山口県防府《ほうふ》で製塩業に励んでいる木村を訪問したが、そのときは「天地心」という掛軸の書を書いてもらい、「題　鳴神島撤収作戦　司令官木村昌福　濃霧覆天暗　怱忙不貸時……」の掛軸とともに家宝にしていると、述懐している。

指揮官木村昌福少将の収容部隊（軽巡二・駆逐艦十一、補給隊給油艦一・海防艦一、応急収容隊運送艦一、計十六隻の水雷部隊）は、昭和十八年七月七日午後七時三十分、幌筵泊地を出撃して、針路百八十度で南下した。

「阿武隈」にはキスカから作戦の連絡にきていた五十一根先任参謀安並正俊海軍中佐が、「木曽」にはおなじく陸軍の北海守備隊次席参謀藤井一美陸軍少佐が便乗している。

レーダーを装備した最新鋭駆逐艦「島風」（昭和十八年五月十日竣工、二千五百六十七トン、最大速力四十・九ノット〈約七十五キロ〉）が先頭に立ち、「阿武隈」「木曽」「粟田丸」（運送艦）「日本丸」（給油艦）「国後《くなしり》」（海防艦）がつづき、両側をそれぞれ五隻の駆逐艦が護衛してゆく。

たがいの艦がぼんやり見えるくらいかなり深い霧だが、海は穏やかだ。

翌八日もおなじような航海をつづけ、午後六時三十分、部隊は九十度に変針して、東進した。

九日朝、曇り、ときどき薄日が差すなか、午前六時三十分ごろから、各艦交代で「日本丸」から燃料補給をうけ、午後二時ごろ全艦の補給がおわった。その後、また霧が深くなった。

十日も霧になった。部隊は午前一時まえの日出直後、針路を六十度（東三十度北）にかえ、航続力の小さい「薄雲」「響」「若葉」「初霜」に燃料を再補給して、午前十一時、「日本丸」「国後」を解列し、待機地点に向かわせた。

ところが、午後になると西から空が明るくなり、十一日の進撃航路上とキスカ島には霧がないと判断される状況になった。

午後五時、部隊は応急収容隊の「粟田丸」も解列して待機地点に向かわせた。

一水戦司令部は「十一日の突入を断念し、日本丸と合同、補給の上、十三日再挙」と決定し、午後八時二十分、二百三十度（南西微西）方向にひきかえした。

十一日午前七時、「日本丸」に合同した水雷部隊は、午後六時までに燃料補給をおこなった。

十二日朝、「若葉」など四駆逐艦に燃料補給をした部隊は、「日本丸」を解列して、キスカへ再進撃した。霧はなく、雲は高く、視界も良好である。

午後三時、キスカの五十一根から、

「十二日夜並霧十三日濃霧十四日霧」という予報が送られてきた。

しかし、司令部付気象長橋本少尉の意見を聞いていた一水戦司令部は、

「十三日午前の部隊航路上とキスカ方面の天候は曇りていどで、利用できる霧はない。霧発生は早くても午後、おそければ夜となる。

敵情は十一日、十二日の状況から見て警戒が厳重で、十三日の突入は敵飛行機に発見される公算がきわめて大」と判断し、十二日午後三時、突入予定をふたたび十四日に延期して、反転した。

十三日午前二時三十分、「日本丸」と合同した水雷部隊は、午前十時五十分、補給をおわり、「日本丸」を解列した。「日本丸」の燃料残量は千七百トンで、あと一回分しかなくなった。

部隊はキスカに向かい三回目の進撃をはじめた。この日も曇りだが霧はなく、視界はよすぎるくらいである。しかし、「夕方ごろから霧発生の可能性がある」という観測に期待して、進撃した。

ところが、水雷部隊の観測とちがい、十三日のキスカ島は、五十一根の予報どおり、終日霧となった。ただ、キスカ湾東方では米艦艇二隻が哨戒をつづけ、米軍機が偵察爆撃に来襲した。

このころ五十一根から、「十四日南風十メートル、雨または霧、湾外荒天、十五日夕刻より天候回復」という予報が入った。

十三日午後七時三十分ごろから進撃海域は雨で視界不良となり、やがて台風のために時化《しけ》もようとなった。一水戦司令部は、このまま進み十四日午後キスカ湾に突入しても、収容作業が不可能になると判断し、十四日午前一時二十五分、また反転して、二百三十度方向へひきかえした。

午後一時ごろから風が次第によわまり、霧が出てきた。

指揮官木村は、十五日のキスカ湾突入を決意し、午後二時五十分、部隊を六十度方向に反転させ、十六ノット（約三十キロ）に増速、キスカに四回目の進撃をはじめた。

ところが、この十四日夜、五十一根司令官秋山から、午後八時発信の、

「敵味方不明の艦船多数東方海面にあり。なお一部七夕《たなばた》方面（キスカ湾の南西地域）を砲撃中。行動を中止す」という電報が送られてきた。

一水戦司令部は、キスカ陸海軍守備隊の行動が不明になったが、幌筵から遠くない海域で

遊弋《ゆうよく》中の第五艦隊主隊（重巡「那智」「摩耶」・軽巡「多摩」・駆逐艦「野風」「波風」）からなんらかの指令があるものと予期して、十五日、キスカ湾突入の進撃を続行した。

七月十五日午前二時ちかく、五艦隊から一水戦司令部に、〝ス〟（キスカに突入するの略符）の方法を命じる電報が送られてきた。

一水戦司令部は、午前二時、略符〝ス〟を連送した。キスカの五十一根司令部は、五艦隊と一水戦の電報を傍受した。

五十一根の機関参謀山本壮吉大尉（海機四十三期、兵学校六十二期と同年期）は、日記に、「七月十五日雨、霧深くして絶好の日和りなり。本日入港を確信す。五艦隊より作戦緊急信にて決行時〝ス〟連送せよとの電あり。〇三〇〇（午前三時）〝ス〟連送（一水戦司令部の）を聞き胸を撫で下ろす」と書いた。

そのころから水雷部隊航路上では雨がやみ、視界もひらけてきた（日出は午前一時）。しかし突入希望を捨てずに増速し、十八ノット（約三十三キロ）で進撃していた水雷部隊は、午前三時、突入針路三十度に変針した。同時に一水戦司令部は、ふたたび〝ス〟を連送した。

午前四時二十分、五十一根から、キスカの天候を、

「〇〇〇〇（午前零時）、曇、西風八メートル、海上淡霧、南方山岳視界三キロ、気圧徐々に降下、〇三三〇（午前三時三十分）曇、並霧、糠雨、西風五メートル、気圧平衡、最大視界南方十キロ、本日中断続」と打電してきた。突入条件としてはかんばしくない。

一水戦司令部は、午前零時の天気図と五十一根の気象通報から、

「低気圧は午前中にはアムチトカ島（キスカの東）の東方を通過し、アムチトカは曇、とき

どき淡霧、視界良好で飛行適。キスカの天候は次第に西から回復して、視界十キロから十五キロになる。以上の状況からすれば、本日の突入はまったく絶望とは言いがたいが、成算はほとんどない」と判断した。

しかし、まだ一時間ほど待機の余裕があるので、いったん反転し、午前六時の天気図と五十一根からくる気象通報を検討して、最後の断を下すことにした。

水雷部隊は、十五日午前四時三十分、針路を二百十度（南三十度西）に転じ、二十ノット（約三十七キロ）で航行し、五時四十分、もういちど三十度に変針して、キスカに向かい五回目の進撃をはじめた。

五十一根からとどいた午前六時のキスカ方面気象通報は、つぎのようであった。

「曇、並霧、西北西の風六メートル、視界二キロから十キロ、本日中現状つづく」

一水戦司令部は、この通報と橋本少尉が作成した午前六時の天気図から、

「キスカおよびアムチトカは、一二〇〇（正午）以後、霧はなく（あっても淡霧）、ときどき晴間を見ることあり」と予想した。

水雷部隊の進撃海面の天候は、

「視界はますますひらけ、二回ほど太陽が雲間から出る。視界は二十キロから三十キロで、北方の水平線が鮮明になり、晴れの前兆とみられる」という状態になった。

午前八時ごろ、水雷部隊はキスカまであとおよそ百五十カイリ（二十ノットで約七時間半の距離、約二百七十八キロ）の地点にきた。だが、視界はますますひらけ、あちこちに青空まで見えはじめた。

この情況から、一水戦司令部は、まずつぎのような結論を出した。

「水雷部隊がキスカ島西端に達する午後三時ごろは、キスカ南方、西南方の視界は良好、アムチトカ島の飛行は十分に可能である。午前八時現在、アムチトカの敵哨戒機は出現していないが、キスカ南方西方の敵哨戒艦艇に発見されれば、かならず敵飛行機の来襲があると思わなければならない。この広い視界において飛行機の来襲をうければ、水雷部隊の被害が甚大になることはわかりきったことで、本日の突入を無意味にしてしまうだけでなく、再挙も絶望となる。

本日までの苦難の道程をかえりみれば、ここで反転することは痛恨きわまりないが、善用すべき天象の利がわれわれから去ったことはどうすることもできない。かるがるしく突入して千仞《せんじん》の功を一簣《いっき》に欠くことを戒め、切歯扼腕、反転のやむなきに至る」(「第一水雷戦隊戦闘詳報」参照)

午前八時二十分、水雷部隊は五回目の反転をして、二百二十度(南西微南)方向へひきかえした。

突入か反転かを決断すべきときになった木村は、午前六時の天気図を熟視し、ときどき橋本に質問して、考えつづけた。有近以下四参謀、艦長渋谷も天気図をのぞいて考えた。

そこへ、「五月雨」艦長中村昇中佐(五十二期)や、「島風」艦長広瀬弘中佐(五十一期)などから、「本日突入至当と認む」「本日をおいて決行の日なし、ご決断を待つ」というような意見具申の発光信号が送られてきた。

しかし木村は沈思黙考をつづけ、最後に念を押すように、もういちど橋本に気象予報を問いただした。

橋本は冷静な態度で、前とおなじく、

「午後三時ごろのキスカ南方と西南方は視界良、アムチトカ方面も飛行適」とこたえた。

このあとを、主計長市川は、『キスカ』のなかで、こう述べている。

「……橋本少尉の説明をきき、先任参謀以下幕僚と何事か話し合っておられた司令官は、またしばらく瞑目熟慮しておられた。

……しばらくして、司令官は〝きっ〟と顔をあげて先任参謀を一瞥し、

『先任参謀！　帰ろう』と言われた。

……有近先任参謀は何も意見を言わず、

『わかりました。只今より幌筵に帰投します。艦長、お願いします』と言われた。

渋谷艦長もいつもと変わらない静かな口調で、折笠航海長（折笠重康大尉、六十四期）に反転、幌筵に向かうよう指示した。

……司令官はかさねて、

『帰ればもう一度来ることが出来るからな』と誰に言うともなく呟《つぶや》かれた」

木村の最後のことばを言いかえれば、「ここでキスカに突入しても、わが水雷部隊は敵機や敵艦艇に襲撃され、ラエ輸送の船団部隊のような大被害をうけ、撤収に失敗して、再挙も不可能になる公算が大である」ということになるだろう。

艦橋の磁気羅針儀のうしろにいた「阿武隈」航海士大賀良平少尉は、終戦後四十年経った昭和六十年（一九八五）四月四日、思い出をつぎのように、私に語った。

「帰ることは、艦橋右前部の木村司令官、そのうしろの有近先任参謀と、渋谷艦長の三人で決めたと記憶している。

やりとりはわからなかったが、先任参謀が霧は期待できないし、燃料もすくないが、どうしましょうかというようなことを司令官にたずねたと思う。帰りましょうという進言ではなかった。

司令官は、いつものように、

『艦長どうかな』と言われた。艦長の答えは不明だが、ふんい気としては、成算はむずかしいというようなものではなかったろうか。

『じゃあ帰ろう』と、軍刀を持っていた司令官が悠揚せまらずの態度で言われたことはおぼえている。深刻に思いつめて固くなっているという印象はなかった。

『またチャンスもあるからひきかえそう』という意味のことを言われた。

私は、霧や米軍の状況からすれば突入はむずかしく、司令官が『帰ろう』と言われたことは正解だと思っている」

先任参謀有近は、手記『奇襲作戦「キスカ撤収」』に、こう書いている。

「いまの状況では欲目に見ても八十パーセントぐらいしか自信がない。この作戦は百パーセントの自信がなければやらないつもりで来たんだ。いま引き退《さ》がるのは苦しい。幌筵に帰るのは苦しい。しかし、天は必ずこの状況を知っているだろう。決死は最後の手段だ。それからでも遅くはない。

そう心を定めて司令官の顔を仰ぎ、

『司令官、残念ですが、もう一度帰ってください』と指揮官に最後の断を求めた。司令官は決心の象徴である軍刀を力強く甲板にたたいて立った。『よし帰ろう。帰ればまた来ることができるからな』判断はきまった。指揮官の心は明鏡止水、神のみぞ知る。艦橋にいた艦長も航海長も、いままで司令官の顔を見つめて、最後の決を待っていたが、この裁決を聞いてホッとしたようだった」

しかし、この文章には疑問がある。

有近はキスカ突入の航路を西回りにさせるために、作戦会議で「前年通ったことがある」と方便のウソをついたが、結果がよかったので、問題にはならなかった。のちに有近は、ウソをついたことを告白した。

ここでは真っ赤なウソではないまでも、事実どおりではないことを述べている。有近が、「『司令官、残念ですが、もう一度帰ってください』と指揮官に最後の断を求めた」と述べているところは、「そう口から出かかっていたが、言わなかった」というくらいが、事実であろう。

有近が述べたとおりならば、木村は判断力も決断力もないデクノボウ指揮官ということになりかねない。

有近は、幌筵帰投を決断して、帰ってから五艦隊の悪評を浴びた木村の責任を軽くしようと思い、こう書いたのかもしれないが、これは逆効果になっている。

阿川弘之氏は、『私記キスカ撤退』のなかで、木村が「帰ろう」と言ったときの経緯を、こう書いている。

「木村少将は、十五日の朝、阿武隈の艦橋で、

『帰ろう』

と言い出した。有近先任参謀が、

『帰るんですか? いいんですか?』

と問い返すと、木村司令官は、

『帰ればまた来られるさ』と答えた。

これは阿武隈の副長だった斎藤弥吉中佐(有近と兵学校同期の五十期)の回想である。斎藤中佐は黙っていたが、内心では『それでいいのかな』と、やはり木村少将に批判的な疑問をいだいたという。

……斎藤弥吉氏は、

『前の司令官ならきっと突っこんだだろう。神経質な森少将が指揮官だったら、あの際とても周囲の無言の圧力を無視できなかったろう』

と言っている」

この間、木村が霧と敵情をどう判断していたかは、「七日出撃十七日帰投幌筵」という見出しをつけた木村メモ中の七月十五日の記事によると、要旨つぎのようになる。

「七月十五日
午前五時と午前八時に、太陽による天測(太陽の高度を六分儀《ろくぶんぎ》で測定して、艦位置の緯度〈東西線〉を出す)をおこなった(霧がほとんどない天候であった)。

午前九時までがんばって行動した（突入の機会をつかもうとして）が、視界がますますひらけ、キスカまで百五十カイリの地点で反転し、再挙を期すことにした。

結果はこの日、飛行機（敵の）は飛ばなかった」

最後の傍線を引いた文中の「飛行機は飛ばなかった」は、水雷部隊が帰投中か帰投後に、キスカの五十一根が発した通報文を見たからのようである。

そこで木村は、米軍機が飛ばなかった実状を知り、自分の「反転・再挙を期す」という決断の正否を確認しようとして、メモに書き、傍線まで引いたのであろう。

午前九時五分、「阿武隈」は、

「突入航路上ならびに鳴神島（キスカ）ふきん天候好転しつつあり。利用すべき海霧のみこみなし。今より反転幌筵に帰投を計らんとす」という水雷部隊の信号（発光）命令を発した。

どの艦からも、詰問するような信号や決行を迫る意見具申はなかった。

水雷部隊が幌筵に針路を定めた直後、先任参謀有近が、木村に、

「キスカの守備隊に作戦中止を知らせます。陸軍部隊は毎日数キロの道のりを歩いていますので、今日も明日もむだに歩かせるのは不憫ですから」と意見具申をした。

しかし、木村はいつもとちがい、

「それはいかん、いま電波を出したら、敵にわれわれの意図を察知されてしまう。この作戦はまだおわっていない。俺はキスカの陸上部隊をかならず連れて帰るのだ。いましばらく辛抱してもらおう」と、きつく制止した。

「阿武隈」が午後一時十五分に打電した〝ミ〟連送（キスカ突入不能の略符）を受信し、作戦中止を確認した旗艦「那智」上の五艦隊兼北方部隊司令部は、午後一時二十五分、「水雷部隊、補給隊、粟田丸は幌筵に帰投すべし。再挙行動に関連、右行動中霧を利用、極力燃料節減、秘匿（企図）に努むべし」と、北方部隊電令作第三三四号を発し、五艦隊司令長官兼北方部隊指揮官河瀬は五艦隊主隊をひきいて、その日のうちに幌筵に帰投した。

この電令は、キスカの五十一根司令部も傍受したが、「今日こそ水雷部隊がまちがいなく迎えにくる」と期待していた同島の陸海軍将兵は、水雷部隊の「キスカ突入中止、幌筵帰投」の報を聞き、一人のこらず失望のどん底につき落とされた。

早朝、五艦隊の一水戦に対する突入命令電と、一水戦の〝ス〟連送を受信したと聞き、日記に「胸を撫で下ろす」と書いた五十一根機関参謀山本は、こみあげる忿怒をたたきつけるようにそのつづきを書いた。

「然るに一〇二五、一〇三〇（午前十時二十五分と三十分）〝ミ〟連送を聞く。即ち直ちに決行の有無を照会（五艦隊に対して）。遂に待望の入港を見ずして一旦集合を開始せる隊を中途より原配備に復帰を命ず。誠に遺憾とす。再挙行動期日不明なり」

あとは、平易に書きなおす。

「……十三、十四、十五日は、敵情、天候ともに最適とみとめていたにもかかわらず、いかなる事故のためか長蛇を逸す。

……艦隊側の優柔不断の態度に対して、陸軍側は半ば公然と非難していると言っても過言ではない。

昨十四日、峯木北海守備隊司令官が（守備位置に）帰りぎわに立ち寄られ、『天候、敵情ともに最適の条件とみとめるが、どんな理由で入港しなかったのか、艦位不正確のためか』などと言われた。

私個人として言わせてもらえば、『敵中に友軍を救出することはまことに至難事ではあるが、敵に発見されずに約八日間も行動できたことは、作戦が半ば成功したもの』である。

しかも当地の天候、敵情ともに近来にない好条件であることは、しばしば通報した。

敵艦および敵哨戒機がふきんに絶無で、百パーセントの成功をのぞむようなことは平時においても至難であるのに、戦時においてそれを望むのは将たるの器に乏しいというべきである。これを要するに作戦の不成功の原因は、指揮官（木村）に決断力がなかったことただ一つである。将来これを戒めとなさん。

……最初に払う一円はよく十円の利をあげられようが、終期に払う十円は一円の利も挙げられないことが多い。犠牲をなくして大なる効果を収めるには、敵の備えが不完全なときに乗じて少数の犠牲を忍び決行することが最もよい。再挙決行はさらに困難の度が倍加するであろう」

五十一根司令官秋山も、七月十五日の日記に、無念の思いを秘めて、こう書いた。

「十三、十四、十五ノ好機ヲ失シ遂ニ中止トナス」

水雷部隊司令部とキスカ陸海軍部隊全将兵の、七月十三、十四、十五日における天候、敵情に対する判断は、このように正反対であった。しかし双方とも、自分の位置からすれば当然のことだったであろう。

ただ、キスカ側の主張どおり十三、十四、十五日のいずれかに水雷部隊が突入したばあい、米軍機あるいは米水上艦艇、潜水艦に発見されずに、キスカ陸海軍部隊将兵を残らず無事に収容し、幌筵に帰投できたと言いきれる確かな根拠もなかった。

突入したばあいと突入しなかったばあいの結果は、人知のおよぶところではなく、天のみが知るところであろう。

そして天は、木村を通じて、「突入中止、幌筵帰投」を命じたようである。

木村が反転帰投の信号命令を発した午前九時五分からおよそ七時間後の午後四時ごろ、まだ米軍の哨戒圏内であったが、「阿武隈」副長斎藤中佐の命令で、「音楽遊戯許す」の号令が出た。主計長市川は、

「『次に備えて一刻も早く気分を刷新しなければならぬ』という斎藤副長のいつもながらの行き届いたはからいであった。……」と述べている。


水雷部隊が幌筵に帰投中の七月十六日午前十一時ごろ、一水戦司令部は、午前八時五十分発令の、「阿武隈ハ単独先行幌筵ニ帰投セヨ……」という五艦隊の電令をうけとった。

さっそく「阿武隈」は、「島風」「五月雨」を従え、スピードを二十二ノット（約四十一キロ）に上げて幌筵へ向かった。

残りの部隊は「木曽」艦長川井巌大佐が指揮して、予定どおり十八日に帰投することになった。

五艦隊司令部は、連合艦隊司令部と大本営海軍部および陸軍側の強い不満に対応するために、水雷部隊のキスカ突入中止の真相を一刻も早く糾明しようとしていたのである。「阿武隈」は七月十七日午後四時四十五分、幌筵海峡に着き、五艦隊旗艦「那智」ちかくに投錨した。

さっそく木村と有近は艦隊司令部にゆき、長官河瀬に突入中止・帰投の詳細を報告した。その間の雰囲気は、沈痛ながら平静だったようである。

「阿武隈」に同行していた「五月雨」は午後六時に幌筵海峡に着き、十七日午後一時ごろから十二時まで米潜水艦に爆雷攻撃をつづけていた「島風」は、明くる十八日午前三時に到着した。

「木曽」以下の後続水雷部隊は、全艦十八日中に無事帰った。

木村は、七月十七日夜、実弟で第二水雷戦隊旗艦の軽巡「神通《じんつう》」副長近藤一声中佐（五十期）が、七月十二日、コロンバンガラ島（ソロモン諸島中部）沖夜戦で戦死したという知らせをうけとった。

そのときの思いを、木村はメモに要旨つぎのように書いた。

「一声君も華々しく戦死せしならむ。かつて、兄弟は誓って名声を挙げむの約束をかわしたが、そのとおり実行された。また憲兄（実兄近藤憲治海軍大佐、四十期、昭和十五年七月二十九日死去）の分まで私と二人で償おうとの約束どおり充分に御奉公をした。伊崎司令官（俊二少将、四十二期）、佐藤寅艦長（寅治郎大佐、四十三期）、近藤一声副長たり」

コロンバンガラ島沖夜戦において「神通」は、米軽巡「ホノルル」など三隻を撃破し、駆逐艦「グイン」を撃沈、ほか二隻を撃破した。しかし、「神通」も米艦隊から砲・雷撃をうけて沈没し、伊崎司令官、佐藤艦長、近藤副長、各幕僚らは戦死したのである。

第十五章　開運

キスカ突入予定日の七月十五日午後、河瀬北方部隊指揮官から「作戦中止」の電報をうけてあわてた連合艦隊司令部は、折りかえし三時二十一分、「ケ」号作戦再度決行要望の電報を打った。

七月十七日、軍令部（次長伊藤整一中将、第一部長中沢佑《たすく》少将）とうち合わせをした連合艦隊参謀長福留繁中将は、

「現在は最大兵力を充当しあり。一挙撤収作戦、今一回全力撤収作戦を実施す、断行」と、つよい不満のメモを書いた。

福留自身は、軍令部第一（作戦）部長であった二月、山本親雄《ちかお》作戦課長から「アリューシャン地域からの撤退」を進言されたが、「アリューシャンの占領は無意味ではない。……」と言ってしりぞけた。その結果、アッツ守備隊は全滅し、いまはキスカ守備隊が風前の灯となった。その責任は棚に上げているようである。

軍令部の考えは、

「アッツ島の玉砕で陸軍に対して苦しい立場にあった海軍部（軍令部）は、連合艦隊と同様に北方部隊の断行を切望していた」というものであった（『戦史叢書・北東方面海軍作戦』参照）。

軍令部第一部長中沢佑（福留の後任として、海軍省人事局長から六月十五日に就任）は、メモに、

「……傍観するに忍びず、実施部隊を督励するの必要を認め、軍令部主務部員岡田貞外茂《さだともも》中佐（五十五期）を連合艦隊参謀副長小林謙吾少将（四十二期）と共に航空機にて五艦隊司令部（在幌筵）に急派し、成否に拘《かか》わらず撤収作戦を七月中に実施するよう連絡した」と書いた。

「キスカに突入してみせなければ、連合艦隊も軍令部も陸軍に顔が立たなくてまずい。撤収に成功しなくても、七月中にかならずキスカに突入させるように指示した」ということである。

キスカ守備隊将兵と、その救出に一身を投じる水雷部隊将兵の生命より、連合艦隊と軍令部の体面を保つことが先決だという考えである。

七月十七日、「阿武隈」が幌筵海峡に帰り、木村と有近が「那智」上の五艦隊司令部にゆき、長官河瀬に突入中止・帰投の詳細を報告したあとのことを、有近は手記『奇蹟作戦「キスカ撤収」』に書いているが、要点はつぎのようである。

「公式の報告は沈痛のなかにも平静に行なわれたけれど、この報告を聞いた五艦隊司令部のなかはわき立った。

『……キスカの近くまでたどり着いているではないか。さすがの一水戦にも臆病風が吹いた

な』

『断じて行なえば鬼神も避くだ。若干のリスクを冒さずにこの作戦ができるか』

などの悪評が陰口となって伝わってくる。木村司令官の耳にこれが入ったかどうかわからぬが、知らぬ顔で平然としている。

……煮え返る心をおさえてだまっていたが、

『哨戒機ぐらいがなんだ』と参謀長（大和田）から言われたときは、腹の虫がおさまりかねて、

『では参謀長、一水戦司令官を信用されませんか』とつめよった。

『いや、司令官は充分信頼している』

『では、先任参謀の補佐不充分と言われますか』

参謀長はこれには答えず、

『君たちは現在の事態と燃料にたいする認識が不足だよ。もしこのたびの作戦ができなかったら、どうなるかわかっているか』

『わかっていればこそ（失敗はゆるされないと）、あの状況で引きかえされたのです（木村が）。また、次回の自信があればこそ引きかえされたのです。これは現地にいない人びとにはおそらくわかりますまい。赤心を人の腹中におく、これができなければ、補佐の足りない先任参謀を罷免していただきたい。これに処する道は決心しております』

『いまさら、そんなことができるか』

『それができず、かつ木村司令官を信頼されておられるならば、一水戦の健在なるかぎりだ

まって見ていただきたい』……」

有近が大和田の権力的な非難に対してつよく反論したのは、七月十八日に「阿武隈」でおこなわれた水雷部隊指揮官・参謀・「阿武隈」士官室士官の研究・うち合わせ会のときであった。

そこに出席した「阿武隈」水雷長石田捨雄《すてお》大尉（六十四期、終戦後海上幕僚長）は、平成三年（一九九一）九月十一日、関西ネイヴィ・クラブ（旧海軍関係者の親睦団体）で、「キスカ撤収作戦の思い出」という講演をしたが、そこで、

「もっとも激しいことを言うのは五艦隊の参謀長で、『お前ら帰ってきたのはけしからん』と。それはもう一水戦不信というのに近いようなことが言葉の端々にありましたね。司令官はこれを聞いても黙っておられる。有近参謀は一生懸命になっていろんな説明をされる。

『帰ってきたのは、つぎに行く自信があればこそだ。こんなことで猪突猛進してごらんなさい。十五日の天気は十キロから十五キロも視界がある。敵はもうこのところにきて待っているというときに突っこんで、半パなことをやるよりは、かならずこのつぎに好機をとらえてやりますから』ということでその場はおさまったのですが、司令官はだまっておられた」と話している。

阿川弘之氏は『私記キスカ撤退』のなかで、五艦隊通信兼気象主務参謀橋本重房少佐（五十七期）が、昭和四十五、六年ごろになってからも、第一次行動時の一水戦に対して、つぎのように述べていた、と書いている。

「キスカの連中があとで、第一次の時はこんないい霧なのにどうして来てくれないのかと恨みましたと言っていた。途中で一旦《いったん》晴れたからと言って、逃げ腰にならずに突っこんでいけば成功したかも知れないのだ」

有近の手記と阿川氏の著書に書かれている五艦隊側のキスカ撤収作戦に対する考え方は、連合艦隊、軍令部と同様で、「突入・守備隊員全員収容」に全力を集中していた木村とくらべると、目的に対する真剣さが欠如しているようである。

木村は、「突入するからには、全員収容の失敗は許されない」と決意して行動し、決断した。

軍令部や連合艦隊は、「成否に拘らず突入を断行すべし」という考えである。

自分らは安全な場所にいて、「一水戦にも臆病風が吹いたな」「断じて行なえば鬼神も避くだ」「途中で一旦晴れたからと言って逃げ腰にならずに突っこんでいけば成功したかも知れないのだ」と言う五艦隊も、それとおなじである。

阿川氏は、しめくくりとして、

「実際は、一水戦がこの時引返して来たために、キスカの撤収はあとで『奇蹟』とうたわれる成功を収めることになるのだが、これは結果論と言えば結果論ということになるであろう」と述べている。しかしこれは、もってまわった意味不明瞭な文で、阿川氏は本音では、「実際は、木村が臆病風にとりつかれたように『帰る』と言い出して引返したのである。それがあとで偶然『奇蹟』とうたわれる成功を収めることになった」と言いたかったようである。

「臆病風にとりつかれたように『帰る』と言い出し」という文句は、阿川氏がこの文のすぐあとに、

「有近氏も木村昌福氏も戦後亡くなって、こんにちでは確かめるすべがないが、突入するまぎわになって、臆病風にとりつかれたように『帰る』と言い出し、帰ってみたら案の定非難囂々《ごうごう》で、今度は（河瀬）司令長官が多摩（軽巡）に乗って督戦隊よろしくついてくるというのでは、木村少将があんまりデクノボウに見えると有近氏は考えたのではないか」と書いているからである。前後をふくめた具体的なイキサツは後述する。

それにしても阿川氏は、どういうわけで、いかにも木村が「臆病風にとりつかれて『帰る』と言い出した」男と思わせるような文を書いたのであろうか。それも、木村がそのとおりの男ならば問題ないが、そうだといううらづけはどこにも見当たらないのである。

もうひとつ、「キスカの撤収はあとで『奇蹟』とうたわれる成功を収めることになるのだが、これは結果論と言えば結果論ということになるであろう」という文もいかにも不自然である。

「第一次行動のとき、成功のみこみがすくないと判断して引返してきた結果、必然的に第二次行動において『奇蹟』とうたわれる成功を収めることになった」と言うのが自然であろう。

木村がキスカ撤収作戦に出撃する心境を詠んだ漢詩に「独り恃《たの》む百神の慈《めぐみ》」という結句がある。終戦後訪ねてきた元「阿武隈」主計長市川浩之助氏に贈った掛軸の書は「天地心」である。キスカに向かう木村は、守備隊員全員収容という唯一の目的を達成するために、百神に祈り、天地との一致を信じて行動した。

臆病司令官であったならば、のちに降りかかる毀誉褒貶《きよほうへん》や進退問題をおそれ、突入・撤収に成算がなくても、反転帰投という大それた決断はできず、キスカ突入を強行したにちがいない。

第一次行動での木村は、無私の心境で突入中止・帰投再挙を決断したはずである。

水雷部隊とキスカ守備隊の戦運は、そこから開けたのである。

七月十九日午前九時、指揮官木村以下水雷部隊の各司令、艦長、参謀が「阿武隈」士官室に参集し、第一次行動の研究会、第二次行動のうち合わせをおこなった。五艦隊司令部からは先任参謀高塚忠夫大佐（有近の一期上）ひとりが参加した。

会議に参加した一水戦機関参謀常石博大尉（六月二十一日瀧田少佐の後任として着任、山本壮吉五十一根機関参謀とおなじく海機四十三期）は、そのもようを手記に要旨つぎのように書いている。

「水雷部隊の打ち合わせのあと、第五艦隊高塚先任参謀から、『艦隊手持ちの燃料の逼迫《ひっぱく》、気象状況の変化（八月になると霧がすくなくなる）、駆逐艦の南方作戦への急速転用の必要、敵侵攻の切迫などの要因から見て、今次行動がキスカ守備隊撤収作戦の最後となるかもしれない。そこで今回は河瀬第五艦隊司令長官みずから多摩（軽巡）に乗艦して直率され、状況を見て一水戦に突入時機を指令される。

なお多摩は、突入前夜、突入指令を出したあとの午後十時、水雷部隊と分離、所定の海域で作戦終了まで待機する』という説明があって、艦隊司令部側の決意のほどが窺《うかが》われた。

しかし、長官直率は一水戦司令部に対する不信を示し、一水戦の行動の自由を奪うものではないかと思われた。そのために各級指揮官から、第一次行動に対する五艦隊側の批判に対する反発に端を発し、声涙ともに下る種々の意見が出た。

『直率するならなぜ突入、撤収という最終目標達成まで指揮すると徹底しないのか』

『突入の判断と突入の号令をかけるだけのために前日の夜十時まで同行し、あとは退いて突入部隊の収容にそなえるというのでは、一水戦司令部への不信による督戦そのものだ（天候は半日でもがらっと変わることがよくある）』というような激しいものである。

最後的には司令官の裁断によって解決したことを今もなまなましく記憶する。各級指揮官は、

『木村司令官のために死のう』と異口同音に言われたが、木村司令官に対する絶対の信頼、心服の現われというべきであり、また上下一致の極致ということができよう」

しかし、一水戦先任参謀有近は、河瀬五艦隊長官の直率について、手記『奇蹟作戦「キスカ撤収」』のなかで、意外にもつぎのように述べている。

「『では、つぎの行動に関して一水戦司令部より艦隊司令部に対しまして、新しい要求を一つ出したいと思います。こんどの行動はおそらく最後の機会だろうと私たちは意を決しております。そこでキスカ突入当日の朝、突入の決意をきめるまで、艦隊長官が軍艦多摩にでもお乗りになって同行していただきたいのであります。

その目的とする狙いは、最高指揮官の同行による士気の振作と、撤収部隊がいかなる状況のもとにいかなる判断を下し、いかなる行動をしたかをよく見ていただきたいのでありま

す』

この私の予想外の要求に、一座の艦長連中も驚いたらしかった。

しかし、高塚参謀は責任上、これに対して賛否の意見は述べなかった。

私は重ねて言った。

『われわれがこんな要求を出しますのも、こんどの作戦を全艦隊協力の成果によって大成せしめたいからであります。この点をとくにご諒承願いまして、長官に進達願いたいのであります』

高塚参謀はこれでひと足先に『那智』に帰った」

問題はこの文が事実かつくりごとかである。

防衛庁防衛研修所戦史部著『戦史叢書・北東方面海軍作戦』は、「そのような事実はない」と否定している。同書には、五艦隊の橋本通信参謀の、「長官直率」に対する、「この決定は第五艦隊司令部の自主的なものだった」という回想もうらづけとして付記されている。

「阿武隈」での作戦うち合わせで、有近が高塚に「長官直率」を要請したということは、やはりつくりごとと見るべきであろう。

阿川弘之氏は『私記キスカ撤退』のなかで、有近が「長官直率」を言い出したということについて、こう述べている。

「多摩同行のことに関しては、有近六次氏は戦後、手記の中で、これは一水戦から出した要望によるものであったと書いた。すなわち阿武隈艦上での会議で、有近先任参謀が声の調子

をあらため、

『（注・前記した。省略）』

と言って、それが認められたというのであるが、『北東方面海軍作戦』（公刊戦史）は、『そのような事実はない』と否定している。

公刊戦史（防衛庁防衛研修所戦史部著の『戦史叢書』がそうよばれている）だから誤りがいっさいないということは言えないけれども、ここはやはり『北東方面海軍作戦』の執筆者、戦史編纂官・坂本金美《かねみ》氏（元海軍少佐、六十一期）の判断の方が正しいであろう。

『奇蹟作戦キスカ撤収』は貴重な記録にはちがいないが、多少、『文才』にまかせた読みもの風のところがあり、前の、司令官（木村）と先任参謀（有近）とどちらがまず『帰ろう』と言い出したかをもふくめて、有近氏がどうもかなり作りごとをした形跡がうかがわれる。

しかし単なる情景描写や会話のはしばしとちがって、多摩の同行を提案したのが誰か、第一次の時、最初に突入中止を口にしたのは誰か、これは戦史の上の大切なポイントであろう。

（中略）

有近氏に虚言癖があったとは思わないが、氏は手記を書く時もう一度、『すまないが嘘を言わしてもらう』覚悟で、自分の敬愛する木村提督をかばったのだろうというのが、私の想像である。

有近氏も木村氏も戦後亡くなって、こんにちでは確かめるすべがないが、突入するまぎわになって、臆病風にとりつかれたように『帰る』と言い出し、帰ってみたら案の定非難囂々《ごうごう》で、（前記したので省略）。

それから、これは全くうらはらの想像になるけれども、ものを書く時には誰しも多少自己を誇示したい気持にとらわれる。有近氏もまた、結果的には成功した作戦の『あれもこれも実は俺がやったんだ』と、誇ってみたい誘惑にかられなかったとは言えないかも知れない。

もっとも橋本重房氏は、

『私は十四日（十五日が正しい）の突入中止を最初に言い出したのはやはり有近先任参謀だと思う。その進言をすぐ受け入れたのは、木村さんが人がいいからだ』

と、私の推察とは逆の意見を述べている」

この文からすると、阿川氏は木村を「臆病風にとりつかれたように『帰る』と言い出した男」、有近を「そういう木村ではあんまりデクノボウに見えると考えて、デッチ上げの文を書いた男」と認識しているらしい。

また五艦隊通信兼気象参謀橋本は、「木村さんは人がいいからだ」と言っているが、つまりは「自主的な判断力も決断力もない操り人形のような男」と思っているらしい。

しかし、こういう木村観は、才人にありがちなメガネちがいと言うほかなさそうである。

「阿武隈」での会議から「那智」に帰ってきた五艦隊先任参謀高塚は、橋本の回想によると、

「だいぶふくれて帰ってきて、

『水雷部隊が判断できないなら（突入時機を）、長官が行って判断すべきだ』と言っていた」という。

それでも、議論が集中した長官同行の時限を、「突入前夜の午後十時」から「突入当日の

ごろ」に変更する命令を発した。

五艦隊司令部は、七月二十一日午後二時四十分、長官同行の時限を「当日午前八時三十分朝」に変更する必要はみとめた。


連合艦隊参謀副長小林少将と軍令部主務部員岡田少佐は、七月十九日、幌筵に飛来し、二十日、五艦隊司令部とうち合わせをおこなった。この出張が五艦隊に対する督戦の目的であったことは、公刊戦史（『戦史叢書・北東方面海軍作戦』）もみとめている。

「参謀副長小林は、第一次行動での一水戦の行動および第五艦隊の作戦指導、統率に批判的であった」と『戦史叢書・北東方面海軍作戦』は書いている。

一方、十九日の作戦会議のあと、木村はどんな心境でどんなことをしていたのであろうか。会議のあとすぐのことか、別の日のことか不明だが、こんなことがあった。

軽巡「木曽」艦長川井巌大佐は、重苦しい環境のなかにいる木村の様子を見て、なにかひと言と思って、司令官公室に入った。ところが木村は、なんの悩みもないように、有近相手に碁を打っている。顔を向けた木村に、川井は、

「もう申し上げることはありません。安心して帰ります」と言って、ひきかえした。

しかし木村は、なにも考えずに無為に過ごしていたわけでもなかった。

会議中の留意すべきことをメモに書いて熟慮し、第二次行動中に会敵した場合の手はずを研究し、第一次行動の経過を整理、再検討して、第二次行動の成功を百神に祈願していた。

木村は煩《わずら》わしいものごとを黙ってうけ入れ、一水戦と五艦隊の「和」を利用して、「突

入・収容」を成功させることに集中していたのである。

第二次行動に関する最終的作戦命令は、七月二十一日午後二時四十分に発令された。

機密 北方部隊命令作第二〇号

一 編制

区分		指揮官	兵力	任務
主隊		五艦隊司令長官	□「多摩」	全作戦支援
収容隊		一水戦司令官	△「阿武隈」「木曽」	撤収員収容
		十駆司令	十駆（「夕雲」「風雲」「秋雲」）・「響」 九駆（「朝雲」「薄雲」）	
	第一警戒隊	二十一駆司令	二十一駆（「若葉」「初霜」）・「長波」	警戒、要すれば応急収容
	第二警戒隊	「島風」駆逐艦艦長	「島風」・「五月雨」	
	補給隊	日本丸監督官	「日本丸」・「国後」	補給 要すれば応急収容

二　天象の利用を図りつつ、極力アッツ、アムチトカからする敵航空機の威力圏をさけて行動、キスカ島五百カイリ（約九百三十キロ南西）付近から一挙キスカに突入。守備隊員を収容の上、夜陰《やいん》を利用し急遽西南方へ避退し、一応航空威力圏外に出たのち、進路を西にとり幌筵に帰投する。

三　キスカ突入の決定は前回は一水戦司令官に一任されたが、今回は第五艦隊司令長官が決定する。

なお、第五艦隊長官は参謀長大和田昇少将、先任参謀高塚忠夫大佐、通信参謀橋本重房少佐、および気象関係職員などを帯同して、「多摩」（「木曽」と同型、軽巡洋艦）に乗艦し、水雷部隊のキスカ島へ向かっての突入開始時まで水雷部隊を指揮し、そこで「多摩」を分離反転させることにした。

第十六章　連鎖の奇蹟現象

再出撃は、「木曽」の準備のつごうで一日おくれ、七月二十二日になった。

第二次行動では、第一次行動のときとちがう三つがあった。

一つは、五艦隊長官と幕僚など数名が「多摩」に乗り、水雷部隊のキスカ突入開始時まで、督戦隊として水雷部隊を指揮することである。

二つは、第一次行動では運送艦「粟田丸」が応急収容隊として参加したが、それが除外されたことである。

三つは、風景は奇妙だが、双方の士気を高める、小型ながら効果満点の陸海軍共同作戦がおこなわれたことである。「阿武隈」と「木曽」の後甲板に、陸軍の八八式高射砲が一門ずつ仮装備され、陸軍の下士官兵十名が、それをみごとに操作して、海の男らを感嘆させた。「阿武隈」「木曽」に機銃が少数あるだけで高角砲がないので、一水戦司令部が陸軍側にその一時貸与を要請したところ、即座に快諾してくれたものであった。これがやがて神通力を発揮する。

この夜午後八時十分、水雷部隊は幌筵海峡泊地を出撃し、午後十時五分、針路百八十度、速力十四ノット（約二十六キロ）で南下した。

明くる七月二十三日午前、濃霧のなか十一ノット（約二十キロ）に落とし、中央先頭を進む「島風」につづく「阿武隈」上の一水戦司令部は、発光信号では各艦相互の連絡がとれないので、すこし危険だが無線電話をつかった（近辺に米潜水艦がいれば、電話が盗聴される）。

ところが、後方に位置する給油艦「日本丸」護衛の海防艦「国後《くなしり》」から応答がなかった。

午後零時二分、「阿武隈」に後続する「多摩」の五艦隊司令部から、「阿武隈」の一水戦司令部に電話命令がきた。

「おそくとも夕刻までに変針し、予定日（キスカ突入、七月二十六日）に間に合うようにせよ」

一水戦は午後一時三十五分に返答した。

「国後と電話連絡なし。いまのところ変針不能」

午後二時八分、五艦隊から一水戦に、

「要すれば、国後に中波にて適当に指令の上、変針を可と認む」

午後二時十五分、一水戦から五艦隊に、

「国後は中波を待ちうけおらず」

午後二時三十五分、五艦隊から一水戦に、

「この状況にては国後の落伍もやむをえざるものとみとむ」

木村指揮の水雷部隊は、午後三時、百五十度（南東十五度南）に、ついで午後四時八分、百十度に変針した。しかし、これから速力を十四ノットに上げても、予定より十時間おくれとなり、そのまま二十六日に突入すれば、一部の駆逐艦に燃料不足が生じる。また五十一根司令部は、二十六日のキスカは、「南西の風天候次第に回復」と報じていた。

一水戦は五艦隊に状況を伝え、

「燃料補給の関係上、Z日《ゼット》（突入日）の一日延期方とりはからわれたし」と要請した。

午後六時十分、五艦隊は一水戦に、

「とりあえず、針路九十度、速力十四ノットとなし、予定日に応ずるごとく行動せよ」と命じた。

水雷部隊は六時四十分、針路九十度（東）、ついで七時十分、速力を十四ノットに上げた。五艦隊司令部は一水戦司令部の首根っこをおさえ、いっさい自分の思いどおりに一水戦を動かしたいようである。

二十四日も、海上は平穏だが、濃霧がつづいた。各艦との連絡は警笛と、無線電話でおこなわれている。しかし、「国後」とはまだ連絡がとれず、「日本丸」の位置は不明である。

五艦隊司令部は、午前七時四分、

「濃霧のため隊形混乱、補給困難の実情に鑑《かんが》み、Z日の延期、やむをえずとみとむ。……行動に関し善処されたし」と、ようやく突入一日延期の指示を出した。一水戦司令部は、

「現針路速力は国後に通報ずみなるをもって、しばらくこの行動をつづけ、霧晴るるを待ちて善処せん」とこたえた。

午後零時、一水戦司令部はつぎのような状況判断（午前六時の天気図にもとづく）を通報し

た。

「キスカ島の天候は二十五日、二十六日ともに良好、二十七日以後にあらざれば霧発生ののぞみすくなし。Z日をさしあたり二十七日と予定し、夕刻まで現針路（東）にて日本丸、国後を待ち、夕刻から南下し、予定航路に乗るよう行動せんとす」

午後零時三十分ごろ、視界がすこしよくなり、周囲の艦影も判別できるようになった。しかし燃料補給に必要な「日本丸」が見えない。「日本丸」に水雷部隊の位置を知らせるために、一水戦司令部は「阿武隈」「木曽」に仮装備された陸軍の八八式高射砲に試射をさせることにした。

姿の見えない「日本丸」と電話連絡をとりながら、午後二時に「木曽」、午後三時に「阿武隈」の各陸軍高射砲が発砲した。「日本丸」から発砲音の方向を電話させ、これを水雷部隊の方に誘導しようというのである。

アイデアは図に当たり、午後三時四十分、水雷部隊の南東方向に「日本丸」が見え、同艦はまもなく隊列の所定位置に入った。これで「国後」以外は勢ぞろいした。陸軍高射砲の神通力である。

この七月二十四日、キスカ島は雨がそぼ降り、視界不良で空襲はなかった。しかし、終戦後に判明した米側資料によると、米PBY哨戒飛行艇が、キスカ島の南西約三百二十キロに、正体不明の七個のレーダー映像を探知したと報告している。

七月二十五日も、海は平穏だが終日濃霧となった。前の艦《ふね》が曳《ひ》く霧中標的が、ようやく視認できるていどである。水雷部隊は米哨戒機の哨戒圏外に出るために、午前一時三十分、針路を百三十五度（南東）とし、午前九時三十分から、隊列を徐々に「日本丸」先頭の単縦陣に変え、午前十一時三十分から午後六時にかけて、駆逐艦への燃料補給をおこなった。

その間の午後五時ごろ、「阿武隈」「朝雲」「響」の三艦が、米潜水艦の発した四千二百三十五キロサイクルの電波「NERK」を高感度で傍受した。「NERK」は米海軍がつかっている最も一般的な共通呼出符号《よびだしふごう》で、発信文の冒頭につけられているものである。しかも米潜はちかい。

一水戦司令部は警報を発し、水雷部隊全艦は警戒を厳にした。

午後七時十五分、水雷部隊は六十五度（北東二十度東）に変針して、七月二十七日にキスカに突入する行動にうつった。しかし五艦隊旗艦の「多摩」が、午後八時から何回か、北西方向に米潜水艦のレーダーらしい電波を探知し、午後十時三十分、警報を発して、一水戦司令部に、

「適宜敵潜水艦を制圧韜晦《とうかい》するごとく行動すべし。従ってZ日は二十八日、または二十九日に延期す」と命じた。

一水戦司令部は、ちかくに敵潜水艦がいては無線電話もつかえないので、しばらくそのまま六十五度方向へ進むことにした。

明けて七月二十六日、日出後一時間ほど経った午前三時ごろ、一時視界がよくなったので、水雷部隊は米潜回避韜晦のために、針路を百八十度、速力を十四ノットとして南下した。

ところが午前七時三十分ごろ、五艦隊参謀長（大和田少将）名で、一水戦司令部に、

「なるべく速やかに三百度方向に韜晦し、日本丸待機線を北西方に変更し、補給の上、天候に即応し進出しうるごとく行動せられたき内意なり」という発光信号があった。一水戦司令部は、

「現在の行動は、Z日を二十八日としての韜晦運動を意味す。二十七日突入は不可能なり。補給は本日阿武隈および木曽が実施し、明日（二十七日）駆逐艦四隻に補給実施の予定。なお三百度変針の要ありや」と問い合わせた。三百度は昨日米潜が無電を発した北西方向で、その方向にゆけばかえって危ないと判断したのである。

これに対して五艦隊司令部は、午前十時ごろ、どういうわけか、

「敵潜伏在は確実にして、敵水上艦艇の出現も予想される当海面において往復運動をなすは得策ならず。さきの信号の趣旨により行動するを、任務達成上ならびに敵潜水艦韜晦上必要とみとむ」と、ふたたび指示してきた。やむなく一水戦司令部は、午前十時四十五分、水雷部隊の針路を三百度（北西十五度西）とし、午後一時、また速力を十一ノットに落とし、「阿武隈」「木曽」つづいて「多摩」への燃料補給にかかった。

米潜の電波が消えたのは、三百度に変針したころからであったが、一水戦司令部は、昨日来の米潜の通信状況から、水雷部隊はまだ米軍に発見されていないと判断した。

三軽巡への補給がはじまるころから霧が薄れ、午後五時十五分ごろ補給がおわると、水雷部隊の航路周辺はまた濃霧に覆われた。

このころ部隊は、「日本丸」を先頭に、「阿武隈」「多摩」「木曽」「島風」「五月雨」「夕雲」「風雲」「秋雲」「朝雲」「薄雲」「響」「若葉」「初霜」「長波」の十五隻が一

本棒の単縦陣で、針路三百度、速力十一ノット、各艦の距離四百から六百メートル、それぞれ霧中標的を曳航して、忍者部隊のように用心深く航行していた。

日没が午後五時四十六分なので、各艦はそのすこしまえから、濃霧で三百メートルほどの視界のなか、薄暮訓練にかかった。

五時四十四分ごろ、「阿武隈」艦橋にいた下士官の見張員長が、

「右七十度（艦首から）黒いもの」と大声をあげた。

木村がとっさに号令をかけた。

「右戦闘」

とたんに「黒いもの」が、「阿武隈」の右舷中央部、主計科の烹炊所の位置にドカンとぶつかった。艦長渋谷が声を張り上げた。

「防水」

まもなく「黒いもの」は、迷子になっていた「国後」とわかった。

艦首からぶつかった「国後」は、「阿武隈」の右舷側を艦尾方向にこすってゆき、やがて後進がかかって「阿武隈」からはなれ、「阿武隈」の後方を左へ通りぬけていった。

とつぜんの事故で、「阿武隈」ははじめ「阿武隈、日本丸と衝突」と誤って報じた。後続の「多摩」はとっさに「面舵《おもかじ》」（右回頭）をとり、その他の各艦も右へ左へ回避しはじめた。そのため隊形が混乱し、後方の「初霜」が前続艦「若葉」の艦尾に追突し、すぐ後進をかけたが、こんどは艦尾で後続の「長波」に接触する事故を起こした。

一水戦司令部は、午後六時三十八分から水雷部隊の速力を落として後続艦の収容をはかっ

た。しかし、「若葉」「初霜」「長波」は行方不明になった。
「阿武隈」が「国後」に衝突されたあとに起こったエピソードを、主計長市川は著書のなかでつぎのように述べている。
「……しばらくして士官室に戻ったところ、黒板に、
銀蠅《ぎんばい》に舌つづみうつ主計長
あっと驚く　国後のバウ
（註）バウ（BOW）艦首のこと
と言う狂歌が書かれてあった。作者は言わずと知れた水雷長の石田大尉である。
銀蠅とは、つまみ喰いをすることで、ちょうど銀蠅が何にでもたかって盗みぐいをすることから『ぎんばい』という言葉が出来たようだ」
狂歌の作者石田捨雄大尉は、前記した平成三年九月十一日、関西ネイヴィ・クラブでの講演で、これをこう話した。
「見張りが『右舷にくろいもの』ととどけたので、みな右を見たら黒いものがこっちにくるので、司令官がすぐ『右戦闘』とかけられましたが、その二、三秒後に艦がガツンとぶつかったのです。すぐ渋谷艦長が『防水』と号令をかけられました。『さすがは早いものだなあ』と感心しましたが、それはいなくなっていた『国後』でした。『国後』ははぐれたのですが、コースを知っているから補給の待機地点に向かっている途中で会合したのです。『阿武隈』の烹炊所に『国後』がぶっつかったので、私は主計長がおそらくこの時間には烹炊所で銀バイしとるだろうから、というわけで、

銀バイに舌つづみ打つ主計長
　　　　アッと驚く〝国後〟のバウ

これを作ったのを忘れとったのをさきほど申し上げましたように、市川さんのお蔭で日の目を見た（著書に書かれた）のですが、『アッと驚く〝国後〟のバウ』をやっているときに、それぞれが回避したら、十何隻が一本棒だものだから一番後の方で三重衝突をした。それで『若葉』と『初霜』は穴があきまして、十二ノットしか出ない。水線上の破口で浸水はなかったのですが、『若葉』の方は『初霜』よりひどいから帰れということになり、『初霜』は『国後』といっしょに補給隊の護衛にまわされました。その後また霧がかかって判らんようになりましたので、またさきの高射砲を撃って、『長波』と『初霜』が合同したこともありました。陸軍の高射砲はいっぺんも敵機を撃ったことはなかったのですけれども、合同にはたいへん役に立ったという状況でありました」

一つつけ加えておかねばならない。市川主計長がほんとに銀バイをしていたのかということだが、衝突直前まで疋田博次主計中尉（短現九期、給与主任）と上甲板にいて、それは無実であった。

市川は、さきの銀蠅解説のあとに、
「この衝突事故に関連して、石田水雷長はユーモラスに、
『私が〝ぎんばい〟していたところに国後が頭を突っ込んで来た』
という歌を作ったのである。

たまたま当時、私が烹炊所で夜食調理の指揮をとっていたため、『ぎんばい』の濡れ衣

（?）を着せられたわけだが、一両日のうちに決死の作戦を行なうというのに、この余裕、この明るさ!!　艦内の雰囲気と人の和は完璧であった」と述べている。

七月二十六日ははじめキスカ突入日となっていたが、第一次行動のときとはちがい、水雷部隊行動海面は衝突事故がおこるほどの濃霧に覆われた。

キスカはキスカで、また第一次行動のときとは大ちがい、五十一根司令部が「キスカは快晴」と通報してきたほどになった。そのために、昼間十二回にわたり、米軍機が延べ四十六機キスカを空襲した。哨戒飛行艇の出現も多かった。海上ではキスカ湾の北東海面に駆逐艦と小型艦艇計二隻が、一日中哨戒をつづけていた。

夜になると、不可解な異変が発生した。水雷部隊が衝突事故後の混乱収拾に苦労しているころ、五十一根から、

「一九二〇（午後七時二十分）、敵機来襲中、七夕岬（キスカ湾の南西）南方に探照灯の光芒をみとめ、二〇〇五ごろより四十分間ほど殷々《いんいん》たる砲声断続す。艦艇の交戦ありたるものとみとむ」と通報があった。しかし一水戦も五艦隊も、異変の真相がわからず、計画どおり作戦をすすめるほかなかった。ところがこの異変が、水雷部隊にとっては天佑というべき奇蹟的現象であった。

終戦後の米側資料によると、その正体はつぎのようなものであった。

米海軍情報部は、すでに日本海軍の暗号電報を傍受解読して、

「日本の第五艦隊は千島の基地を出港し、数日洋上にあった。おそらく西経の日付で七月二

十五日（日本時間二十六日）かニ十六日、キスカへの増援を試みるであろう」と判断していた。

七月二十三日（日本時間二十四日）には、米軍のPBY哨戒飛行艇がキスカ南西約三百二十キロに探知した七個のレーダー映像についての報告があったので、その判断を確信した。

米北太平洋部隊司令官トーマス・C・キンケード海軍少将は、ギッフェン海軍少将が指揮する戦艦「ミシシッピー」「ニューメキシコ」、重巡三隻、軽巡一隻、駆逐艦八隻の艦隊を、日本軍のキスカ増援を阻止する目的で、キスカ島南西に進出させた。

七月二十六日夜、キスカ守備隊が聞いた砲声は、この艦隊が針路九十五度（ほぼ東）で進撃中、「ミシシッピー」が左艦首約二十四キロにレーダー探知した目標に対して、各戦艦、巡洋艦が猛射を加えていたものであった。

そのころ日本水雷部隊は、米艦隊の南西五百カイリ（約九百二十五キロ）以上はなれた濃霧の海で、消えた三艦さがしに骨を折っていた。

「阿武隈」航海士大賀少尉は、終戦後海上自衛隊に入り、二等海佐時代に『キスカ撤収作戦（水上部隊による撤収）』という論文をまとめた。そのうち『モリソン戦史』からという一節のなかで、米艦隊が何を目標に、どのような砲撃をしたかを、つぎのように書いている。

「……提督（ギッフェン）が『打ち方止め』を命じた時、レーダーの上に目標が見えなくなった。この戦闘で戦艦は十四インチ砲（三十六センチ砲）弾五百十八発、三隻の巡洋艦は八インチ砲（二十センチ砲）弾四百八十七発を消耗した。夜があけて、ギッフェンは〝戦場〟付近を巡回し、飛行機を発進させて、捜索せしめたが、一隻の艦船も、破片も、また鯨の残骸すら発見できなかった。既に艦隊内では捕捉した〝目標〟とは、レーダーの単なる幻影ではないかとの疑惑が起こっていたが、今やその疑惑は確定の事実と認めざるを得なくなった。レーダーに映じたものは百マイル（約百八十五キロ）乃至百五十マイル遠方にあるアムチトカ島その他の島々の反響映像であった。〝ザ・バトル・オブ・ピップス―幽霊との戦闘〟この戦闘はかく呼ばれるに至った。

……翌二十七日、キンケード提督は幻影戦の勝利者たちに、キスカの南南東百五マイルの地点において油槽船ペコスから燃料の補給をするよう命令した。かくて、米国艦隊は二十八日〇九〇〇（日本時間で突入日の二十九日午前四時ごろ）、定められた集合地点に後退し、キスカ島を木村と日本艦隊のために開け渡してしまった」

もし木村が指揮する水雷部隊が、「国後」行方不明の事故がなく、予定どおり進撃し、五艦隊司令部が、「哨戒機ぐらいがなんだ」「断じて行なえば鬼神も避くだ」という考えで、水雷部隊に七月二十六日の突入を命じていたならば、どうなったか。

また、七月二十五日に米潜水艦伏在を探知して南方に回避韜晦することがなく、七月二十七日に突入しても、さらに七月二十六日夜、「国後」「阿武隈」はじめ各艦の衝突事故がなく、七月二十八日に突入しても、米航空部隊に襲撃された公算が大である。

これらは、その場その場では不吉な前兆のようであった。しかし現実には、百神が、水雷部隊の「キスカ突入・守備隊撤収」作戦を完全に成功させるために設けた道しるべのようになった。

明くる七月二十七日午前七時十分、五艦隊司令部は衝突事故による遅れを考慮して、「一、Z日を二十九日に予定す。二、水雷部隊指揮官は右に応ずるごとく行動すべし」と下令した。

こうしてキスカ突入日は七月二十九日になった。思えば、このようになるそもそものはじめは、「木曽」の準備のつごうで、再出撃が七月二十一日から二十二日に延期されたことであった。なにもかも人知のおよばないめぐりあわせのようである。

七時十五分、一水戦司令部は、「阿武隈」「木曽」に、二回目の高射砲試射をおこなわせた。すると、迷子になった「若葉」など三隻ももどってきた。

損傷艦もあるが、全艦そろった水雷部隊は、午前八時、反転して針路を百二十度に、ついで十時三十分、九十度（東）にして進み、午後四時二十分までに、「若葉」「初霜」以外の駆逐艦に燃料補給をした。

損傷艦は、「阿武隈」「国後」「長波」が任務行動に支障なし、「若葉」「初霜」が最大速力十四ノットに落下して、激しい戦闘は無理になっていた。

水雷部隊命令によって「若葉」は自力で幌筵に帰り、「初霜」は「国後」とともに「日本丸」の護衛に任ずることになった。

「若葉」に乗っていた二十一駆逐隊司令天野重隆大佐（四十七期）は「島風」に移り、「五月雨」と合わせた第一警戒隊を指揮することになり、「長波」は単艦で第二警戒隊となった。

七月二十七日のキスカの天候は晴れまたは薄ぐもり、視界三十キロで、敵の動向は、延べ八十七機の米軍機が十一回来襲し、午前中、米駆逐艦一隻がキスカ島の東方三十キロふきんを哨戒しているという状況であった。

午後十一時十七分、五十一根拠地隊司令官(秋山勝三少将)から北方部隊指揮官(河瀬四郎中将)にあて、つぎのような電報を送ってきた。平易に書きなおす。

「二十日以後霧の発生すくなく、二十三日以降(二十四日をのぞく)連日快晴で、霧の最盛期はすでに過ぎたものとみとめられる。今後七月上旬のような連続する霧を望むことができるか疑問である。前回時に行動準備のため兵器需品など多数を処分し、戦力持久に相当の弱点を生じた。また二十二日以降の好天気によって敵機の活動が活発になり、弾薬の消耗が多く、高角砲弾薬は海陸軍ともに残額がすくなくなった。また敵の行動は日が経つにつれて積極的となり、警戒もますます厳重となりつつある。

万一今次の行動を中止されるようなことがあれば、次回行動まではなはだ困難な事態となり、また再興決行もますます困難となるにちがいない。天候を見定め好機を逸することなく敢行されることを希望する」

この電報について、「阿武隈」水雷長石田は、平成三年九月、関西ネイヴィ・クラブで、「こういう『早く来てくれ』という電報は五十一根から一回もきたことがなかったので、『ああいよいよ向こうの方もそういう状況であるなあ』と、ひしひし感ぜられた」と話している。

七月二十九日突入を予定した水雷部隊は、七月二十八日、午前一時、針路三十度(北三十度東)、速力十一ノットとしてキスカに向首した。海面は南西の微風、平穏で、濃霧が立ちこめていた。

午前六時の天気図から一水戦司令部は、二十八、二十九、三十日のキスカの天候を、「二十八日午前霧、午後半晴、霧なし、二十九日くもり霧断続、三十日くもり夕刻より霧」と判断して、予定どおり二十九日突入決行の腹づもりをした。

午前八時二十五分、一水戦司令部は発光信号によって、キスカから帰るときの第一輸送隊を「阿武隈」と二番隊（十駆の「夕雲」「風雲」「秋雲」）、第二輸送隊を「木曽」と三番隊（九駆の「朝雲」「薄雲」と、「響」）とし、第一警戒隊の「島風」「五月雨」は先発輸送隊（第二）の前方に、第二警戒隊の「長波」は後発輸送隊（第二）の後方につくよう下令した。

午前九時から、水雷部隊は「阿武隈」「木曽」「薄雲」「響」の燃料補給にとりかかった。

午前十時三十分ごろ、濃霧が薄くなり、やがて薄もやを通して太陽が見えるようになった。時をうつさず、「阿武隈」航海士大賀少尉と航海長折笠重康大尉（石田水雷長と兵学校同期）が六分儀《ろくぶんぎ》を持って太陽天測（高度を測定する）をおこない、艦位置の緯度線（東西線）を出すことに成功した。

水雷部隊の針路三十度は、キスカの五十一根のラジオ・ビーコンが発する電波に乗った方向なので、「阿武隈」はキスカの二百十度線上にある。

したがって太陽天測時の「阿武隈」の艦位は、多少の誤差はあっても、緯度線とキスカから二百十度の線が交差した辺りになる。

幌筵出撃以来六日間、霧のために天測ができず、艦位は推測するほかなかったが、これで艦位がほぼわかり、司令官木村以下全員がにっこりした。

このときの「阿武隈」の推測位置と実測位置について、折笠と兵学校同期の石田は、

「二人の天測の早かったこと。ちょうど緯度の線が一本出ましたからね。キスカから出している電波に乗っているから方向はいいのですが、距離が判らなかったのが、まことに幸運にも十時半の天測一本でできたのです。私は、大賀さんの補佐が立派だったこともあるけれども、折笠航海長は名航海長だったと思います。こんな推測航法で全部ドンピシャリやったんですからね。私は『貴様は航海屋になれよ』と言いましたが、本人は鉄砲屋になってしまいまして、高等科の砲術を出ましてから駆逐艦『若月』の砲術長になって戦死してしまいました。残念なことをいたしました」と話している。

「阿武隈」以下四艦の燃料補給は、午前十一時二十分ごろおわった。これで水雷部隊の七月二十九日突入の準備は完了した。

午後一時半すぎ、五十一根司令官が、キスカの天候予測を報じてきた。

「二十九日南よりのち東風弱く、霧多いみこみ、飛行不適」

突入に適していると言うのである。

午後一時五十分、五艦隊司令部は「会敵時の処置」を信号で指示した。

「一、この体形にて航行中、敵有力部隊に会したる時は、本職『多摩』を率い主隊として行動す。

爾余の部隊（補給隊をのぞく）は水雷部隊指揮官これを率い戦闘す。戦闘要領は北方部隊戦策による。

二、小敵と会敵の場合は水雷部隊指揮官の所信に一任す」などである。

このころ、五艦隊長官河瀬は、二十九日に突入すべきか否かの判断に迷っていた。

それに対して、どんな場合も強気の「多摩」艦長神重徳《かみしげのり》大佐が、強硬に「突入」を主張したため、河瀬も「突入」の肚をきめたという話が伝えられている。主張は事実のようだが、それによって河瀬が決意したのか否かは明らかではない。

しかし、午後三時の天候予測が、二十九日のキスカは「南西六メートル、曇り、雲高二百メートル、淡霧、視界四キロ、飛行やや不適」となり、五艦隊司令部は突入の決意をつよめた。

午後五時、五艦隊命令で、「日本丸」「国後」「初霜」の補給隊が分離され、後方の待機地点に去っていった。

水雷部隊は、午後五時四十五分ごろ、五十一根司令官から北方部隊指揮官にあてた、入港予定時刻くり上げの場合は略語の連送によって通知してもらいたいという電報を傍受した。「三時間くり上げの略語は『ハ』、四時間くり上げの略語は『ユ』とし、その略語を三回以上連送、五分間隔で二回」打電してもらいたい、というものである。二時間と五時間くり上げの「略語」もあるが、それは省略する。

第十七章　守備隊全員救出に成功

突入予定日の昭和十八年七月二十九日、午前零時、「阿武隈」上の一水戦司令部はキスカの天候を、「午前濃霧または霧雨、午後曇りとなり霧薄らぐ」と判断して、突入決意をかためた。

日出の午前一時ごろ、乗員たちは艦内に安置された阿武隈神社に参拝して、作戦成功と「阿武隈」および全乗員の武運を祈った。艦内阿武隈神社の祭神は、福島県白河市の阿武隈川ちかくにある県社鹿島神社の主祭神武甕槌神《たけみかずちのかみ》の分霊である。茨城県鹿島町にある官幣大社（終戦後この制度は廃止）鹿島神宮の祭神も武甕槌神だが、軽巡「鹿島」がその分霊を祭神とする艦内神社を安置している。武甕槌神は武勇の神である。

午前一時十五分、「阿武隈」に後続する「多摩」上の河瀬五艦隊司令長官から木村一水戦司令官に、発光信号がきた。

「一、霧の状況行動に最適、天佑神助なり

二、キスカ進入時刻をくり上げ実施するを可とみとむ」

木村も同感であった。キスカ湾入港時刻くり上げの略語連送を要請してきた秋山五十一根司令官も同意見にちがいない。水雷部隊は、午前三時、速力を十八ノット（約三十三キロ）に上げた。

艦長渋谷が、伝声管を通して、「阿武隈」全乗員に命じた。

「本日、キスカに突入する。ただいまより本艦と総員の武運長久を祈って、それぞれの位置で一分間の黙禱をおこなう。黙禱かかれ」

五艦隊司令部は三時四十分、キスカの天候を、

「二十九日終日霧または雨、視界不良、飛行不適」と判断し、艦隊気象長石原英男中佐（四十九期）と大和田参謀長は抱き合ってよろこんだ。

午前五時、五十一根のラジオビーコン電波を艦首方向に聴き、濃霧のなかを針路三十度で進撃してきた水雷部隊は、キスカ湾入港を日没時の午後五時ごろから午後二時ごろにくり上げることにして、さらに速力を二十ノット（約三十七キロ）に上げた。

指揮官木村は、午前六時二十五分、発光信号によって水雷部隊各艦に突入の決意を明示した。

「宛水雷部隊　通報第五艦隊長官

一、一四三〇　突入の予定

二、各員協同一致、任務達成を期せよ」

午前六時五十七分、北方部隊指揮官（河瀬五艦隊長官）にあてた五十一根司令官のキスカ状況報告がとどいた。

「昨日来当方面の霧に濃淡ありしも、現在は霧深く終日つづくみこみ。各基地とも敵機の出現きわめてすくなく、好機とみとむ」

先任参謀有近は、このときの木村を、手記でつぎのように述べている。

「霧は予想どおり深く視界約一千メートル。保安上の心配もなく敵に見つけられる心配もない。司令官の顔は晴れればれとしている。

『先任参謀今日は大丈夫行けるぞ。長官に具申してお別れしよう。多摩を離すのは早い方がよい』

先任参謀は具申文の草案を書き、司令官に見せた。……司令官、いわく。

『よろしい、発信』」

木村は艦橋右前部の回転椅子に腰掛け、右手で軍刀をつかんでいる。有近はそのうしろで、背のない椅子に腰をおろしている。木村は海軍少将の襟章が光る新しい第一種軍装（濃紺の冬服）を着用し、濃紺の雨衣《あまぎ》（レインコート）をまとっている。いつもよれよれ軍装の有近も、いまは新品の軍装と雨衣である。

この二人だけではなく、全乗員が身を清め、衣服を正し、キスカ陸海軍守備隊五千二百人を救出する任務に一身を捧げようとしていた。

午前七時、キスカ南西六十カイリ（約百十キロ）ほどと推定される地点で、木村水雷部隊指揮官は大和田五艦隊参謀長あてに信号を発した。

「本日ノ天佑我レニアリト信ズ適宜反転アリタシ」

折りかえし河瀬北方部隊指揮官から信令（信号命令）がきた。

「鳴神港ニ突入任務ヲ達成セヨ成功ヲ祈ル」

そして「多摩」は水雷部隊から離れて反転し、所定の待機地点に向かった。

水雷部隊は午前八時、キスカ入港予定を午後二時三十分に予定して、針路を三十度から零度（北）、速力を二十ノットから十六ノットに下げた。

ところが、午前八時五十五分、反転途中の北方部隊指揮官からキスカの五十一根司令官にあてた、「入港時刻を四時間くり上ぐ」の略語「ユ」を「ユ、ユ、ユ……」と連送する電報を、「阿武隈」も傍受した。そこで水雷部隊も予定をさらにくり上げ、午後一時三十分に入港できるよう、午前九時、ふたたび速力を二十ノットに上げた。

秋山五十一根司令官は、前日夕刻、略語連送による入港時刻くり上げ指示を要請する電報を北方部隊指揮官に送ったが、その処置はまさに適切であった。

午前十時ごろ、キスカ島の南西二十八キロほどに達したと推定されたとき、水雷部隊はキスカ島西岸と平行に進むために、針路を五十五度（北東十度東）に変えた。ついで敵の敷設機雷を警戒して、十時十五分、各艦は防雷具を水中に投入した。霧は深く、海面は無風で凪《な》いでいる。

午前十時五十分ごろ、部隊最後方を進む「長波」が、四十五度（北東）方向に敵のレーダー波を探知して「感五」と報じ、各艦は緊張をつよめた。

午前十一時ごろ、航海長折笠が、

「もうそろそろ陸岸が見えてもよいころです」と誰にともなく言った。十一時六分、ほんのいっとき霧が薄れ、艦首から右百度方向に陸が見えた。待望のセントステファン岬である。

太陽天測のときとおなじように、これも単なる偶然とは思われないふしぎな現象であった。

艦位を視認した「阿武隈」は、陸岸との距離約一カイリ（千八百五十二メートル）の接岸航路を保つために、装備しているレーダーで陸地との距離を測定しつづけた。

L《エル》式音響測深儀でも絶えず水深を測り、先任参謀有近が入手していた米海軍の測深航法計画図にある等水深線（どれもほぼ東西線）と照合して、艦の左右の偏位を調べ、計画の航路に修正した。

こうして予定航路を進んだ水雷部隊は、レーダーを装備した「島風」を「阿武隈」の左正横六百メートルに配して、外側の敵の警戒に当たらせた。

作戦会議で、西まわり航路を通ったことがあるとウソをついた有近は、流れが速く、そこかしこに大小の岩や波紋や渦流がある気味わるい海を乗り切るために、四周の情況と、「前方二カイリに渦紋がありまーす」とさけぶ見張員や、「測深六十メートル、変化なし」と警告する測深員などに、細心の注意を払いつづけた。波紋を左に避けたとき、

「たいしたことはないな」と有近が言うと、「しかし気味が悪いですね」と航海長折笠が静かに応じた。木村は無言、無表情である。

「木村司令官はこういう人だった。いったん信用して任せてしまえば、一言も言わない人だった。それだけに任された者は責任を感じて努力する」

のちに有近はこう回想をした。

午前十一時五十分、五十一根から、

「一一二五、松ヶ崎（キスカ湾北側の岬）の六十七度（東北東）二十キロに艦艇音を聴く」と通報があった。しかし、もはやまっしぐらに突入するしかない。

五分後の十一時五十五分、水雷部隊はキスカ島北端の北方で九十度（東）に変針し、ついで午後零時十二分に百四十度（南東五度南）、零時二十三分に百八十度（南）に変針して、キスカ北端をぐるりと東側にまわり、南下した。

零時三十五分ごろ、「阿武隈」の左（東）側を進む「島風」から、百四十度方向に敵レーダー波を探知したと報告がきた。終戦後のことだが、米軍側資料に、この七月二十九日、米駆逐艦がキスカ東方海面を哨戒していたという記録が残っていることがわかった。

水雷部隊は零時三十六分、二百十五度（南南西十度南）に変針し、速力も十二ノットに落としてキスカ湾に向首した。五十一根のラジオビーコンの方向で、入港まであと約一時間である。

事前のうち合わせで、五十一根は松ヶ崎見張所の探照灯を点じて振りまわすことになっていたので、水雷部隊各艦は注意したが、霧が深くて見えてこなかった。

午後一時五分、「阿武隈」前甲板で入港準備作業を指揮していた第一分隊（主砲）長山本中尉が、とつぜん、

「左艦首方向に敵艦らしきもの」とさけんだ。

艦橋は極度に緊張し、誰もが山本の指さす方向を見た。深い霧のなかに黒い影が見えた。

先任参謀有近は、戦闘に「躊躇」は禁物、迷わず攻撃すべきだと判断して、

「司令官、敵艦らしいです。攻撃します」と、木村に承認をもとめた。木村はうなずき、艦

長渋谷が「左砲戦、左魚雷戦」「打ち方はじめ、発射はじめ」と号令をかけた。

しかし、艦橋上部の射撃指揮所にいた砲術長黒木亥吉郎《いきちろう》少佐（六十期、のちに志摩と改姓）は、双眼鏡で見たが濃霧のために目標が見えず（海面より上にゆくほど霧が濃い）、十四センチ主砲七門の射撃命令を下せなかった。

艦橋から敵艦らしい黒い影を見た水雷長石田大尉は、間髪を入れず、配置についている部下に命じて、左舷のその方向に六十一センチ発射管から九三式（昭和八年式）酸素魚雷四本をポンポンと発射させた。

その直後、艦長渋谷の「面舵《おもかじ》いっぱい」の号令で、「阿武隈」は大きく右に回頭をはじめた。そこへ後続の「木曽」が衝突するばかりに迫ってきた。「阿武隈」はさらに右回頭で避けようとした。

航海長折笠が航海士大賀の肩をたたき、大声をあげた。

「右は浅瀬だ、浅瀬だ」

「阿武隈」は進退きわまった。ところが、どういうわけかすうーっと霧が薄らぎ、あたりが見えるようになった。「阿武隈」と「木曽」はそれぞれ針路を修正して、衝突をまぬかれた。

まもなく、発射された魚雷四本の凄い命中爆発音が聞こえてきた。その方向には、敵艦のかわりに小キスカ島北端の岬があった。「阿武隈」艦橋には苦笑とざわめきがひろがった。

水雷長石田は狂歌を詠んだ。

「一番が敵艦《ふね》だ敵艦《ふね》だと喚きたて
さっと撃ち出す二十万円」

とたんに艦橋の一同は吹き出した。一番は第一分隊長のことで、二十万円は九三式魚雷四本の値段である。九三式魚雷は無気泡（水泡が出ないので発見しにくい）遠距離の酸素魚雷で、米英海軍がもっとも恐れていた極秘兵器だが、値段もとびきり高かった。当時は三千円出せば、まがりなりにも一戸建ての自宅に住める時代であった。

霧が薄れたのはわずか数分で、またまわりは濃霧に覆われた。しかし松ヶ崎の探照灯がぼんやり見えてきた。

警戒隊の「島風」「五月雨」「長波」は湾外に配備され、収容隊の「阿武隈」以下八隻は、測深をつづけながら、午後一時四十分、キスカ湾に入港、各艦は所定の位置に投錨した。

するとまたふしぎにも、海面から数メートル以上までの霧が消えて、陸海軍守備隊員五千二百人が待機している陸岸もはっきり見えるようになった。これなら敵機からは見えないし、守備隊員収容作業にもなんら支障はない。

有近は手記に、

「いままで無言で各艦の投錨を見ていた司令官は、私の肩を両手でパッとたたいて、たった一言、

『先任参謀、よかったな』

その顔は出動以来、はじめてほころびた満面会心の笑顔だ。その眼には一滴の涙までにじんでいる」と書いた。

水雷長石田は、魚雷四本を小キスカ島に発射したことを、後年つぎのように話している。

「この魚雷を撃ったことに対し、のちに『キスカ会』の記録を読んでみますと、陸上にいた

人はいろんなうけとめ方をしていますね。『来た合図だ』と思った人もあるし、『砲撃を喰って、もうこれはだめだ』と思った人もある。ところが、ある人は『魚雷はいいことをしてくれた』と書いている。湾内の霧がスーッと上がったのですな、ほんとうに。そのぽっかりとドーナッツ状に霧が上がったのは魚雷のおかげであると言うのです。私は魚雷のおかげではなくて、自然現象だろうと思いますが。

ところで、（五十一根、第五警備隊）三十二防空隊長の橋本幸暉（海軍）大尉という人が、キスカの詩を作られました。

『折しもリットル・キスカ（小キスカ島）の方向に　一大爆音轟きぬ

すわやとばかり緊張の　一瞬去れば又元の　湾内静寂変りなし

後に知りたることながら　リットル・キスカの先端を　敵艦艇と誤認して　魚雷発射せしという緊迫の心情さもあらん』

これは非常に同情的で、いちばんいい講評だとありがたく受けとめています。

また橋本さんは、キスカ撤収作戦全体に対して、つぎの詩を作られました。

『世人この大作戦を　評して或いは偶然の　一致の結果なりといい　或いは天佑神助とも謂《い》う勿れただ偶然と　謂う勿れ天佑神助とも　忘るる勿れその裏に　月余に亙《わた》り策を練り心魂打ち込み訓練し　功をあせらず周密の　事前の準備怠らず　実施に当り剛胆に　決行なせしその人を　実《げ》に神明は徒《いたず》らに　無為の輩《やから》に恩恵を　垂れ給わざるの理《ことわ》りを　胆に銘じて心せよ』

私は深い感銘を受けました」

水雷部隊収容隊の「阿武隈」以下八隻は、キスカ湾の錨地に投錨と同時に、搭載してきた大発、小発（発動機艇）を海面に降ろし、即刻陸岸に向かわせた。「阿武隈」が小発二隻、「木曽」が小発一隻、六駆逐艦が大発各一隻で、それに湾外の警戒隊「五月雨」から小発二隻、「長波」から大発一隻が加わり、合計小発五隻、大発七隻である。

陸岸に待機していた守備隊の大発十隻は、各艇とも約百二十人の将兵を満載して、収容隊の投錨前からいちはやく陸岸をはなれ、「万歳、万歳」の声を張り上げながら、収容艦八隻にちかづいてきた。これら先発の大発には、遺骨を抱いた守備隊員と傷病者がふくまれていた。

周到に準備された守備隊側と水雷部隊側の大、小発および各艦の急速乗艦用縄梯子を使用する収容作業は、予想よりはるかに速く進捗した。

陸軍兵たちは、「命より大事にせよ」と厳命されていた菊の紋章つき小銃を、海に投棄してくれという収容艦側の要求につよい抵抗感を持ったが、乗艦作業を速め、艦速を低下させないためなのだと説得され、やむなく乗艦するまえに小銃を捨てていた。

ところが、小銃、帯剣、持物を捨てさせ、大発、小発は底栓を抜いて沈めさせろという一水戦司令部の指示に従わず、それらを艦内に持ちこませたり、搭載した駆逐艦長が一人いた。

十駆逐隊の「風雲《かざくも》」艦長吉田正義中佐（有近とおなじく五十期）は、昭和五十八年（一九八三）ごろ、ノンフィクション作家の佐藤和正氏に、こんなうち明け話をした。

「私はキスカの撤収のときも、陸兵の持ってきた小銃をすべて搭載してきたんですよ。四百挺以上持ってきた。

ほかの艦ではみんな捨てさせて、体だけ収容したんですが、私は小発も搭載してきた。おまけに守備隊が飼っていたキスカの青ギツネまで持ってきた。これは上野の動物園に寄付しましたがね。喜ばれましたよ。そののち、うちの若い士官が動物園に行ったら、キツネのほうが覚えていて、なつかしそうにすり寄ってきたので、飼育係の人がびっくりしたらしいですよ」（佐藤和正著『続篇・艦長たちの太平洋戦争』）

収容隊の各艦に収容された人員は、「阿武隈」千二百二人、「夕雲」四百七十九人、「風雲」四百七十八人、「秋雲」四百六十七人、「木曽」千百八十九人、「朝雲」四百七十六人、「薄雲」四百七十八人、「響」四百十八人、計五千百八十七人であった。そのうち陸軍は二千六百六十九人、海軍は二千五百十八人であったが、ほかに遺骨が三十柱あった。

キスカの守備隊員たちは、兵器・施設を破壊し、弾薬・糧食・文書などを焼いてきた。しかし、守備隊員たちと親子のようになっていた三、四匹の犬は、荒涼凍土の島に置き去りにしてきた。ただ、置き去りにされた三、四匹の犬は、八月十五日にキスカ島に上陸してきた米攻略部隊に発見され、飼い慣らされるようになったという。

各収容艦に乗艦してきた守備隊員たちは、衰弱困憊し、汚れきっていた。

「阿武隈」主計長市川は、顔見知りの第五警備隊主計長小林享主計大尉（海軍経理学校二十七期、兵学校六十六期と同年期）や同軍医長小林新一郎軍医大尉の変わり果てた姿に思わず涙がこみあげてきた。小林主計大尉は、七月十五日の日記に、こう書いていた。

「ケ号作戦一時中止せられた。第五艦隊の作戦に、思いきやかくの如き結果になるとは。再興せられるとは思えども、あてになることとなし。二二〇〇ごろ、またいつもの砲撃七夕湾方面に聞こゆ。〝鳴神も何の望みの消え果てて唯果てざるは命なりけり〟」（キスカ会編『キスカ戦記』より）

五十一根司令官秋山勝三海軍少将と北海守備隊司令官峯木十一郎陸軍少将は、陸上に一人も残っていないことを確認したのち、それぞれ最後の大発に乗り、秋山は「阿武隈」に、峯木は艦長川井巌大佐の「木曽」に乗艦した。各方面の戦場で、自分がまっさきにひき揚げる陸海軍の指揮官もいたが、秋山、峯木は最後まで責任を全うした。

活力に満ちた木村が、有近に命じた。

「先任参謀、出港だ」

午後二時二十分、「阿武隈」が「出港用意」の信号を発し、各艦のラッパ手が高らかに「出港用意」のラッパを吹き鳴らした。収容作業は、目標より二十分速い四十分間で終了したのである。

午後二時二十五分、川井大佐が指揮する第二輸送隊の「木曽」・三番隊（九駆の「朝雲」「薄雲」と「響」）および第一警戒隊の「島風」「五月雨」が、隊列をととのえ、先発隊として前進をはじめた。二時三十五分、木村が直率する第一輸送隊の「阿武隈」・二番隊（十駆の「夕雲」「風雲」「秋雲」）および第二警戒隊の「長波」が、後発隊として川井部隊の後につづいた。

湾口にちかづいたころ、海面から数メートル上まで消えていた霧が、ふたたび海面まで降りて、「阿武隈」からは前方の川井部隊もまわりのキスカ島も見えなくなった。航海長折笠と航海士大賀は、また測深航法をはじめた。帰途も米艦艇との遭遇を避けるために、キスカ島北端をまわる航路である。

小キスカ島を過ぎた辺りから、「阿武隈」以下の木村部隊は、きたときのように約一カイリの接岸航路を北上し、速力を二十ノットに上げた。

このころ、「阿武隈」副長斎藤に案内された五十一根司令官秋山が、各指揮官、幕僚を従えて、艦橋に挨拶にきた。「阿武隈」に便乗していた五十一根先任参謀安並正俊中佐も、そのなかに加わっていた。秋山は兵学校で木村の一期上だが、木村から艦長渋谷、先任参謀有近という順で、たがいに深謝と慰労の心をこめて、固い握手をかわした。

有近は手記のなかで

「秋山少将はその長身を艦橋に現わした。秋山少将の、

『司令官、有難う。ご苦労さまでした』に対し、

『いや、おたがいよかったな』と木村司令官の常用語で、両司令官の間に固い握手が交わされた。

秋山少将は、何十日も着たままの軍服がよれよれで、泥までついている。頭髪も髭もなかば伸びたままで、眼の玉も落ち込んでいるように見える」と書いている。

「木曽」に便乗していた北海守備隊次席参謀藤井一美陸軍少佐は、乗艦してきた北海守備隊司令官峯木十一郎少将を出迎えたときの思い出を、これも手記に、

「最後の大発に乗って来られた陸軍の守備隊司令官峯木少将と、木曽艦上で思わず抱き合った感激は今も忘れることはできない」と書いている。

藤井は、七月十五日、木村が突入中止・帰投を命じたことについて、「私が司令官であったとしたら、あるいは自暴自棄的な考えから撤収作戦断行の挙に、恐らく出たであろう」と、別の手記に書いていたが、じつはそのあとにつぎのようにつけ加えていた。

「しかし、木村司令官は今回の撤収を中止した。この決心こそ凡将や常人の到底なし得ざる決心であろう。……海軍の駆逐艦に勤務する人は、いわゆる水雷屋といって、夜襲、斬り込みを専門とし、勇猛果敢を以て本領とすると聞いていたが、その水雷屋出身の木村司令官が、あくまで敵との衝突を避け、撤収任務に徹底したことは、第二回目の作戦成功の原因で、まことに敬服のほかはない」

木村がひきいる「阿武隈」以下の第一輸送隊と第二警戒隊の「長波」は、午後三時四十分すぎ、キスカ島北端北方を通り、針路を二百七十度（西）にして、速力を二十四ノット（約四十四キロ）に上げた。午後四時、さらに速力を二十八ノット（約五十二キロ）に増速して西進をつづけ、四時二十五分、二百二十五度（南西）に変針した。アダック島（キスカの東方約三百九十キロ）のクルックとアムチトカ島（キスカの東方約百三十五キロ）の米軍航空基地の飛行哨戒圏から早く、脱出するためであった。

「木曽」艦長川井がひきいる第二輸送隊と第一警戒隊の「島風」「五月雨」は、木村部隊よりすこし北よりの針路二百三十度で先行し、濃霧のなかを幌筵への最短航路を急いでいた。この航路はアムチトカ基地の飛行哨戒圏からの脱出がおそくなるが、「朝雲」「薄雲」

「響」の後続力が小さいので、やむをえなかった。

このころ、米哨戒機が航空基地と交信している平文《ひらぶん》電報を傍受した木村、川井両部隊は、キスカ方面は霧が薄れてきたのかもしれないと推測した。

「阿武隈」艦橋では、誰もが、

「キスカ湾を早く出港できてよかった」と言い合った。

午後四時三十五分、「阿武隈」の見張員が、右正横一千メートルに、浮上状態で反航する米潜水艦を発見して、急報した。有近が大型双眼鏡で見ると、潜水艦の乗員がこちらを見ている。しかし、戦闘開始の気配はないようである。

用心のために木村部隊は左四十五度の百八十度に変針して、米潜の雷撃を回避しようとした。

有近が木村にたずねた。

「どうしましょう。知らぬ顔で行きますか、一発やりますか」

木村は首を振って、

「頬かぶりでゆけ。さわらぬ神に祟《たた》りなしだ。毛を吹いて疵《きず》をもとめるな」と笑った。

米潜水艦は、こちらに向けて、「パッパッ」と発光信号を送ってきた。意味がわからないので沈黙して見ていると、米潜も何もせずに潜航をはじめ、そのまま全没した。打電さえしなかった。

第一次行動出撃直前、「木曽」艦長川井の提案を受け入れて、「阿武隈」と「木曽」は三本煙突のまんなか一本を白ペンキで塗り、二本煙突の米軽巡のように偽装したので、米潜水艦はこちらの正体を見破れなかったのかもしれない。

木村部隊は、まもなく針路を二百二十五度にもどした。

この日「阿武隈」の夕食は、主計長市川の発案で、危険海面航行中は乾パンと罐詰という予定を急きょ変更して、約千二百人のキスカ守備隊員も、約四百五十人の「阿武隈」乗員と一水戦司令部員も、みな二個の白い握りめしとなった。

守備隊員たちには、生きているよろこびを身にしみて感じさせてくれるご馳走であった。

明くる七月三十日、木村、川井両部隊の航路上はひきつづき濃霧であった。午前五時、アダック島クルック基地の五百カイリ圏外に出た木村部隊は、速力を二十ノットに減速した。

一水戦司令部は午前七時二十七分から中波（三一六五ＫＣ）をつかい、補給隊の「日本丸」その他と連絡をとりはじめた。先行していた五艦隊旗艦「多摩」と川井部隊指揮艦「木曽」も、中波によって各隊艦との連絡をとりはじめた。

このころ「阿武隈」は、アムチトカ島から約四百カイリ、アッツ島から約三百カイリ、幌筵から約六百五十カイリの位置にあって、南西に進んでいた。

午前十一時、木村部隊はアムチトカ基地の五百カイリ圏を出た地点で西に変針し、さらに九時間後の午後八時、北西に向かい、午後十二時ちかく、また西にもどして、アッツ島の五百カイリ圏外に出た。念には念を入れ、米軍機からの安全をはかったのである。

七月三十一日も濃霧となった。昨日からの中波による連絡で、「多摩」と川井部隊、「日本丸」以下補給隊も、全艦無事で幌筵に向かっていることがわかった。

一水戦司令部は、午前十一時三十分、水雷部隊戦闘速報として、

「全員収容帰投中、異常なし」と打電した。

傍受した米軍機の平文電報によると、米軍機は三十日も、三十一日も、くりかえし無人のキスカ島に飛び、偵察と銃爆撃をつづけていた。三十一日には、キスカ島周辺を哨戒していた米駆逐艦二隻も、旧日本軍守備地区におよそ二千発の砲弾を撃ちこんだ。

この状況下、先行していた川井指揮の第二輸送隊「木曽」「朝雲」「薄雲」「響」と第一警戒隊「島風」「五月雨」の六隻は、七月三十一日午後三時十五分、五艦隊旗艦「多摩」と相前後して、無事、幌筵海峡に帰ってきた。

木村指揮の第一輸送隊「阿武隈」「夕雲」「風雲」「秋雲」と第二警戒隊「長波」の五隻は、明くる八月一日午前五時四十五分、補給隊の「日本丸」「初霜」「国後」は同日午前十時四十五分、いずれも無事に帰ってきた。

「阿武隈」に便乗していた五十一根司令官秋山と全幹部は、午前七時ごろ、木村と一水戦全幕僚、艦長渋谷と全士官室士官の見送りをうけて、たがいに感無量で手をにぎり、みじかく別れを告げ、艦を去っていった。

千二百二人の守備隊員全員の退艦がおわったのは、午前九時三十分すぎであった。

北方部隊指揮官河瀬は、木村部隊の帰着を確認した八月一日午前五時三十分、連合艦隊司令長官と軍令部総長（永野修身大将）あてにつぎの報告電報を打った。
「ケ号作戦概報　八月一日
本職多摩を率い、水雷部隊と共に七月二十二日幌筵海峡出撃、二十九日〇七〇〇鳴神島

（キスカ）の南西方約五〇浬《カイリ》に達し、水雷部隊を分進、突入せしむ。

水雷部隊は一三四〇、鳴神港に進入、所在陸海軍守備隊全員を収容、八月一日、〇五三〇、幌筵海峡に帰着、ここに『ケ』号作戦を完了せり。撤収人員海軍二五一八名、陸軍二六六九名、遺骨三〇柱。霧中待機中、軽微なる触衝事故発生せるほか艦艇の損傷なし。

惟《おも》うに本作戦が濃霧のため敵機の活動全く封殺せられ、敵艦隊の哨戒また不備なる好機に乗じ得たるは全く天佑神助に依るものにして感激のほかなし」

八月一日、「阿武隈」の夕食時には、作戦完遂祝いの宴会が艦内各部でひらかれた。料理は待望のスキ焼きであった。全乗員は羽根を伸ばして飲み、語り、歌い、踊り、命の洗濯をした。

八月二日は、撤収成功を祝うように雲もない快晴になった。しかし、真夏でも寒かった。

午前六時、河瀬五艦隊司令長官は、

「八月一日をもって『ケ』号作戦完了す」と、北方部隊に下令した。

午後二時、「阿武隈」士官室に水雷部隊各指揮官、幕僚が参集し、「ケ」号作戦の研究会をはじめ、果てしなく討論をつづけた。

木村は八月二日のメモに、つぎの二件を書きとめた。一つは、

「本日両総長（参謀総長杉山元陸軍大将、軍令部総長永野修身海軍大将）連立ケ号作戦ノ戦況ニ関シテ奏上セル所左ノ趣旨ノ御言葉ヲ拝セリ謹ミテ伝達ス

『陸海軍克ク協力有ユル困難ヲ克服シ此作戦ヲ完遂シ得タルハ満足ニ思フ　又長期アリューシャンノ要点ヲ確保シ諸種ノ困難ニ堪エテ其任務ヲ尽シタルハ全般作戦ニ寄与シタル処

不尠《すくなからず》満足ニ思フ　此旨前線将士ニ申シ伝フヘシ』」で、軍令部総長から第五艦隊司令長官に送られた電文である。

二つは、

「○第一次成功セザリシコト返ッテ……

○二九日ハ絶好ノ霧日和ナリシコト

○国後ノ事故二九日ヲ支エタルコトトナル

○二九日（注・二十八日の思いちがいであろう）唯一回ノ天測ヲ得タルコト

○鳴神ノ西南端瞬間的ニ視認

○湾口ニ至リシ時霧晴レ湾内通視シ得テ入港及収容作業容易迅速ナリシコト

○二六日敵ハ味方射チヲナシ二九日ハ濃霧中哨戒艦艇ヲ撤シ居タルモノノ如シ

以上ハ凡テ天佑ニ非ラズシテ何ゾヤ」というもので、「ケ」号作戦研究会から得た、第二次行動成功に対する木村の総括的見解である。特色は、「凡テ天佑ニ非ラズシテ何ゾヤ」にあろう。

防衛庁防研究所戦史部に、現在も昭和十八年八月一日付の「水雷部隊戦闘詳報」がのこっているが、その一項にはこう書かれている。

「(a)七月上中旬に於ける第一次作戦に於ては数日に亘り天象の利を獲得せんと努めたるも果たさず　遂に再興を期し一旦引上げたるも是第二次成功の根因たり

若し実施部隊が当面の必要に執着《なかば》し天象の利未だ充分と称し難き第一次に猪突断行したりとせば其の結果は蓋《けだ》し思ひ半に過ぐるものあり

抑々《そもそも》天の利は人力を以て之を左右し得べきものに非ず　人力は天理に比し極めて微弱にして只克《よ》く天理に順応して天の利我に在るの時敢然之を利用すべきものたる以上第一次作戦を中止したるは正に今次大成功の素因を為せるものと謂ふべし」

この日、河瀬北方部隊指揮官は、「阿武隈」「木曽」と九駆の「朝雲」「薄雲」に対して、大湊に回航し、船体・兵器・機関の整備および訓練をおこない、八月二十四日までに幌筵に進出すべしと下令した。

八月三日、連合艦隊は「ケ」号作戦のために増派されていた隊、艦を原隊に復帰させる電令第六五号を発令した。十駆の「夕雲」「風雲」「秋雲」や、「五月雨」「響」「島風」「長波」が、早朝からつぎつぎに別れを告げて、幌筵海峡を去っていった。五艦隊に加わっていた重巡「摩耶」も去った。

午前九時すぎ、「阿武隈」後甲板に設置された斎場に、艦長渋谷、副長斎藤以下乗員全員と、司令官木村、先任参謀有近以下全幕僚が列席して、阿武隈神社の臨時大祭がもよおされた。

全乗員は、七月二十九日、キスカ突入時の新しい第一種軍装を着用していた。

艦長渋谷が主計長市川作の祭文を奏上し、一同は頭を垂れて深い感謝を捧げた。

この間の八月一日から三日までに、陸軍の北海守備隊司令官峯木十一郎少将と、幌筵に進出していた北方軍司令官樋口季一郎中将が、それぞれ「阿武隈」に来訪して、木村以下に感謝の意を表していた。

八月三日午後六時、一水戦の「阿武隈」「木曽」、九駆の「朝雲」「薄雲」は幌筵海峡をた。出港し、北海道の小樽を経て、八月十一日、大湊に入港し、十六日まで整理、補給をつづけた。

米軍のキスカ上陸作戦が本格化したのは、八月三日からであった。その日は戦艦二隻、軽巡二隻、駆逐艦九隻がキスカの旧日本軍守備地区に、大中小砲弾計数千発をぶちこみ、八月十一日には重巡二隻、軽巡三隻、駆逐艦五隻がおなじように中小砲弾多数をぶちこんだ。上陸作戦開始までに、空襲と艦砲射撃で日本軍の抵抗力を激減させておこうという米軍の定石戦法である。

八月十五日の日出後から十六日にかけて、百隻にちかい米艦艇・輸送船がキスカ島沖に到着し、攻略部隊の陸兵合計約三万四千四百三十人が上陸して、島内の掃蕩戦をはじめた。しかし米攻略部隊は、過失による同士討ちなどで、八月十八日までに死者二十五人、負傷者三十一人を出した。

八月十八日午前一時三十四分には、キスカ島北西沖を哨戒中の駆逐艦「アブナー・リード」が機雷に触れて大破し、死者または行方不明者七十人、負傷者四十七人という禍に襲われた。

米軍は八月十八日から二十二日まで、徹底的に日本軍を捜索したが、ついに一人の日本兵も発見できなかった。発見できたのは、日本軍が残して去った雑種犬三、四匹だけであった（防衛庁防衛研修所戦史室著『北東方面海軍作戦』参照）。

日本陸海軍よりはるかに合理的、科学的な米陸海軍が、こんな失敗をするとは信じられないくらいだが、木村水雷部隊がそれほど神秘に包まれた行動をしていたというほかないようである。

大湊で予定の作業、訓練をおえた木村一水戦は、八月二十一日、ふたたび幌筵に向かって出港した。翌二十二日、オホーツク海を航行中、米海軍がキスカ島上陸を公表したというNHKのラジオ放送があった。二十三日には、各新聞が朝刊で、この奇蹟的大勝利を大きく報道して、暗い国民の気持をだいぶ明るくした。

しかし米海軍もえらかった。自分らの恥をありのままに公表したからである。

米国のマスコミはつぎのように報道した。

「……しかし、日本軍の残していった生き物は三～四匹の雑種犬にすぎなかった。一飛行兵いわく。『われわれは十万枚の伝単《でんたん》（ちらし）をキスカ島に投下した。しかし犬では字が読めない』」

日本の大本営海軍部は、大敗したミッドウェー海戦以降、戦果は針小棒大に、損害は僅少にしか発表しなくなった。米海軍は余裕の勝者、日本海軍は虚勢の敗者になったのである。

しかし、キスカ撤収作戦の完全成功は、日本国民が心からよろこんでいいものであった。

その後の連合艦隊の論行功賞で、第五艦隊司令部をふくむ水雷部隊は、「殊勲甲」（最高の戦功）を授与された。そのとき木村は、

「七月二十九日から八月十七日まで莫大な戦費を浪費させたばかりでなく、敵は勝手に死傷者まで出してしまったのだから、これは大いに誇ってよい戦果だ。こちらは一兵も損せず、

相手の殺傷もできるだけ少なくして、しかも実質的に大きな損害を与えることは兵法の極意だ」と、一水戦司令部と「阿武隈」の士官たちに、笑いながら話した。「こちらは一兵も損せず、相手の殺傷もできるだけ少なくして」ということばは、木村の本心のようである。

しかしなんといっても、キスカの生存陸海軍将兵五千百八十七人をひとりのこらず救出し、水雷部隊も一兵もうしなわずに帰投したことがすばらしい。

無理な戦《いくさ》で玉砕させせられた将兵を美化賞讃してよしとするような作戦指導者は、無能・無責任・無恥というほかないだろう。

五艦隊参謀長大和田昇少将が大本営海軍部（軍令部）にゆき、「ケ」号作戦の報告をしたのは、八月二十四日であった。そのとき大和田は、

「第一次のさいは水雷戦隊に胆なし」と、不在の木村、有近を非難し、五艦隊には水雷部隊のキスカ突入中止に責任がなかったことを示唆したようである（『戦史叢書・北東方面海軍作戦』『ヒゲの提督　木村昌副伝（続）』、市川浩之助著『キスカ』、阿川弘之著『私記キスカ撤退』参照）。

しかしてこれほどの悪口を言った大和田だが、木村水雷部隊が七月十五日にキスカ湾に突入した場合でも、キスカ陸海軍部隊と水雷部隊の双方がひとり残らず幌筵に帰投できたと、立証してみせようともしなかった。

木村と有近が、大和田の自分らに対する非難を知ったか否かは不明である。

キスカ撤収作戦終了後、今泉正次砲術参謀の後任として昭和十八年十月に一水戦に着任し

た板谷隆一少佐（六十期、終戦後海上幕僚長、統合幕僚会議議長）は、司令官木村から、胆や勇に関係があるつぎの三点を教えられた。木村が胆のない臆病者かどうか、判断の一参考になるものである。

「一、ただ無理やり突っ込むのは匹夫の勇である。孫子《そんし》の教えのとおり、敵を知り己れを知って、はじめて真の戦《いくさ》ができる。

二、『危険なことは俺がやる』という部下を思う至情と指揮官先頭の気魄が必要である。

三、重巡『鈴谷』艦長のとき、米雷撃機各一機に両舷から雷撃をうけたが、私の顔を見た航海長に、即座に『まっすぐいけ』と命じ、自分の立場、責任を明確にした。幸い左からの魚雷が射点沈没して、艦は無事であった（これは南太平洋海戦時のことで、詳細は前記した）」

第十八章　理の当然の連合艦隊崩壊

木村水雷部隊は、昭和十八年（一九四三）八月二十四日、幌筵で、新編の北東方面艦隊（第五艦隊、第十二航空艦隊、千島方面根拠地隊など）の中核戦力となり、千島列島と本土間の海上交通護衛に任ずることになった。

司令長官小沢治三郎《じさぶろう》中将がひきいる第三艦隊（機動部隊）の艦爆二十、艦攻十四、零戦三十三と、ラバウルに司令部をおく南東方面艦隊司令長官草鹿任一《くさかじんいち》中将が長官を兼務する第十一航空艦隊（基地航空部隊）の彗星《すいせい》艦爆四、計七十一機が、昭和十八年十一月十一日午前十一時五十分ごろから、ラバウル南東ブーゲンビル島西方海面で、米新鋭大空母、「エセックス」「バンカーヒル」、軽空母「インディペンデンス」を攻撃した。小沢と草鹿は兵学校同期（三十七期）である。

ところが、この攻撃では一発の命中爆弾も命中魚雷もなく、艦爆十七、艦攻全機、零戦二、彗星艦爆二が未帰還という無残な結果におわった。第三次ブーゲンビル島沖航空戦である。

米機動部隊は、日本飛行機隊をＰＰＩ（プラン・ポジション・インディケイター、平面位置表示器）付き対空捜索レーダーで捜索し、四十カイリ（約七十キロ）ほど前方に新鋭戦闘機Ｆ４ＵコルセアとグラマンＦ６Ｆなど七、八十機を待ち伏せさせていた。

米艦の対空捜索レーダーは三百六十度方向にわたり、接近する飛行機をくまなく捜索探知する。そのために日本機はほとんどキャッチされ、性能のよい超短波無線（ＶＨＦ）電話で通報をうけた米防空戦闘機群は、適切な位置に移動して待機していたのである。

射撃レーダーを装備した米艦のＧＦＣＳ（ガン・ファイア・コントロール・システム、射撃指揮装置）は、エレクトロニクスによる自動制御方式で、迅速正確な射撃ができ、日本海軍が砲術科員に要求する名人芸は不要である。この当時、米海軍が使っていた「ＧＦＣＳ-ＭＫ（マーク）37」は、「ＭＫ37方位盤」・「ＭＫ１Ａ射撃盤」・「ＭＫ６水平安定儀」などで構成されていた。

終戦後、米国に留学してこれを試用した海上自衛隊の砲術専攻士官たちが、「『ＧＦＣＳ-ＭＫ37』と時計式信管（時限信管）付き砲弾だけでも、プロペラ機ならそうとう落とせる。ＶＴ信管（ヴァリアブル・タイム・ヒューズ＝プロッキシミティ・ヒューズ、近接信管、俗称マジック・ヒューズ）付き砲弾をつかえばあらかた落とせる。

自動制御方式の『ＧＦＣＳ-ＭＫ37』とＶＴ信管付き砲弾のために、最難関のＣＡＰ（コンバット・エア・パトロール、警戒戦闘機）群をくぐりぬけ、さらに米艦に突撃する日本の艦爆、艦攻などがいかにたいへんであったか、悲哀に堪えない」と言っているほどである。

ＶＴ信管付き砲弾は、電波を発しながら飛び、飛行機の十五メートルほどに接近すると自動的に爆発して飛行機を撃破する。命中率は時限式信管付き砲弾の約二十倍である。

しかも日本海軍は、終戦後まで「GFCS-MK37」とVT信管の存在も知らなかった。

これらのほかに、命中率のよい照準器付き四十ミリ機銃、二十ミリ機銃が多数あるが、このように間隙のすくない対空防御システムによって、日本の艦爆は二十四機のうち十九機、艦攻は十四機全機を撃墜されたのである。

このシステムを米艦隊はそのまま七ヵ月後のマリアナ沖海戦につかい、日本海軍飛行機隊はあらかた撃墜された。米CAP群の飛行士らはこの空戦を「マリアナの七面鳥撃ち」と称した。

米太平洋艦隊司令長官チェスター・W・ニミッツ大将（一九四四年十二月に元帥）は、ブーゲンビル島沖航空戦にほとんど完勝した米機動部隊を、

「両部隊（空母『サラトガ』・軽空母『プリンストン』の第三十八任務部隊と、空母『エセックス』以下三隻の第五十・三任務部隊）は、空母が日本軍の有力な基地を攻撃できるかどうかについて、長い期間、論議された問題のすべてを解決した」と高く評価した（ニミッツ、ポッター共著『ニミッツの太平洋海戦史』）。

ブーゲンビル島沖航空戦は、十一月五日の第一次から十一月十七日の第五次までつづけられた。この間に大本営海軍部（総長永野修身元帥〈十八年六月昇進〉、次長伊藤整一中将の軍令部が主体）が発表した戦果の合計は、空母五、戦艦六など四十五隻以上を撃沈破したというもので、遠からず米太平洋艦隊が全滅しそうな大戦果であった。しかし、終戦後に判明した事実は、輸送船一隻沈没、軽巡二隻と輸送船二隻損傷というだけのあまりにも僅少な戦果に

すぎなかった。

山本五十六が主導した「航空主兵」の用兵作戦は、急速に進歩した米海軍の兵器・戦法・兵力に、もはや通用しないものになっていたのである。

ところが、連合艦隊司令部も軍令部も、その実情を知らないまま、「航空主兵」の用兵作戦でむなしい戦いをつづけてゆく。この当時の連合艦隊司令長官は、古賀峯一大将、参謀長は福留繁中将であった。

第一水雷戦隊が大湊に碇泊中の昭和十九年（一九四四）二月六日、旗艦「阿武隈」上の木村はうれしい知らせを聞き、メモに書いた。

「佐藤康夫君二段進級ノコトトナル由欣懐々々」

佐藤康夫大佐はラエ輸送の八十一号作戦のとき、沈没・大破艦船の将兵救助に挺身して戦死した第八駆逐隊司令で、木村が古賀峯一横須賀鎮守府司令長官に、その二階級特進を懇請した勇将であった。木村は故佐藤大佐が海軍中将に進級することを、自分の責任と感じていたのである。

連合艦隊司令長官豊田副武《そえむ》大将（昭和十九年五月三日就任）の命をうけた司令長官小沢治三郎中将がひきいる第一機動艦隊（昭和十九年三月一日編成）は、米第五艦隊司令長官レイモンド・A・スプルーアンス大将（進級）が総指揮官、マーク・A・ミッチャー中将が指揮官の第五十八機動部隊と、日本本土の死命を制するサイパン島をはじめとするマリアナ諸島確保のために、昭和十九年六月十九、二十日、マリアナ諸島西方海面で決戦した。

主力機動部隊同士の天下分け目のマリアナ沖海戦で、連合艦隊は「あ」号作戦と称した。

ミッチャー機動部隊の艦艇兵力は大空母七、軽空母八、戦艦七、重巡八以下計百十二隻で、航空兵力は戦闘機四百七十五、急降下爆撃機二百三十二、雷撃機百八十四など計九百五十六機であった。

小沢機動艦隊は、大空母五、軽空母四、戦艦五、重巡十一以下計五十五隻で、戦闘機二百二十二、急降下爆撃機百十三、雷撃機九十五など計四百七十三機という、およそ半分の兵力であった（『モリソン戦史』）。

第一機動艦隊長官兼第三艦隊長官兼第一航空戦隊（正規空母「大鳳《たいほう》」「瑞鶴《ずいかく》」「翔鶴《しょうかく》」）直率の小沢は、米大機動部隊が相手でも、小沢案出の「アウト・レンジ戦法」によって撃滅できると、信じていた。しかし、ブーゲンビル島沖航空戦とおなじように、小沢艦隊は完敗した。

米艦船の損害は、戦艦「サウスダコタ」に二百五十キロ爆弾一発命中、戦艦「インディアナ」に雷撃機一機体当たり、ただし魚雷不発、空母「ワスプ」「バンカーヒル」、重巡「ミネアポリス」に二百五十キロ爆弾の至近弾各一発という、カスリ傷ていどであった。

米空母機の喪失は百三十機におよんだ。しかしそのうち八十機は夜間で空母に着艦できずに海上に不時着したものだが、事故機搭乗員二百九人のうち百六十人は救助されていた。

日本艦船の損害は、正規空母「大鳳」「翔鶴」と改造空母「飛鷹《ひよう》」が沈没（「大鳳」「翔鶴」は米潜水艦の雷撃による）、空母三、戦艦一、重巡一、計五隻が損傷、給油船二隻が沈没であった。

日本空母機の喪失は、出動四百二十機のうち二百四十七機にものぼった。

小沢艦隊大敗の原因の一つが、六月十九日の航空戦で、飛行機隊を約三百八十カイリ（約七百キロ）も遠方の米機動部隊攻撃に向かわせた小沢の「アウト・レンジ戦法」（敵の攻撃可能距離の外側から攻撃をかける。重防御設備つき米軍機の攻撃可能距離は当時三百カイリ）にあったことは否定できない。遠距離攻撃では航法がむずかしく、搭乗員は疲労し、敵艦隊は移動して位置がわからなくなる、などの不利があるからである。

小沢が「アウト・レンジ戦法」をとらずに距離二百カイリか二百五十カイリで戦ったならば、飛行機隊の戦果はあるていどは上がったかもしれない。

しかし、ブーゲンビル島沖航空戦から判断すれば、戦果が見ちがえるほど拡大することは、のぞめるものではなかった。

マリアナ沖海戦で小沢艦隊が大敗した最大の原因は、小沢艦隊の飛行機隊が強大化した米艦隊の対空防御力に歯が立たなくなっていたことであった。

昭和十九年七月五日、

「我ラ玉砕、モッテ太平洋ノ防波堤タラントス」という訣別電を発したサイパン防衛の中部太平洋艦隊司令長官南雲忠一中将と第四十三師団長斎藤義次《よしつぐ》陸軍中将などが、翌六日に自決し、残存兵力約三千人は七日未明、米上陸軍に最後の突撃を決行して玉砕全滅した。

米軍は七月二十一日、グアム島に、二十三日、テニアン島に上陸した。テニアンの一航艦司令長官角田《かくた》覚治《かくじ》中将と参謀長三和《みわ》義勇《よしたけ》大佐（四十八期）も八月二日に戦死した。テニアンの日本軍は八月三日、グアムの日本軍は八月十一日に玉砕した。これでマリアナ諸島は米軍の支配下に入った。

大湊を出港した第五艦隊司令長官志摩《しま》清英《きよひで》中将（昭和十九年二月就任、三十九期）がひきいる第二十一戦隊と第一水雷戦隊は、昭和十九年（一九四四）八月二日夕刻、呉軍港に入港した。

二十一戦隊は重巡「那智」「足柄」・軽巡「多摩」「木曽」で、司令官木村昌福の一水戦は軽巡「阿武隈」・第七駆逐隊二隻・十八駆逐隊三隻である。

その夜、木村は、何年もまえから書道の師としてきた田井中唐陰の塾に宿泊した。この塾は木村の習字教室であるとともに、常宿であった。

田井中のことが、『ヒゲの提督　木村昌福伝(続)』につぎのように書かれている。

「戦後、海上自衛隊で呉方面に勤務した将官のうちかなりの人が入門しており、『海軍の多くの方に教えたと云って、よく古い提督のことを話されました。……そんな中で木村昌福少将の名が出て、書かれたものも見せてもらいました。

……（田井中先生が）大きな字を書くときには、自ずと心底から発するという感じで気合いを入れて書かれ、いまも大字を書かれたときのテープが保存されています』と、一人が語っている。

木村についての回想談（関係者の）の中に『気合いを入れて書かれた』というのがいくつかあるが、田井中先生直伝のものであろう。また、他の一人は、

『私の接したのは昭和三十九年の一月から三月までの短い期間でしたが、先生の書道一筋に生きてこられた高潔な人格には全く心を打たれました。……古武士の如き風格があり、道義人情の薄れつつある世相を顧み国の前途を憂える至情はまことに烈々たるものがありました。先生は……書禅一致の精神を体得しておられたようでした。私共にも書は格好ではない。その人の人格を穂先より迸《ほとばし》り出さねばならぬと教えておられました。

（先生は）机の前に端然と正座され、真剣な眼ざしで穂先の長い筆をとられ、一瞬、間をおいた後、たっぷりと墨水を含ませたかと思うと一気呵成に筆腕を揮われました。墨痕淋漓とは正にこのこと、穂先は恰も水を得た龍の躍るが如きさまでした。……』と述べている。

木村は、戦後も……よく田井中塾を訪れ、宿泊もしている。田井中先生と木村とは、師弟の関係を超えて人間として互いに惹《ひ》き合うものがあったようだ」

司令長官ウィリアム・F・ハルゼー大将の第三艦隊（スプルーアンスが長官のときは第五艦隊、ハルゼーのときは第三艦隊となる。その主力の第五十八機動部隊も第三十八機動部隊と名称が変わる）に対して、日本海陸軍航空部隊は、昭和十九年十月十二日から十六日にかけて、台湾東方海面で、総力をあげて攻撃した。

総長及川古志郎《こしろう》大将（昭和十九年八月二日就任）、次長伊藤整一中将、第一部長中沢佑《たすく》少将の軍令部が主体の大本営海軍部は、十月十九日午後六時、米第三十八機動部隊が壊滅し、戦局が逆転したような総合戦果を発表した。十二日から十六日までの台湾沖航空戦の戦果と損害である。

「轟撃沈　空母十一、戦艦二、巡洋艦三隻、巡洋艦もしくは駆逐艦一隻
撃破　　空母八、戦艦二、巡洋艦四、巡洋艦もしくは駆逐艦一、艦型不詳十三隻、その他
……
撃墜　　百十二機
日本側の損害　　飛行機未帰還三百十二機」
ところが、米艦隊の実際の損害は、
「大破　重巡『キャンベラ』、軽巡『ヒューストン』
損傷　空母『フランクリン』、同『ハンコック』、軽巡『レノ』」だけで、十七隻の空母はすべて健在であった。

それに反して、日本海軍航空部隊の損失はあまりにも甚大であった。はじめ軍令部は、捷《しょう》一号作戦（まもなく開始されるフィリピン沖海戦）に使用できる航空兵力を七百四十七機とみつもっていたが、この航空戦のために三百機以下に激減してしまったのである。

司令長官豊田副武大将、参謀長草鹿龍之介中将、先任参謀神重徳《かみしげのり》大佐など連合艦隊司令部の起死回生をはかる乾坤一擲の「捷《しょう》一号作戦」が、昭和十九年十月二十日朝、発令された。
「捷」は勝利、「一号」はフィリピン方面である。

指揮官栗田健男《たけお》中将がひきいる戦艦「大和」「武蔵」以下三十二隻の第一遊撃部隊第一・第二部隊（司令長官栗田の第二艦隊が主力、通称栗田艦隊）は、十月二十二日、ボルネオ北西

岸のブルネイを出撃した。十月二十五日、東方からレイテ湾（フィリピン中部のレイテ島東側）に突入し、司令長官トーマス・C・キンケード海軍中将の米第七艦隊と、総指揮官ダグラス・マッカーサー陸軍大将のレイテ上陸軍を撃滅することが目的であった。

しかし、護衛戦闘機が一機もつかない艦隊は、十月二十四日から二十五日にかけて、来襲する延べ数百機の米空母機に思うがままにたたかれ、沈没、破損多数で戦力が半減の状態になった。

二十四日に来襲したのは司令長官ハルゼー大将の第三艦隊に所属する指揮官マーク・A・ミッチャー中将の第三十八機動部隊の空母機隊で、二十五日のは主としてマッカーサー上陸軍を護衛する第七艦隊に所属する指揮官T・L・スプレーグ少将の護衛空母群の空母機隊であった。

二十五日午後零時二十六分、南方のレイテ湾まであと五時間半ほどのところで、栗田はレイテ湾突入作戦の成算をうしない、反転してひきかえすことを決定した。

「レイテ湾の輸送船は避退して所在しない公算が大であり、米第七艦隊（旧式戦艦六、護衛空母十八をふくむ戦闘艦百五十七隻の米上陸軍護衛の艦隊）とタクロバン（レイテ島北東岸）の米航空部隊が堅固な邀撃《ようげき》（迎撃）体勢をととのえて待ちかまえている」という判断であった。

また、囮《おとり》艦隊としてフィリピン北東海面に進出していた機動部隊本隊（「瑞鶴」以下空母四隻が基幹）の指揮官小沢治三郎中将（第三艦隊司令長官）は、二十五日朝、栗田艦隊にとって最大の難敵であるハルゼー第三艦隊をフィリピン北東海面におびき出したとき、それを通報する電報を二回にわたって発信したが、栗田にはとどかなかったという。

敗残の栗田艦隊は、十月二十八日午後九時十分、むなしくブルネイに帰着した。

十月二十二日から二十七日にわたったフィリピン沖海戦（「捷一号」作戦）で、第三部隊の西村艦隊（栗田艦隊の別働隊。司令官西村祥治中将の第二戦隊が主力）をふくむ第一遊撃部隊全体の沈没艦は、「武蔵」「山城」「扶桑《ふそう》」の戦艦三、重巡六、軽巡一、駆逐艦六、計十六隻であった。

このほか指揮官志摩清英《しまきよひで》中将（三十九期）の第二遊撃部隊（司令長官志摩の第五艦隊が主力）、指揮官小沢治三郎中将の機動部隊本隊、司令官左近允尚正《さこんじゆうなおまさ》中将（四十期）の第十六戦隊（重巡「青葉」以下三隻）を加えて総合すると、沈没艦が戦艦三、正規空母（「瑞鶴」）一、軽空母三、重巡六、軽巡四、駆逐艦十一、計二十八隻におよんだ。

米側の沈没艦は、軽空母一、護衛空母二、駆逐艦二、護衛駆逐艦一、魚雷艇一、潜水艦一、計八隻であった。

ルソン島南西岸のマニラふきんに展開している指揮官福留繁中将（四十期）の第六基地航空部隊（司令長官福留の第二航空艦隊が主力）も、米艦隊の対空防御力にほとんど歯が立たず、可動航空兵力二百二十三機の大部分をすりつぶしていた。

基地航空部隊があげた戦果でめだったものは、第六基地航空部隊の彗星《すいせい》艦爆一機が、ルソン島東方海面で米第三十八機動部隊の軽空母「プリンストン」に二百五十キロ爆弾を命中させ、誘爆沈没させたことと、指揮官大西瀧治郎中将（福留と同期）の第五基地航空部隊（司令長官大西の第一航空艦隊が主力、しかし可動航空兵力は約四十機にすぎない）の爆装（二百五十キロ爆弾搭載）零戦神風《しんぷう》特別攻撃隊が、レイテ島東方海面でスプレーグ護衛空母群に体当たり攻撃を決行して、「セントロー」を誘爆沈没させたほか、護衛空母五隻を大・中破させたことであった。

その他の通常航空攻撃ははなはだ低調で、米海軍元帥（一九四四年十二月昇進）ニミッツは自著『太平洋海戦史』のなかで、こう述べている。

「飛来する日本機群を探知したシャーマン提督（第三十八機動部隊第三機動群指揮官フレデリック・C・シャーマン少将）は、攻撃を延期して、いそいで爆撃隊と雷撃隊を格納甲板にもどし、かきあつめた直衛戦闘機を舞い上がらせ、母艦群はスコールの中に身をかくした。

マリアナの七面鳥撃ちさながらに、百戦錬磨の米パイロットたちは、未熟な相手をかたっぱしから狙い撃ち、海中にたたき落とし……一機の日本機もシャーマン隊を攻撃できるほど近寄ったものはなかった」

「プリンストン」を沈没させた殊勲の彗星艦爆は、上空で単機ひそかに好機をうかがい、米戦闘機群が着艦しつつある「プリンストン」に雲間からダイブして、爆弾を投下命中させた熟練搭乗員操縦のものであった。

しかし、この彗星は、爆弾投下直後、対空火器によって撃墜され、しかもそれが未帰還五機中のどれかも不明になっている。

栗田艦隊が、味方航空部隊の米機動部隊に対する通常攻撃や特攻によって、被害が減少した事実はほとんどなかった。二百機の戦闘機隊が同艦隊を掩護したならば、栗田艦隊は有効な戦力を保持したままレイテ湾に突入し、米海陸軍に大打撃をあたえた可能性が大きかった。

また指揮官が「国のため」と称して部下に自殺の体当たり攻撃を命ずる特攻は、容認していいものではない。特攻作戦を発動し、特攻によって徹底抗戦をつづけようとした大西瀧治郎でさえ、

「こんなことをせねばならないということは、日本の作戦指導がいかにまずいか、ということを示しているんだよ。なあ、こりゃあね、統率の外道《げどう》だよ」と言っていた。

日本降伏が決定したとき、大西は戦没特攻隊員とその遺族に謝罪の遺書を書き、軍刀で作法どおり割腹し、自発的に十五時間余の苦痛に堪えて絶命したのである。

特攻隊戦没者たちは、みな家族思いの青年で、真摯な愛国者であり、悼ましい犠牲者であった。

特攻隊戦没者慰霊祭に参列する旧陸軍士官学校、海軍兵学校出身者は、あの戦争に関係した戦争指導者・作戦指導者にかわって戦没者に謝罪し、あのように無謀な戦争と統率の外道の特攻は二度とくりかえさせないと誓うべきではなかろうか。

指揮官栗田が十月二十四日午後九時四十五分に発した突入命令に従った第一遊撃部隊第三部隊の西村艦隊七隻（戦艦「山城」「扶桑」、重巡「最上《もがみ》」、駆逐艦四）は、十月二十五日午前二時すぎ、レイテ湾に南側から突入するために、ミンダナオ海からスリガオ海峡に北上した。

しかし、米第七艦隊水雷戦隊のレーダー雷撃と戦艦・巡洋艦のレーダー砲撃によって、「扶桑」、駆逐艦三、「山城」が撃沈され、「最上」と駆逐艦「時雨《しぐれ》」は大破されて戦闘不能となった。

西村艦隊につづき、スリガオ海峡に接近した第二遊撃部隊の志摩艦隊七隻（重巡「那智」「足柄《あしがら》」、軽巡「阿武隈」、駆逐艦四）は、はじめ一水戦司令官木村昌福が乗る「阿武隈」が左舷前部に米魚雷艇の魚雷一本をうけて落伍し、一時間後には部隊指揮官志摩清英中将が乗る「那智」が炎上中の「最上」に衝突して大破したため、スリガオ海峡突入を断念して反転した。

これらの戦いで、西村以下約四千人が戦死した。

志摩艦隊の戦列から脱落した「阿武隈」上の木村一水戦司令部は、午前七時十九分、旗艦を第十八駆逐隊の「霞」にうつした。

艦長花田卓夫大佐（四十八期）の「阿武隈」は、十月二十六日朝、護衛の駆逐艦「潮」とともにコロン湾（フィリピン・ルソン島南南西のミンドロ島西方のブスアンガ島）に向かう途中、米Ｂ24爆撃機の編隊に三波にわたる空襲をうけ、ミンダナオ海西方海面で沈没した。

「阿武隈」乗員を救助した「潮」は、十月二十七日午前九時十七分、コロン湾に入っていった。入港を待ちわびていた「霞」上の木村は「潮」に発光信号を送った。

「阿武隈乗員の奮闘を多とす　七生報国せよ」

知略の武将楠木正成《くすのきまさしげ》は、公卿宰相坊門清忠《ぼうもんきよただ》の策を敗北必至の愚策と知りつつ、建武《けんむ》三年（一三三六）五月二十五日、手勢七百人をひきいて兵庫の湊川《みなとがわ》（神戸）に出陣し、数万の足利尊氏《あしかがたかうじ》軍と戦い全滅した。

最後に弟正季《まさすえ》と刺しちがえて死ぬ直前、「七たび人間に生をうけて逆賊を滅ぼしたし」という正季の言を聞き、正成は、

「七たび人と生まれて逆賊を滅ぼさん」と答えたと伝えられている。

木村は、連合艦隊の「捷一号作戦」計画と、栗田の西村艦隊に対する命令を、敗北必至の愚策と思ったかもしれない。

第十九章　陸軍を大敗させた海軍の戦果発表

マニラに司令部をおく南西方面部隊指揮官三川軍一中将（南西方面艦隊司令長官）は、昭和十九年（一九四四）十月二十九日、レイテ増援輸送の「多号作戦」を発令した。

十月三十一日朝、指揮官木村の第二次輸送部隊はマニラ湾を出撃して、上陸地点のレイテ島北西岸オルモックに向かった。

警戒部隊が旗艦「霞」以下駆逐艦六隻、護衛部隊が「沖縄」以下海防艦四隻、第一船団が「能登丸」「香椎丸」「金華丸」「高津丸」の大型優速輸送船四隻である。

輸送船四隻は陸軍に所属し、陸軍の玉兵団（第一師団、東京）が分乗している。

警戒部隊中の「初霜」艦長酒匂《さかわ》雅三《まさぞう》少佐（六十二期）は、このとき体験した印象深いできごとを、昭和五十八年（一九八三）ごろ、ノンフィクション作家佐藤和正氏に、つぎのように語った。

「船団は十一月一日、夕方六時三十分、無事オルモックに到着した。この成功で、レイテの地上戦に明るい見通しが立った。陸軍は驚喜した。しかし、重火器、車両、弾薬、糧食などの揚搭（搭載物を陸揚げする）は時間がかかる。すべての揚搭に二十四時間かかる計画だった。

翌朝、六時半ごろから米陸軍P38戦闘機六機の空襲を皮切りに、B24爆撃機、P38戦闘機などが数機から五十機の編隊で反復来襲し、夕方五時ごろまで執拗に攻撃をくりかえしてきた。

これに対して駆逐艦六隻と海防艦四隻は、東西に並ぶ四隻の輸送船を中心に、ぐるぐるまわりながら濃密な煙幕を張りめぐらして隠蔽した。この煙幕は効を奏した。

しかし、午後一時ごろ、いちばん西の端にいた『能登丸』（七千百九十一トン）が煙幕からはずれて、姿を見せてしまった。すかさずB24がこれを発見、爆撃を加えてきた。ついに『能登丸』は至近弾を受けて浸水、三十分後の午後一時三十五分ごろ沈没した。

他の輸送船三隻は、煙幕で有効に遮断されて被害はなかった。

このとき、木村司令官はちょっとちがうな、並の司令官じゃないなと思ったことがあるんです。われわれ駆逐艦に、

『お前たちは船団を護衛してさきにマニラへ帰れ、本職は後始末をしていく』という意味のことを手旗信号で言ってきたんです。後始末といえば、沈んだ『能登丸』の乗員を救助する以外にありません。まだ空襲がつづき危ないのに、『霞』一艦だけ残るというものだから、私は『俺はこのまま帰っていいのかな』と思いました。これには参りましたよ、相当な司令官だと思いました。ふつうの司令官ですと、部下のフネに後始末を命令して、自分はさきに帰っていくものなんですがね」（佐藤和正著『続篇・艦長たちの太平洋戦争』）

十一月一日付で、入院静養の三川中将と交替した新指揮官大川内《おおこうち》伝七《でんしち》中将（三十七期）の南西方面部隊司令部は、十一月四日、第三次以降の「多号作戦実施計画」を発令した。

第二水雷戦隊司令官早川幹夫少将（四十四期）が、低速の第二船団「せれべす丸」以下五隻で陸軍の泉兵団（第二十六師団、名古屋）の一部ほかをマニラからオルモックに輸送する第三次輸送部隊指揮官である。

一水戦司令官木村は、優速の第六船団「香椎丸」以下三隻で、泉兵団主力をマニラからオルモックに輸送する第四次輸送部隊指揮官である。

木村が乗る「霞」以下警戒部隊の駆逐艦六隻と、「沖縄」以下護衛部隊の海防艦四隻、「香椎丸」以下第六船団の輸送船三隻で編成された第四次輸送部隊は、第三次輸送部隊にさきんじて、十一月八日午前十時三十一分、マニラ湾を出撃してオルモックに向かった。

輸送船三隻には陸軍の泉兵団主力部隊が乗船している。

十一月九日午後五時十五分ごろ、オルモック湾口に達した木村輸送部隊は、米P38戦闘機二十機とB25爆撃機五機の超低空爆撃をうけ、三輸送船とも至近弾で撃破され、合計七十人ほどの死傷者を出した。しかし三輸送船は、午後六時十五分、予定どおり指定錨地に入泊した。

ところが、「香椎丸」以下三隻に乗っている泉兵団主力部隊とその兵器・弾薬・糧食などを揚陸するために、オルモック海岸からやってくるはずのレイテ陸軍部隊の大発二十数隻が姿を現わさず、午後十一時までに到着したのは二隻にすぎなかった。

やむなく木村は、十一月十日午前三時十五分、

「あらゆる手段を尽くして乗員（乗船陸軍将兵）を上陸せしめよ。部隊揚陸の（終了）時機をもって荷役をうちきり出港す」と下令し、輸送部隊の全短艇、筏、泛水《はんすい》（浮かぶ）可能の故障大発（曳航または曳索で陸上からひっぱる）などでの急速揚陸作業をすすめた。海防艦三隻はそれぞれ輸送船三隻に横づけして部隊を移乗させ、オルモック桟橋に運び、揚陸作業をくりかえした。

こうして木村輸送部隊は、泉兵団主力の人員だけは、手持ち兵器携行で、十月十日午前十時三十分までに、全員を揚陸した。しかし重火器・弾薬・糧食などは、一部分しか揚陸することができなかった。

午前十時三十分、木村は揚陸作業を打ち切り、最初に輸送船三隻と、海防艦四隻に出港を命じた。

予定どおりの揚陸ができなかったことについて、陸軍の第三十五軍参謀小幡一喜陸軍大佐は、

「揚搭（揚陸とおなじ）失敗の原因は、……準備していた大発が使用不能に陥ったことであった。第二十六師団のためには二十余隻の準備があった。この大発は空襲を避けるために砂浜に秘匿し、船団入港の直前に出動の予定であった。不幸にも八日の大暴風雨（台風）のために砂に埋もれて使用不能に陥った。……」と、弁明している。

午前十一時三十分ごろ、オルモック湾口を出た木村輸送部隊は、米B25爆撃機約三十機の超低空爆撃をうけ、「高津丸」は直撃爆弾三発以上で轟沈し、全員が戦死した。「香椎丸」

は直撃爆弾五発で炎上、停止し、午後零時三分、誘爆轟沈した。しかし乗員の大半は警戒部隊が救助した。海防艦「十一号」は被爆停止し、乗員救助終了後の午後一時三十分、味方駆逐艦によって砲撃処分された。海防艦「占守《しむしゅ》」と「十三号」は至近弾で軽少の損傷を負った。上空には、味方の戦闘機が一機もいなかった。

木村は、一隻残った「金華丸」と護衛部隊の海防艦「沖縄」「占守」、警戒部隊の駆逐艦「若月」「潮」「秋霜」の六隻を護衛部隊指揮官の指揮で先行させ、自分は「霞」と「朝霜」「長波」をひきいて救助作業をすすめた。一水戦通信参謀として「霞」に乗り、木村を補佐していた星野清三郎少佐（昭和十九年三月四日着任）は、木村のこの行為を、

「この時点で部隊指揮官として最も大事なことは、任務を終えた艦船をできるだけ早く危険海面から離れさせ無事帰投させることと、損傷艦船の乗員を残らず救助収容することで、後者はより長く危険海面に留まることを意味した。木村は、水の低きに流れるような自然さで自ら残り、引き揚げの殿《しんが》りをつとめた」と、述べている（『ヒゲの提督　木村昌福伝（続）』）。

沈没損傷艦船乗員の救助作業をおえた木村指揮の駆逐艦三隻は、先行部隊を追った。

木村輸送部隊本隊の駆逐艦「霞」「潮」「秋霜」「初春」「竹」と、海防艦「沖縄」「占守」「十三号」、輸送船「金華丸」は、十一月十一日夜、マニラに帰着した。「初春」「竹」は、帰る途中、オルモックに向かう指揮官早川の第三次輸送部隊とゆきちがうとき、木村部隊の「朝霜」「長波」「若月」と入れかえたものである。

第四次レイテ増援輸送はおわった。しかし大発が二隻しかなくて、予定どおりに兵器・弾

薬・糧食を揚陸できなかったこと、護衛戦闘機隊がいないために、優速輸送船二隻、海防艦一隻、さらにすくなからぬ人員をうしなったことが、木村にはやりきれなかった。

木村はメモに、「大発準備無ク無念」とみじかく書いているが、キスカ撤収のときの陸上部隊の周到な準備と今回をくらべた悲憤がこもっている。

第四次輸送からマニラに帰ってまもなく、上司を批判するようなことは口にしない木村が、上陸したとき、「艦隊司令部は毛が三本足りない」とひとりごとを言ったのを、星野は耳にした。よほどくやしかったのであろう。

この艦隊司令部は、一水戦が所属する第五艦隊ではなくて、マニラ南東八キロのマッキンレーに司令部をおく陸軍の第十四方面軍（軍司令官山下奉文《ともゆき》陸軍大将。作戦地域はフィリピン全域で、第三十五軍はこの方面軍に所属する）司令部とも連絡交渉が多く、第三次以降の多号作戦計画を策定・指導した南西方面艦隊（南西方面部隊の主隊）である。

二水戦司令官早川が指揮する第三次輸送部隊は、十一月九日午前三時、マニラを出撃してオルモックに向かった。

十一月十日午後九時ごろ、レイテ島北西のマスバテ島北西海面で、マニラに帰る木村部隊から「朝霜」「長波」「若月」をうけ入れた早川部隊は、駆逐艦「島風」（旗艦）、「浜波」「若月」「朝霜」「長波」の五隻と、「三十号」掃海艇一隻、第二船団の低速輸送船四隻（「せれべす丸」は途中座礁で除外）、計十隻となり、十一月十一日午前八時三十分ごろ、七・五ノット（約十三・九キロ）で、のろのろオルモック湾口にちかづいた。そのとき、左舷東方から米空母機の大群が来襲し、早川輸送部隊十隻を全滅させるいきおいで銃爆撃を加えてきた。

米空母機群は、午前十一時四十分ごろまで、延べ三百四十七機（米軍資料によると、シャーマン少将が臨時に指揮していた第三十八機動部隊中のモンゴメリー、シャーマン、デヴィソンの三個機動群の空母機）で攻撃をくりかえし、旗艦「島風」以下九隻がオルモック泊地の直前で撃沈された。

「朝霜」一隻だけが運よく避退できて、十一月十二日、マニラに帰り着いた。

「島風」上の司令官早川は直撃爆弾で戦死し、キスカ撤収作戦時「阿武隈」航海長で価値ある功績をあげた折笠重康少佐は、「若月」砲術長で戦死した。

早川輸送部隊の悲劇は、前年の昭和十八年三月三日、三水戦司令官木村が指揮したラエ輸送部隊の駆逐艦四隻、輸送船八隻が、米豪連合航空部隊に壊滅された悲劇に似ている。それもこれも、元をただせば、軍令部、連合艦隊の作戦方針・計画・指導から起こったものである。

軍令部、連合艦隊が「多号作戦」を決定したイキサツは、つぎのようであった。

ハルゼー艦隊の第三十八機動部隊は、一ヵ月ほどまえの十月十二日から十四日にかけ、台湾の日本軍航空基地に大空襲をかけた。

日本海陸軍合同航空部隊は、十月十二日から十六日まで、総力をあげてこれに反撃した。

ところが、十月十七日午前八時ごろ、米艦隊に護衛された米攻略部隊が、レイテ湾東入口のスルアン島に上陸し、占領した。レイテ上陸の前ぶれであった。

十八日には、米大空母機群がルソン島北部とマニラ周辺の各日本海陸軍航空基地を空襲した。

この、十二、三日ごろとすこしもかかわらない米機動部隊の活動状況にもかかわらず、大本営海軍部（軍令部が主体）は、十月十九日午後六時、米機動部隊が壊滅し、戦局が逆転したかのような、台湾沖航空戦の総合戦果を発表した。それは前記どおり針小棒大な誇大戦果発表であった。

そしてこの大本営海軍部の発表が、日本陸海軍全体に利敵の致命的大禍をもたらしたのである。

軍令部の敵情判断を信じた参謀本部（大本営陸軍部の主体）は情勢有利と見て、十月十八日、にわかに作戦方針の変更を決定し、マニラに総司令部をおく南方軍総司令官寺内寿一《ひさいち》元帥と、マニラ近郊のマッキンレーに司令部をおく第十四方面軍司令官山下奉文《ともゆき》大将に、それを指示した。

従来の作戦方針は、フィリピンでの地上決戦はルソン島に限定するというものであった。それを、ルソン島の山下兵団から、中核とされている二個師団半（第一師団〈玉兵団〉、第二十六師団〈泉兵団〉、第六十八旅団〈独立混成旅団〉）の兵力をひきぬいてレイテ島に増派し、レイテ島で米上陸軍と決戦して、これを殲滅するという方針に変更したのである。

ときの海軍側軍令部の主要幹部は、総長及川古志郎大将、次長伊藤整一中将、第一（作戦）部長中沢佑《たすく》少将、第一（作戦）課長山本親雄《ちかお》少将（四十六期）、航空主務参謀源田実《げんだみのる》大佐

（五十二期）であった。参謀本部側は、総長梅津《うめづ》美治郎《よしじろう》大将、次長秦彦三郎《はたひこさぶろう》中将、第一（作戦）部長真田穣一郎《さなだじょういちろう》少将、第二（作戦）課長服部卓四郎《はっとりたくしろう》大佐、「捷一号」作戦担当参謀瀬島龍三少佐である。

十四方面軍司令官山下は、台湾沖航空戦の実情を鹿児島県鹿屋《かのや》の海軍航空基地に行って調査した情報参謀堀栄三少佐の、

「この海軍戦果は信用できない。いかに多く考えても撃沈した米艦艇は二、三隻を出ません。それも空母かどうか不明です」という報告を真実と判断して、大本営陸軍部の作戦方針変更に反対した。

しかし上部の寺内南方軍総司令部は聞き入れなかった。

東京の大本営陸海軍部は、フィリピン沖海戦がほぼ終わった十月二十六日、情勢を検討して、

「連合艦隊から報告のフィリピン沖海戦の戦果は空母七隻撃沈破（軽空母『プリンストン』、護衛空母『ガンビアベイ』『セントロー』撃沈は事実）であり、さきの台湾沖航空戦のそれ（大本営海軍部発表のもの）を加えれば、米高速空母機動部隊に相当の打撃をあたえた（実は『プリンストン』以外の十六隻はすべて健在）」という判断を持った。

海軍部は、十月二十六日現在での米高速機動部隊の残存兵力を、正規空母三、巡改（巡洋艦改造、いわゆる軽）空母三、特（護衛）空母十隻以上、戦艦十隻前後と、陸軍部に説明した。

陸軍部はそれをうけ入れ、当面の情勢を、

「敵機動部隊がほとんど壊滅的打撃をうけたことは疑いなく、目下における戦勢は大局より

見て我に有利にして、現況は寸毫の疑念なく全戦力を集中すべきなり」と判断した。

こうして大本営陸海軍部は、第一、第二十六師団、第六十八旅団を急速にレイテに増援して、いっきょに米上陸部隊を殲滅するというレイテ地上決戦方針を再確認したのである。

大本営の作戦方針にもとづいて、豊田連合艦隊司令長官は、十月二十七日午後五時十五分、「連合艦隊は陸軍と協同、第一、第二十六師団および第六十八旅団を基幹とする兵力を速やかにレイテ島方面に輸送、一挙に敵を撃滅せんとす」と発令した。

台湾沖航空戦とフィリピン沖海戦の戦果の真相を知れば、大本営陸海軍部はこのような敗北必至の方針を決定する誤りを犯さなかったにちがいない。

ちなみに、連合艦隊は生還搭乗員の報告によって戦果を判定し、軍令部はそれをほとんど鵜呑みにしていた。

米海軍は戦果確認機が撮影した航空写真によって戦果を判定することを原則としていた。

連合艦隊と軍令部の戦果誤断の責任は、言語に絶するくらい重大であった。


レイテ地上決戦に参戦した日米両軍の兵力、戦死者は、『戦史叢書・捷号陸軍作戦〈1〉レイテ決戦」』（防衛庁防衛研修所戦史室著）によると、つぎのようである。

レイテ島の米軍の兵力は、最大時二十五万七千七百六十六人であったが、戦死者は三千五百人余（ただしこれは陸軍のみ）である。

日本軍の兵力は、レイテ在来軍と派遣軍を合わせて概算七万五千二百人であった。

昭和三十二年（一九五七）、厚生省援護局は、レイテ島での日本軍戦死者を七万九千五百六十一人（東部レイテ二万七百三十四人、西部レイテ五万八千八百二十七人）と算出した。この数は正確とはいえないようだが、それにしても七万数千人もの将兵が全滅同然に戦死したのである。

第二十章　一人残らず救助する

ルソン島南南西のミンドロ島南西岸マンガリンに、昭和十九年（一九四四）十二月十五日早朝、米攻略部隊一万二千人が上陸をはじめた。

ルソン島上陸作戦にさきだって、ミンドロ島の中心サンホセ地域に航空基地を、その南方のマンガリン湾に水上機基地を持つことが、米陸海軍の目的であった。

司令長官キンケード中将の有力な第七艦隊が攻略部隊を援護していた。

大川内南西方面部隊指揮官は、十二月二十日、つぎの電令を発した。

「第二遊撃部隊指揮官（志摩五艦隊司令長官）は左によりサンホセ突入作戦を実施すべし。

　指揮官　二水戦司令官
　兵力　巡洋艦一ないし二隻、駆逐艦四ないし六隻
　突入期日　十二月二十二日以降なるべくすみやかに夜半突入……」

二水戦司令官は、戦死した早川少将にかわって、十一月二十日に就任した木村昌福少将である。すでに一水戦は解隊され、それに所属する隊、艦は二水戦に編入されていた。

二十二日、大川内はこの作戦を「挺身部隊」による「礼号作戦と称す」と発令した。

「挺身部隊」指揮官木村は、南部仏印（現ベトナム）南東岸カムラン湾に碇泊する二水戦旗艦の軽巡「大淀」上で、十一月二十三日午前十一時三十二分、「礼号作戦実施要領」を発令した。

『一　軍隊区分（△は旗艦、▲は司令駆逐艦）

部隊区分		指揮官	兵力
第一挺身隊	△	二水戦司令官	駆逐艦「霞」
	一番隊	二駆逐隊司令	▲「清霜」「朝霜」
	二番隊	「榧《かや》」艦長	「榧」「杉」「樫」
第二挺身隊		「足柄」艦長	重巡「足柄」、軽巡「大淀」

二　突入日時　第一案　×日二三〇〇（第二案は省略）

三　行動概要

二十四日〇九〇〇、カムラン湾出撃、二十五日一一〇〇A点、二十六日（×日）〇七〇〇B点、一三〇〇C点、二一〇〇D点、二三〇〇サンホセ泊地突入（ABCDの各点は途中の変針予定地点）、戦闘約一時間、復航急速西方離脱カムラン湾直行帰投

四　攻撃目標　敵海上兵力、上陸用舟艇および陸上（物質）集積所』

この日、挺身部隊各艦は、給油艦「日栄丸」から燃料補給をうけ、午後四時から八時まで

「大淀」で作戦うち合わせをおこなった。

十二月二十四日午前八時、指揮官木村は、旗艦を「大淀」から、北方部隊の一水戦以来慣れ親しんできた艦長山名寛雄中佐（五十五期）の駆逐艦「霞」にうつした。「霞」以下「清霜」「朝霜」「榧《かや》」「杉」「樫」の駆逐艦六隻、重巡「足柄」、軽巡「大淀」、計八隻の挺身部隊は、午前九時、カムラン湾を出撃し、速力十八ノット（約三十三キロ）、針路北東で、東方七百カイリ（約千二百九十五キロ）余のミンドロ島サンホセ沖に向かった。

二十六日未明、B点ふきんに達した部隊は南南東に変針し、ついで午前十一時三十分、C点を経てミンドロ島北西部へ向かうために、針路を東とした。

まもなく、マニラの南西方面部隊司令部から、参謀長名で、

「飛行偵察の結果、本日ミンドロ島方面敵艦船すくなきがごときも、……予定どおり本夜突入を可とみとむ」という電報がきた。

連合艦隊と南西方面部隊は、木村挺身部隊がミンドロ島に突入すれば、戦果の多少にかかわらず米軍は警戒心をつよめ、多少でもルソン島上陸作戦をおくらせるだろうと考えたらしい。

しかし実際には、二週間も経たないうちに、米第七艦隊と米陸軍航空部隊に援護された米ルソン島攻略部隊の輸送船団がレイテ島を出撃し、昭和二十年一月八日、ルソン島北西岸のリンガエン湾に進入する。そこで護衛の駆逐艦と軽巡が日本の特攻機の体当たり攻撃をうけ、かなりの損害を出すが、攻略部隊はほとんど抵抗をうけずに上陸し、一月中旬には、クラーク航空基地、マニラに向かって南下を開始するのである。

「霞」上の木村部隊司令部は、Ｃ点通過の十二月二十六日午後一時ごろ、味方基地航空部隊の偵察速報などによって、敵情を、「マンガリン湾に中型船四、小型舟艇五十、サンホセ沖に中型船二、小型舟艇二十、南飛行場に在地機五十、北飛行場に十五ていど」と判断した。

午後一時二十分、木村は挺身部隊に、

「部隊は予定どおり突入、所在の敵兵力を殲滅するに決す」と信令（信号命令）を発した。

午後四時二十五分、「足柄」が米陸軍Ｂ24爆撃機一機を発見した。Ｂ24は、

「……戦艦一、巡洋艦一、駆逐艦六、針路九十度、速力二十八ノット」と平文で発見報告電を打った。「足柄」を戦艦とし、速力を過大視しているが、ほかは当たっている。

奇襲突入の可能性が消えたので、木村挺身部隊司令部は、午後五時九分、南西方面部隊ほか関係各部あてに、

「強行突入を期し、……予定どおり突入す」と打電した。

部隊内各隊艦には、五時三十分、夜間攻撃の腹案を伝えた。

三分後、薄暮索敵と敵情確認のために「大淀」の水偵一機を発進させた。

五時三十五分、Ｂ25爆撃機八機とＰ38戦闘機数機が出現した。しかし、これらは遠方で触接をつづけ、ちかづいてはこなかった。

午後六時、残りの「大淀」水偵一機も索敵に発進させ、挺身部隊は「第二警戒航行序列」の陣形をとった。「足柄」「大淀」が前後二千メートルの間隔で中央を進み、左側千五百メートルを「霞」「清霜」「朝霜」が縦になって進み、右側千五百メートルを「榧」「杉」「樫」が縦になって進むのである。

六時三十九分、日没になったが、空は晴れ、月齢も十一で、視界はいい。

挺身部隊は、午後八時三十分、突入針路百四十五度（南東十度南）に変針、速力二十ノットでサンホセ沖に進撃した。予定より一時間ちかく早い。

索敵任務をあたえた「大淀」機二機が、八時五十分ごろ戦場を去り、マニラ湾のカナカオ基地に向かった。

九時二分、「大淀」がB24に爆撃され、爆弾二発を命中された。幸い二発とも不発弾で、被害はわずかであった。

司令白石長義大佐（四十九期）、艦長梶本顗《しずか》中佐（五十六期）の第二駆逐隊司令駆逐艦「清霜」は、九時十四分、左前方から来襲するB25に対して、左に急回頭しながら射撃をはじめ、まもなくこれを撃墜した。しかし九時十五分、撃墜したB25が投下していた二百キロていどの爆弾が左舷中部に命中し、缶、主機械（推進器）が破壊され、数分後に航行不能になった。

挺身部隊は落伍した「清霜」をそのままにして、サンホセ沖に向かい進撃した。

午後九時二十四分、被弾敵機が「足柄」の左舷中央に衝突して、乗員数十人が殺傷された。

二番隊一番艦「榧《かや》」は、九時二十分にB24一機撃墜を確認したが、九時三十分、後部マストにP38戦闘機らしい一機が衝突して、マストが根本から切断された。

午後十時三分、五十度（北東五度東）方向に敵大型魚雷艇を発見した「足柄」「大淀」は、これに照明弾射撃を加え、午後十時十分に出現した四隻に対しては、「足柄」「大淀」「霞」が照明弾射撃を浴びせ、さらに飛来した味方水上爆撃機隊も協力して、その一隻を炎上させた。

マニラ湾のカナカオ基地を発進した「足柄」「羽黒」（五艦隊の同形重巡）の水偵各一機が、このサンホセ北西沖の戦場に到着したのは、十時十分ごろであった。

木村はここで、挺身部隊の陣形を「霞」「朝霜」「足柄」「大淀」「榧」「杉」「樫」順の単縦陣（第三戦闘序列）にかえ、十時二十一分、「針路百四十度（ミンドロ島海岸と平行の南東五度南）、魚雷戦用意」と命じた。

十時四十分、サンホセ南西沖を南進する「霞」上の木村は、「敵水上艦艇は魚雷艇のほかはいない。輸送船団はマンガリン湾内か、あるいは南方に避退中かもしれない。陸上砲撃をやるべきだ」と判断して、十時四十五分、「反転して『マ一』（陸上目標の略称）を砲撃す」と令し、左回頭で部隊を反転させた。ついで十時五十分、「陸上砲撃用意」を下令し、「足柄」「羽黒」の両機には「マ一」の照明を命じた。このころも敵機数機が挺身部隊周辺を飛びまわり、「杉」が至近爆弾をうけ、砲戦、魚雷戦の指揮装置を使用不能にされた。

まもなく「足柄」「羽黒」の両機が陸上の目標上空に吊光《ちょうこう》弾を投下し、周辺が明るくなった。

十時五十二分、「霞」艦橋から右前方（東方）約十一カイリ（約二十キロ）のマンガリン湾泊地に敵船らしい黒いものが見えてきた。そこでその方向にちかづき、確認することにした。

黒いものを輸送船数隻とみとめた「足柄」「大淀」は、十一時三分、距離約一万七千メートルで照明弾射撃を開始した。

先頭を進む「霞」上の木村は、十一時五分、「商船四隻マンガリン湾」と各艦に知らせ、

「霞」は十一時十分、距離八千五百メートルほどから魚雷四本を発射し、左回頭で針路を北北西に転じた。六分後、命中の水柱一本をみとめた。ついでまた左回頭で南南東に変針した。

十一時二十三分、木村は、

「商船砲撃をやめ陸上を砲撃す。商船はぜんぶ撃沈破す」と指示し、二十八分、

「各隊反転、第一戦闘序列（水雷戦隊、巡洋艦戦隊の順）に占位すべし」と下令した。

挺身部隊は右回頭をしてサンホセ沖に北進し、十一時四十五分から東方（右舷側）のブグサンガ河口物資集積所を砲撃した。

十二月二十七日午前零時四分、

「今より帰途につく」と下令した木村は、零時六分、幕僚らに、

「清霜に向かう」と、みずからその救助に当たる決意を明示し、つづいて零時十四分、部隊全隊艦にあて、信令を発した。

「第二挺身隊（巡洋艦戦隊）および二一番隊（榧、杉、樫）は足柄艦長指揮し、C点に向かえ」

零時十分には、南西方面部隊ほか関係各部に、

「攻撃をやめ帰途につく。第二挺身隊および榧、杉、樫はC点に向かわしむ。爾余《じょ》を率い清霜救難に向かう」と報告通報電を打った。

一水戦砲術参謀板谷は、「清霜救助」の命令を聞いたときの感想を、

「清霜の救助をどの艦にしようかと考えていたら、間髪をいれない決定でさすがと思ったが、こんどは空襲にやられるなあと思った」と、のちに通信参謀星野に語った。星野自身は、

「事前の作戦うち合わせでは、被害艦が出ても救助しないという諒解――自分だけの思いこ

みだったかもしれないが――だったのに、水の低きにつくような自然さで司令官自ら救助に当たるとされたので、そのときは非常な感動を覚えた。

榧以下の三艦は戦時急造型で、船体、兵器、機関にも弱点をかかえ、航続力に余裕がなく、カムラン湾への帰投も特別の配慮が必要であったし、足柄、大淀とおなじくこんどの作戦で臨時に借りてきた艦であった。

そこで足柄、大淀と榧以下三隻を先行させ、二水戦固有の霞、朝霜だけで清霜救助をやろうという配慮も働いているように思われたのである」と述べている。

午前零時二十分、「足柄」「大淀」の両機は戦場をはなれ、カナカオ基地に向かった。

航行不能になって落伍した「清霜」は、搭載魚雷を投棄、防火防水につとめたが、二十六日午後十一時十四分、火災が艦体をおおい、「総員退去用意」が下令された。

十一時十五分、大爆発が発生し、乗員たちは海に投げ出されたり、飛びこんだりした。「清霜」は、みるみるうちに艦首を空に突き上げて海中に沈んでいった。

海面に浮かんだ乗員たちは、大沢勇治掌内務長の指示で投下された応急用木材など多数の浮流物につかまり、体力消耗を防ぐことができた。

最後の大爆発が、「清霜」のとどめを刺したのだが、それは誰もわからなかったが、米魚雷艇の魚雷一本が命中したものだったようである。

『ニミッツの太平洋海戦史』（前記）にはこう書かれている。

「……十二月二十六日から二十七日にかけての真夜中、日本水上部隊はミンドロ沖に達し、短時間飛行場を砲撃したが、空中攻撃をうけて後退した。避退運動中、駆逐艦一隻が魚雷艇の放った魚雷射線によって沈められた」

このうち「空中攻撃をうけて後退した。避退運動中、駆逐艦一隻が……」というのは事実とちがうが、「駆逐艦一隻が魚雷艇の放った魚雷射線によって沈められた」ということは事実にちがいない（『戦史叢書『海軍捷号作戦2』『ヒゲの提督　木村昌福伝(続)』『続篇・艦長たちの太平洋戦争』『ニミッツの太平洋海戦史』、元「清霜」砲術長門脇尚一大尉〈六十九期〉談、参照）。

「霞」と「朝霜」は左右に間隔をひらき、「清霜」の遭難地点に向かって北上した。

十二月二十七日午前零時四十七分、右前方の海岸側から米魚雷艇隊が先行している「足柄」隊の方向にいそぐのを発見した「霞」は、「足柄」隊に警報を発した。直後の四十八分、「朝霜」は左六十度（艦首から）三キロにカッター（短艇）一隻を発見して、そこに向かった。

一時五分、「霞」から「朝霜」に電話がかかり、「朝霜」は、

「カッターのみ救助せり」とこたえた。カッターには「清霜」の機関長以下十一人が乗っていた。

そのとき、B25一機が、両艦に気づかずに飛び去ってゆくのが見えた。

この海面で、午前一時十五分、「朝霜」と「霞」は機械を停止し、カッターをおろして、午前二時三十四分まで「一人の見落としもないように」、「清霜」乗員の救助作業をつづけた。

通信参謀星野は、著書で、このときの木村をつぎのように書いている。

「『いつ敵機がくるかとハラハラしているとき、司令官は自ら眼鏡（見張用大双眼鏡）について生存者の発見につとめられ、〝もういないか〟とくまなく海面を捜して、やっと引き揚げを命令された』と、板谷参謀は回想している。両艦艦長も同じ感じを持ったにちがいない。

『あの夜、敵戦闘機に空から脅かされている中で、〝両舷停止、後進一杯〟という号令を、私は砲術指揮所で聞いたとき、偉い司令官だとつくづく舌を巻きました』とは、霞砲術長三浦節中尉（七十期）の回想である。

『この作戦で感服しましたのは、清霜乗員救助に司令官自ら当たられた部下思いの温かいお心でした。敵魚雷艇が無線電話で連絡しながら迫ってくる中を、朝霜とともに一人も残さないよう入念に救助をされたお心には感服したものでした。


長たる者はいかにあるべきか、折にふれ、戦時中の司令官の行動を思い浮かべております』と、隊主計長吉江正信主計中尉は回想している」

「霞」に救助された門脇「清霜」砲術長は、

「われわれの生涯で最も死に近い時点にあったこの時の回想は、木村司令官の恩情とその司令官の下で戦うことになった運命に対する感謝に帰着するのが常である」と述べている。


最終調査による救助人員は二百五十八人となり、戦死・行方不明者は八十四人となった。

行方不明者のうち五人は、米魚雷艇に救助されたことが、戦後わかった。


救助完了を確認した木村は、午前二時三十五分、両艦をひきいて、針路二百八十度（西十度北）、三十ノット（約五十六キロ）で先行する「足柄」隊を追った。

「足柄隊」は、午前一時、「霞」が発見して警報を送ってきた米魚雷艇二隻を照射砲撃した。敵二隻はたちまち反撃を断念してひきかえした。

十二月十七日午前九時、木村直率の「霞」隊は、サンホセ西方約百九十カイリ（約三百五十二キロ）、カムラン湾まで直距離約九百六十キロの地点で「足柄」隊に追いつき、合同した。しかし、まだ米中型機の攻撃圏内である。

午後八時、挺身部隊は三百十度（北西五度西）に変針し、午後十時七分から十一時二十五分まで、米潜水艦に対する戦いをくりひろげた。しかし、双方被害なくおわった。そこへ米B24爆撃機が来襲し、十一時二十九分、「朝霜」が爆撃されたが、これも回避運動で被害はなかった。

十二月二十八日に入ってすぐの午前零時十五分、敵潜水艦のレーダー波が探知され、零時五十九分から一時三十五分までは敵機発見の報告がつづいた。その間の一時二十二分、被害はなかったが「樫」も爆撃をうけた。

ここで木村は、航続力に余裕のない「榧」以下の二番隊三隻は経済速力で走り（燃料節約のため）、二十九日にカムラン湾に到着すること、「霞」「朝霜」「足柄」「大淀」は二十二ノット（約四十一キロ）で先行して、二十八日日没までに到着することを決断した。

午前二時三十分、木村は部隊全隊艦にあて、「一番隊および第二挺身隊はカムラン湾に先行す　爾余は榧艦長指揮しカムラン湾に帰投せよ」と信号命令を発し、木村がひきいる「霞」以下四隻は二十二ノットに増速して、針路二百五十五度（西十五度南）でカムラン湾に向かった。艦長岩淵悟郎少佐（六十一期）の「榧」以下三隻は、二十ノット以下の経済速力でカムラン湾に向かった。

木村直率の「霞」「足柄」「大淀」「朝霜」は、十二月二十八日午後五時二十五分、カムラン湾口の百度約四キロで潜望鏡を発見し、緊急一斉回頭をおこない、これを回避した。同時に「霞」「朝霜」が米潜水艦に突進し、爆雷攻撃をつづけ、その反撃を封じた。

「霞」以下四隻は、午後六時三十分、カムラン湾に無事入泊した。

午後八時、木村は旗艦を「霞」から「大淀」にうつし、二番隊の帰りを待つことにした。

「榧」以下三隻の二番隊は、二十九日午前九時二分から十時四十七分まで、カムラン湾外で、各艦カッターをおろして、沈没した給糧艦「野崎」（前日午前十一時ごろ、カムラン湾口北方で、米潜水艦に雷撃された）の乗員救助をつづけ、二十数人を救い上げた。

予定がすこしおくれたが、二番隊は、午前十一時三十分、無事にカムラン湾に帰投した。

各艦の燃料残量はほとんど底をつきそうになっていた。

木村は午前十一時三十五分、

「榧、杉、樫カムラン着」を関係各部に報告、通報し、「礼号作戦」を完了した。

ついで「榧」「杉」「樫」には、つぎの感謝電報を送った。

「諸子の勇戦奮闘により今次作戦の目的を達し得たるは本職の最も欣快とするところなり茲《ここ》に諸士の敢闘を多とす　戦死者の英霊に対しては深く哀悼の意を表す　緊迫せる戦局に鑑《かんが》み今後の健闘と武運長久を祈る」

連合艦隊参謀長草鹿は、終戦後、この作戦についてつぎのように回想している。

「その時の指揮官は私と同期の盟友木村昌福少将で、……大胆果敢な突入により、所在敵艦船をほとんど掃滅し、わが方はわずか駆逐艦一隻を失ったのみで、当時沈滞を免れなかったわが戦局に一味の涼風を送ったのである。……しかし、この戦果も大挙押し寄せる敵攻略の大波に対してはついになんらの影響を与えることもできなかった」

この作戦も大本営海軍部と連合艦隊が計画指導したものだが、前線の将兵に苦闘と犠牲を強いただけで得たものはほとんどなかった、と草鹿もみとめないわけにはいかなかったようである。

米海軍は一兵の人命も尊重し、いちはやく情報を収集し、新兵器・新戦法を開発し、防御力を強め、確実な勝算を持って戦いをすすめていた。

大本営海軍部と連合艦隊は、前線将兵の人命を軽視し、とくにミッドウェー海戦からは正鵠を得ていない状況判断で兵を動かし、戦い敗れれば戦場の将兵を見殺しにすることが多かった。

日本海軍が米海軍に勝てる道理はなかった。

木村は十二月三十一日、二水戦旗艦「大淀」上で、メモ手帳に書いた。

「三十一日

一路南下、明元旦は昭南（シンガポールの日本名）に入港せむとす　本年は元旦極北幌筵、歳末は南溟に、此の間幾多戦友僚艦を失ひつつ抵抗を続けたるも一退又一退未だ曙光見えず

明年更に堅忍持久不撓不屈頑張らむ

願はくは神明鑑を垂れ給へ
　昭和十九年大晦日　木村昌徳」（片カナを平がなに、鑒を鑑に書きかえた）

最後の「神明鑑を垂れ給へ」は、「天地の神々よ、判断をお示し下さい」という意味であろう。

第二遊撃部隊は、昭和二十年（一九四五）元旦、シンガポール港外に到着した。

一月三日、木村は同日付で、「軍令部出仕」の転任辞令をうけとった。木村の後任の二水戦司令官は、元第一機動艦隊参謀長、前第一航空戦隊司令官の古《こ》村《むら》啓蔵《けいぞう》少将（四十五期）で、一月四日、ふたたび二水戦旗艦になっていた「霞」に着任し、木村は古村に申し継ぎをして退隊した。

第五艦隊航空参謀大野義高少佐（五十九期）につき添われた木村は、飛行艇便で、昭和二十年（一九四五）一月二十一日午後、水上機基地の横浜航空隊に到着した。

一月三十一日、木村は宮中で昭和天皇に拝謁し、賢所《かしこどころ》に参拝して、木盃一組と菊の紋菓、祝酒を下賜された。ノーマーク（高等科未修）の士官で天皇に直接戦況を報告したのは、木村が初めで終わりだったようである。

報告したことは主としてキスカ撤収作戦だったというが、昭和天皇も五千百八十七人の将兵を一人残らず救出したあの作戦には、特別の関心を寄せていたのであろう。

第二十一章　戦争末期の連合艦隊司令部付

木村は、昭和二十年（一九四五）二月十八日、「連合艦隊司令部付」に発令され、二十日、横浜市東北部の日吉台にある同司令部に着任した。この人事は、木村と兵学校同期の連合艦隊参謀長草鹿が考え、根まわしをして実現させたものであった。

草鹿は昭和三十四年（一九五九）、「杏花村《きょうか》」という会誌に、「友情」と題して、その経緯を書いている。

「……年と共にその人柄に尊敬の念を抱くに至った。

なるほど兵学校以外に大した学歴もなく卒業成績も余り香しからぬ彼ではあるが、私の到底及ばぬ資質を持っており、彼に対し真実尊敬の念を抱くに至ったのである。私は彼に連合艦隊参謀副長になって、私を補佐して欲しかった。私は大して良き頭脳を持っている訳ではないのに幕僚勤務が比較的多かった。ものを考えて計画を樹てるに当っては、心して机上の空論にならない様に注意するのであるが、幕僚根性が出て、自然机上の計画に堕する傾向がある。この点を彼に指摘して欲しかったのである。

しかし、人事局は何としても卒業成績の香しからぬこと、大学校を出ていないことを理由として、容易に云うことを聞いてくれない。遂に妥協して連合艦隊司令部附ということに落ちついた」

しかし、草鹿が木村に具体的に何をさせようとしたのかは、書いていない。

この当時の連合艦隊司令部は、米艦隊に対しては若者たちを体当たりさせる特攻を主にした用兵作戦しかできなくなっていたので、草鹿は難戦場の実績と人望が抜群の木村を利用して、水上特攻隊の成果拡大を図ろうとしたようである。水上特攻は一人または二人乗り爆装モーターボートで敵艦船に体当たりするものである。

ただ、人命尊重を何よりの信条にしている木村にすれば、この任務は意に反するものであったにちがいない。かといって、絶体絶命の海軍を思えば、成りゆきに従うほかなかったであろう。

二月十九日午前九時、小笠原諸島南方の硫黄島に米海兵師団が上陸をはじめ、正午までに四千人、戦車百五十輛が揚陸された。

硫黄島の日本陸海軍部隊は三月十七日に全滅し、米軍はたちまち飛行基地を整備して陸軍の新鋭戦闘機Ｐ51多数を進出させた。その後マリアナを発進したＢ29の超重爆撃機隊は、硫黄島上空からＰ51に護衛されて、日本本土各都市に無差別爆撃を加えるようになった。

木村は、二月下旬、連絡、調査のために呉鎮守府におもむいたのち、向かいにある江田島の海軍兵学校にゆき、同期生で現兵学校副校長兼教頭の高柳儀八少将をたずね、情報、意見をかわした。

この当時、木村の次男気《のぼる》は第七十六期の三号（第一学年）生徒で、第四一〇分隊員になっていた。

気は、父から兵学校を受験したらと言われたことはいちども なく、海軍の話も聞かなかったが、兵学校はよさそうだと思い、受験して合格し、昭和十九年十月九日に入校したのである。

四一〇分隊伍長（分隊内一号〈七十四期〉の先任で、分隊員指導監督の責任者）北原健吾から、「貴様のお父さんが副校長室に来ておられる。行ってこい」と言われた気は、庁舎の副校長室に出かけた。ひさしぶりに会ったおやじは言った。

「元気か」

「元気です」

あとは二言、三言、二、三分で面会はおわった。

三月九日から十日にかけた真夜中、東京本所、深川、浅草一帯がB29三百三十四機の大空襲をうけ、住居二十三万戸が焼失し、住民約八万四千人が死亡し、約百五十万人が罹災者になった。

四月一日、米大空母機隊の空襲と強大な戦艦部隊の艦砲射撃に支援されて、米大攻略部隊が沖縄本島西岸の嘉手納《かでな》沖から上陸をはじめ、ほとんど抵抗をうけずに昼すぎにまで読谷《よみたん》、嘉手納の両飛行場を占領し、夕刻までに海岸一帯に約五万人が上陸した。

四月五日午前、日吉の連合艦隊司令部作戦会議で、強気一辺倒の先任参謀神重徳大佐が、「第二艦隊を突入させよう」と言い出した。二艦隊旗艦の戦艦「大和」と二水戦旗艦の軽巡「矢矧《やはぎ》」・駆逐艦八隻、計十隻の第一遊撃部隊（指揮官は二艦隊司令長官伊藤整一中将）を沖縄西方海面に突入させ、米水上艦艇および輸送船団を攻撃撃滅させようというのである。

往復分の燃料の有無が問題になったが、帳簿外の燃料をふくめ二往復分の一万三千トンがあると判明し、連合艦隊司令長官豊田副武《そえむ》大将は、第一遊撃部隊による沖縄海上特攻作戦を決定した。総長及川古志郎大将、次長小沢治三郎中将の軍令部も承認した。

連合艦隊司令部は、四月五日午後三時、「海上特攻隊（第一遊撃部隊）は四月七日黎明時、豊後水道を出撃し、八日黎明時、沖縄西方海面に突入して敵水上艦艇ならびに輸送船団を攻撃撃滅すべし」と電令を発した。「大和」以下の海上特攻隊はまたも護衛戦闘機なしに進撃し、敵航空兵力を吸収して味方航空部隊の敵艦船攻撃を支援し、なお沖縄に突入せよという、カミガカリ作戦というより、暴挙であった。

司令長官伊藤がひきいる「大和」以下十隻の海上特攻隊は、四月七日午後零時十分ごろから午後二時二十分ごろまで、米空母機延べ三百八十六機に打ちのめされ、「大和」「矢矧」「浜風」「磯風」「朝霜」「霞」が沈没、駆逐艦「涼月」が大破され、壊滅状態におちいった。

海上特攻隊の全戦死者は四千三十七人、うち「大和」が司令長官伊藤整一中将、艦長有賀《あるが》幸作《こうさく》大佐（四十五期）以下三千五十六人、「矢矧」が四百四十六人にのぼった。

米空母機隊の損害は、喪失十機、戦死十六人だけである。

日本艦隊の高角砲、機銃はあまり当たらず、当たっても被弾・消火対策のゆきとどいた米軍機は、ほとんど落ちなかった。


この四月七日、二日前に総辞職した小磯国昭（六十五歳、予備役陸軍大将）内閣の後を継いで、鈴木貫太郎内閣が成立した。鈴木は七十七歳の退役海軍大将で、天皇に組閣を命ぜられたとき、深く拝辞した。しかし、天皇から、

「この重大時において他に人はいない。頼むからまげて承知してもらいたい」と前代未聞のことばをかけられ、首相就任の覚悟をきめた。のちに鈴木は『終戦の表情』と題する小冊子に、このときの心境をつぎのように述べている。

「……余の決意の中心となったものは、長年の侍従長奉仕、枢密院議長奉仕の間に、陛下の思召が奈辺にあるかを身をもって感得したところを、政治上の原理として発露させて行こうと決心した点である。

……それは一言にしていえば、すみやかに大局を決した戦争を終結して、国民大衆に無用の苦しみを与えることなく、また彼我共にこれ以上の犠牲を出すことなきよう、和の機会を摑《つか》むべし、との思召と拝された」

鈴木内閣の陸相は新任の阿《あ》南惟幾《なみこれちか》大将、海相は留任の米《よ》内光政《ないみつまさ》大将（退役海軍大将・元海相・首相の重臣岡田啓介が根まわしをし、昭和十九年七月二十二日、天皇の内意によって予備役から現役に復活し、小磯内閣の海相となった）、外相は二日後の九日、東郷茂徳《しげのり》となった。

米内は小磯内閣総辞職のとき、後任海相に軍事参議官の長谷川清大将（三十一期）を推薦したが、海軍次官井上成美《しげよし》中将（三十七期）が、長谷川に、

「鈴木さんに総理をやってもらうには、どうしても、いちど総理の経験のある米内さんに付いてもらうことが絶対に必要だと私は考えています。米内さんはあなたを推す心持でしょうが、国のためから見て、米内第一で押すべきです」と訴え、長谷川もそれに同意した。米内留任は井上と長谷川の殊勲であろう。米内が海相でなければ、戦争終結が実現されなかった公算が大であった。

四月十四日夜は三百二十七機、十五日夜は百九機のB29が東京を空襲し、六万八千四百四十三戸の民家が焼失した。

四月二十五日、「海軍総隊」が創設され、豊田連合艦隊司令長官は海軍総司令長官を兼務することになった。総司令長官は、連合艦隊のほかに、鎮守府、警備府（前要港部）、商港警備府、海上護衛総司令部の司令長官をも指揮するのである。

この日木村は、連合艦隊司令部付兼海軍総隊司令部付になったが、任務は従来どおり、水上特攻兵器および水上特攻戦隊に関する諸事であった。

海軍の水上特攻兵器は、二百五十キロの炸薬を艇首に詰め、多数でいっきょに敵艦船に突撃して体当たりする、ベニヤ板張り、一人または二人乗りモーター（自動車エンジン）ボートで、「〇四艇《まるよん》」（特攻兵器計画の四番目）あるいは「震洋艇《しんよう》」とよばれていた。その一型改4は、全長五・四メートル、重量一・四トン、炸薬を詰めての最大速力は十八ノット（約

搭載していた。

水上特攻兵器には、陸軍の水上特攻艇もあった。「肉薄攻撃艇」あるいは「連絡艇」（秘密保持の名称）もしくは、「㋹艇」とよばれ、ベニヤ板張り、一人乗り、改造自動車エンジンの高速（最大二十五ノット）モーターボートで、艇尾の落下機に百二十キロの爆雷を二個搭載していた。

昭和二十年一月十日から五月四日までの陸海軍水上特攻艇の戦果（連合軍側の記録による沈没・損傷艦船）は、つぎのようなものであった（『ドキュメント　神風　下』徳間文庫）。

陸軍水上特攻艇は、フィリピン、沖縄方面で、この間、計九十三ないし九十八隻が出撃して、米歩兵揚陸艇三隻、大型上陸支援艇二隻を撃沈し、駆逐艦四隻、戦車揚陸艦三隻、貨物船一隻に大損傷、駆逐艦二隻、戦車揚陸艦二隻、歩兵揚陸艇一隻、貨物船一隻、貨物船揚陸艦一隻に損傷をあたえた。海軍水上特攻艇は、おなじくフィリピンと沖縄方面で、この間、計五十三隻が出撃し、米大型上陸支援艇二隻、歩兵揚陸艇一隻を撃沈した。

しかし、米英など連合軍の進撃を阻止することには、ほとんど効果がなかった。

四月二十八日、イタリアのファシスト党党首ムッソリーニが処刑され、三十日、ナチス・ドイツ総統ヒトラーが自殺し、五月七日には日本陸海軍の対米英強硬派が最も頼りにしていたドイツが連合軍に無条件降伏をした。独伊と同盟を結んだ日本も、このまま戦争を継続すれば、独伊とおなじ運命を辿るほかないことが明白になった。

海相米内から海軍大将に推薦されていた海軍次官井上成美が、五月十五日、大将に進級し、次官を去って軍事参議官となった。井上の戦争終結論は急進的で、陸軍に反発され、逆に戦争終結が不可能になると判断した米内が打った手のようである。

後任次官には米内に忠実な軍務局長多田武雄中将（四十期）が、新軍務局長には米内が第三艦隊司令長官だったときの先任参謀で現兵備局長保科《ほしな》善四郎中将（木村と同期）が任命された。

五月二十四日夜は五百六十二機、二十五日夜は五百二十五機のB29が東京を大空襲し、これで東京は全市街の約五十一パーセントを焼失した。二十五日夜の空襲では、宮城も、旧議事堂、首相官邸、霞ヶ関の海軍省、三宅坂の陸軍省も焼けた。

五月二十九日、及川古志郎大将にかわって豊田副武大将が軍令部総長になり、軍令部次長小沢治三郎中将が海軍総司令長官兼連合艦隊司令長官兼海上護衛司令長官になった。軍令部次長には、神風特別攻撃隊を発足させた大西瀧治郎中将が任命された。だが豊田、大西は米内の期待に反し、やがて強硬に戦争継続を主張して、米内を手こずらせる。

海軍総司令官兼連合艦隊司令長官の交替にともない、各参謀も交替した。参謀長草鹿は軍令部出仕に転じ、先任参謀神は第十航空艦隊（前練習航空隊）参謀長になった。

少将木村昌福は、六月一日、海軍対潜学校長に転補された。

第二十二章　日本降伏時の信念

海軍対潜学校は、横須賀市南東の浦賀港と久里浜港に挟まれた岬の東側海岸にあった。

開戦後一年すぎたころから、米潜水艦による艦艇、船舶の被害が急増し、いよいよ日本の存亡にもかかわるほどになってきたので、対潜水艦作戦、爆雷投下、水中測的などの速成術科教育が急務となり、昭和十九年三月十五日、海軍機雷学校を海軍対潜学校と改名して、対潜術教育を主眼とする学校への改革が図られたのである。しかし改革はすでにおそく、実戦にあまり役立たずにおわるなりゆきとなった。

昭和二十年六月はじめ、校長として木村が対潜学校に着任すると、キスカ撤収作戦時「阿武隈」水雷長だった石田捨雄少佐（進級）が、同校副官になっていて出迎えた。石田は昭和十八年十一月、「阿武隈」を退艦したあと海軍機雷学校高等科学生になり、十九年三月卒業後、対潜学校での特修（専攻）科学生、教官を経て、昭和二十年三月、同校副官になったのである。

木村が着任したころから、対潜学校でも本土決戦にそなえて、特殊な潜水特攻隊員の速成教育訓練がおこなわれるようになった。「伏龍《ふくりゅう》」と称されたこの特攻兵器について、『海軍水雷史』（海軍水雷史刊行会編）はつぎのように説明している。

「簡易潜水着（小型ヘルメット式酸素マスク、背負い式酸素ボンベ、背負い式炭酸ガス吸収用苛性カリ罐などを装着した）の隊員が棒機雷（長さ七メートルの竹竿の先に、十五キログラムの炸薬を詰めた直径二十五センチ、長さ五十五センチの流線型円筒をとりつけた）を手に持ち、水中から敵上陸用舟艇を突き刺すものであり、戦争末期のあがきとも考えられる誠に悲しむべき兵器であると思う。

概要は――(1)棒機雷は昭和二十年五月機雷実験部で設計され、海軍工作学校（海軍対潜学校の西側にあった）で製造された(2)簡易潜水着は当時常用のものを海軍艦政本部（艦船に対する行政、教育、技術の中央統一機関）で調達支給された(3)隊員は主として予科練から任命され（甲種飛行予科練習生八百名、兵学校卒業の中隊長一名、予備学生出身の小隊長三名というような構成）、工作学校で訓練をうけた。訓練地は野比《のび》海岸（久里浜港西方、現京浜急行久里浜線野比駅の南方）である。二十年六月、伏龍隊と命名された(4)実戦配備された隊はなく、訓練中終戦となったものである。なお当時の関係者の言によれば、毎日一～二名の遭難者を出していた(5)（省略）――である」

同書のなかで、元第八十一突撃隊特攻長平山茂男少佐（六十六期）は、伏龍部隊創設概要を、

「昭和二十年八月上旬を期し、横鎮（横須賀鎮守府）に第七十一、呉鎮に第八十一、佐鎮（佐世保）に第九十一突撃隊の各伏龍隊を新設するため、五月下旬、各鎮にて創設準備にと

りかかった。

各突撃隊は米軍の上陸予想海岸である相模湾および九十九里浜に七十一、四国高知海岸に八十一、志布志湾（鹿児島東岸）に九十一突撃隊がそれぞれ展開する予定であった。

……昭和二十年八月五日、各突撃隊は発足したが、実戦に至ることなく八月十五日の終戦により解散した」と述べている。

海軍潜水員教育の総本山海軍工作学校の研究部員であった元海軍大尉の清水登は、同書中の「伏龍の誕生」のところで、

「昭和二十年五月に入って、この掃海潜水具をもって特攻隊を編成せよ、という命令を受けたのである。こうなってくると、一工作学校の能力をはみ出す。同じく久里浜の対潜学校を対策本部とし、横須賀防備戦隊司令官が特攻戦隊司令官を兼ね、大々的に編成を押し進めた。

要員として一千名の飛行予科練習生が逐次入隊してくる。幹部も大部分が予備学生出身であった。

……訓練部隊たる第七十一嵐部隊の教育期間は約一ヵ月、これでは、ひとりで海底を歩けるという段階にとどまる。われわれは、一年の養成期間を切望した。

しかし、戦局はその暇を与えない。七月中旬、第一回生を送り出すと、直ちにまた千名の新隊員が入隊してきた。敵の上陸作戦は、来る十月ないし十一月と推定される。……」と述べている。

副官石田は、ある日、胸につかえていた思いを校長木村にうち明けた。

「特攻訓練で毎日殉職者が出ていますし、あのような戦法で成果があがるのでしょうか」

「うん、あれはな、溺れる者は藁《わら》をも摑《つか》むという、あれだよ」

困ったものだがどうしようもない、という様子であった。溺れる者は、海軍総隊・連合艦隊司令部になるはずである。

このころ、横鎮管区の海軍部隊内でも食糧その他の物資が乏しくなり、上級士官のなかでも、職権を利用して食糧その他の公用物品を自宅に持って帰る者がいた。石田は木村に意見具申をした。

「このごろ公私混同して、食糧品などを家に持って帰る人がおりますが、下級の者たちは〝混同少将〟と言っております」

「うんうん」

「校長はそんなことはなさらないでしょうが、ご注意ください」

「うん、わかった。この花くらいなら持って帰っていいか」

そう言って木村は、花瓶の花を指差した。石田は楽しくなった。

昭和二十年六月二十三日、沖縄が陥落して、米軍の支配下に入った。日本側の戦没者は沖縄県民十数万人、陸海軍将兵約六万五千人という悲惨なものであった。

米海軍の損害は、艦船沈没三十六隻、損傷三百六十八隻、戦死四千九百七人、負傷四千八百二十四人、陸軍は戦死七千三百七十四人、負傷約三万一千人、ほかに飛行機喪失七百六十三機（四月一日から七月一日まで）であった。

日本特攻機の体当たりで二十六隻の米艦艇が沈没した。しかし、駆逐艦より大きい艦はなかった。

石田は、七月一日、舞鶴鎮守府防備参謀に転補されて、対潜学校を去った。米B29が投下した多数の磁気機雷、音響機雷などが沈んでいる日本海沿岸各港湾内外の掃海が主任務であった。

木村は七月十五日、海軍兵学校防府《ほうふ》（山口県瀬戸内海側）分校の教頭兼監事長兼防府海軍通信学校長に転補された。

防府分校は海軍兵学校第七十八期予科生徒を教育する学校で、昭和二十年四月の開校時には長崎県針尾《はりお》島（佐世保市南方）にあったが、米軍の有明湾上陸の算もあるという判断から、七月十五日までに防府の海軍通信学校校舎に移転したのである。

これらの予科生徒の修業年限は一年で、その後は海軍兵学校第七十八期第一学年生徒（三号）になる予定であった。この当時の兵学校は、生徒数が大幅にふえたために、江田島本校と大原（江田島内）、岩国（山口県）の二分校、および元海軍機関学校の舞鶴分校の四校、それに予科生徒教育の防府分校によって構成されていた。四月三日、針尾分校に入校した七十八期予科生徒数は四千四十八人で、彼らはそのまま防府分校に移動した。

教頭は生徒に対する学術教育を監督し、監事長は精神教育、訓練、体育などの訓育と、生徒隊の軍紀風紀の取り締まりを指導監督する役職である。

七月十六日、江田島本校から校長栗田健男中将（四十三代目）が来校して、防府分校の開校式がおこなわれた。木村と栗田は因縁浅からぬものがあったが、またさめぐり合ったのも、天命のようである。ここでは栗田が兵学校長（各分校をふくむ）、木村が栗田の補佐役の一人である防府分校教頭兼幹事長という関係である。

フィリピン沖海戦で敗軍の将となった第二艦隊司令長官栗田は、昭和二十年一月、海軍兵学校長に任命され、一月十五日、江田島の兵学校本校に着任した。海軍省と軍令部は、敗戦の責任は栗田ひとりに負わせられるものではないと認定したのであろう。このときの海軍大臣は米内光政、次官は井上成美、軍令部総長は及川古志郎、次長は小沢治三郎であった。

木村が兵学校防府分校教頭兼監事長に任命された経緯は明らかではないが、それに関係があったとみられる人間関係は存在していた。

大西新蔵は兵学校で木村の一期下だが、同期の親友のようであったことは前記した。兵学校を三番で卒業し、砲術学校高等科、海大甲種学生を卒業した大西は、昭和十九年十月、海軍省教育局長のとき中将に進級して、二十年五月、木村と同期の高柳儀八中将（二十年五月進級）の後を継いで海軍兵学校副校長（各分校をふくむ）兼江田島本校教頭兼監事長になった。逆に高柳は大西の後任の教育局長に転任した。

この五月には、木村と同期で木村を熟知していた保科善四郎中将（十八年十一月進級）が、海軍省軍務局次長から軍務局長に昇進した。またキスカ撤収作戦時、軽巡「木曽」艦長であった川井巌少将（四十七期、二十年五月進級）が、海軍省人事局第一課長兼第三課長になっていた。

木村をよく知る栗田にしても、木村の防府分校教頭兼監事長に異論を述べるわけがなかった。

海相米内は、昭和八年当時、第三艦隊司令長官として揚子江上の警備を指揮していたとき、指揮下の砲艦「熱海」艦長であった木村中佐の人柄や働きを、先任参謀保科善四郎中佐からも聞いて、よく知っていたはずである。

木村が兵学校防府分校教頭兼監事長になったのは、自然ななりゆきだったようである。

七月二十六日、米英中（蔣介石政権）三国が、日本に対して、戦争終結の条件を明示した「ポツダム宣言」を発表した。要点はつぎのようなものである。

「六、軍国主義を駆逐すること。
七、日本の戦争遂行力がなくなるまで連合軍は日本を占領する。
八、日本の主権は本州、北海道、九州、四国、その他の諸小島に限定される。
十、戦争犯罪人は処断する。民主主義的傾向が復活強化されることに対する一切の障碍《しょうがい》を除去すること。基本的人権、言論、宗教、思想の自由を確立すること。
十一、戦争のための再軍備は許さない。
十三、日本武装兵力は無条件降伏すること」

二日後の七月二十八日、首相鈴木は、

「これはカイロ宣言の焼き直しにすぎない。重大な価値ありとは考えられない。ただ黙殺するのみ」と言明した。米政府はこれを「拒絶」とうけとり、秘密協定の「原爆を使う」「ソ連は対日参戦する」の発動を決定した。

鈴木は終戦後、七月二十八日の談話について、つぎのように述べている。

「この一言は後々に至るまで、余のまことに遺憾と思う点であり、この一言を余に無理じいに答弁させたところに、当時の軍部の極端なところの抗戦意識が、いかに冷静なる判断を欠いていたかが判るのである。ところで余の談話はたちまち外国に報道され、わがほうの宣言拒否を外字紙は大々的に取り扱ったのである。そしてこのことはまた、後日ソ連をして参戦せしめる絶好の理由をつくったのであった」（鈴木貫太郎『終戦の表情』）

ポツダム宣言に反発し、強硬に抗戦を主張した陸海軍首脳は、陸軍では陸軍大臣阿南惟幾《あなみこれちか》、参謀総長梅津美治郎、海軍では軍令部総長豊田副武、同次長大西瀧治郎である。

しかしこの時点で鈴木が、最高戦争指導会議（首相、外相、陸相、海相、参謀総長、軍令部総長が参加）において、「ポツダム宣言」受諾を主張してゆずらなければ、鈴木とその同調者たちは、対米英中強硬派軍人たちによって暗殺され、戦争終結が不可能になった可能性が大であった。

海相米内は鈴木の「ただ黙殺するのみ」の言明に憤慨する高木惣吉少将（四十三期）に言った。

「政府は黙殺でゆく。あせる必要はない」

米英、あるいはソ連が、日本陸軍も海軍部内の抗戦派もあきらめざるをえない攻撃をしかけてくるのを、受身の姿勢で待つのが上策と考えているようであった。

高木は前年八月末まで海軍省教育局長であったが、海軍次官井上成美の意見具申によって、米内が「軍令部出仕兼海軍大学校研究部員」、職務内容を「次官承命職務」として、隠密に終戦工作をおこなわせていたのである。いわば海軍省お庭番であった。

終戦実現の問題点は、

「一、陸軍をどうやって終戦に同意させるか。

二、天皇が決意を固めるために、海軍はじめ各方面にひそかに胎動している和平への運動を、いかに連絡統合して宮中に伝えるか」の二点であった。

高木はその方法を根気づよく調査追求しつづけてきたのである。

七月末から、兵学校防府分校では生徒らの間に赤痢が猖獗《しょうけつ》をきわめ、まもなく千三百人もの罹病者が出て、うち十四人が死亡するほどになった。病院にも薬が不足していたようである。

教頭兼監事長木村は、生徒の学術教育・訓育に集中できず、十五、六歳の生徒らに対して、便所と烹炊所を見てまわり、赤痢対策を講じることで手いっぱいであった。

八月六日、広島に原爆第一号が投下され、十数万人が死亡し、約三万一千人が重軽傷を負う大惨禍が発生した。

八月八日朝、外相東郷茂徳は天皇に原爆に関する情報を報告して、進言した。

「いよいよこれを転機として戦争終結に決することとしかるべしと存じます」

「そのとおりである。……条件を相談してもまとまらないと思うから、なるべく早く戦争の終結をみるように取り運ぶことを希望する。総理にも伝えよ」

天皇は即座に承認し、命じた。

モスクワ時間八月八日午後五時、日本時間午後十一時、ソ連が日ソ中立条約を破り、対日宣戦を布告した。「日本はポツダム宣言を拒否した。ソ連は日本と他国民のこれ以上の苦難と犠牲を救うために、連合国の要請により、ポツダム宣言に参加した」という言い分であった。

ソ連軍は八月九日午前零時から、満州、樺太《からふと》（現サハリン）の日本軍に攻撃を開始した。

午前十一時半、長崎に原爆第二号が投下され、約二万五千人が死亡し、約六万人が負傷して、市街の五十パーセントが壊滅した。

この夜午後十一時五十分から、宮中で御前会議がひらかれた。出席者は、天皇、鈴木、東郷、阿南、米内、参謀総長梅津、軍令部総長豊田、枢密《すうみつ》院議長平沼騏一郎《きいちろう》などであった。はじめ鈴木が、

「客月二十六日付三国共同宣言ニアゲラレタル条件中ニハ日本天皇ノ国法上ノ地位ヲ変更スル要求ヲ包含シオラザルコトノ了解ノモトニ日本政府ハコレヲ受諾ス」と、議題の原案を読みあげ、閣議で議決できなかった経過を説明した。

外相東郷が閣議においての論述をくりかえし、外相案（議題の原案）の採択をもとめた。

「ぜんぜん同意す」

米内はひと言、明言した。

阿南は「まったく反対」として、つぎのように述べた。

「……受諾するにしても、すくなくとも四条件（皇室の地位の保持安全、在外軍隊の自主的撤

兵復員、戦争犯罪人の日本政府による処理、保障占領の保留）を具現する必要がある。もし拒否されたら、一億国民は枕を並べて斃《たお》れ大義に生きるべきである。あくまで戦争を継続せざるべからず、十分戦い得る自信がある……」

梅津と豊田は阿南に同調した。

鈴木は天皇の前に進んだ。

「ご聖断を仰ぎ、聖慮をもって会議の決定にいたしたいと思います」

天皇は、身をのり出すようにして、

「自分の意見は外務大臣の意見に同意である」と、大音で裁断を下した。

「皇室と人民と国土が残っておれば、国家生存の根基は残る。これ以上望みなき戦争を継続することは元も子もなくなる恐れが多い。彼我の物力、内外諸般の情勢を勘案するに、われに勝算はない。

……忠勇なる軍人より武器をとりあげ、また戦争犯罪人として連合軍にひきわたすことは、まことに忍びないが、明治天皇の三国干渉時のご決断にならい、大局上忍び難きを忍び、人民を破局より救い、世界人類の幸福のため、かく決意する」と述べ、白手袋で涙を拭った。

鈴木が、

「聖断をもって、この会議の結論といたします」と宣した。八月十日午前二時三十分であった。

外務省からの「ポツダム宣言受諾」の電報が、十日午前六時四十五分から、スイス、スウェーデンを通じ、五回にわたり、米英中ソに伝えられた。

八月十二日、日本の申し入れに対する連合国の回答が発表された。

「降伏時より、天皇および日本国政府の国家統治の権限は、降伏条項の実施のため、その必要と認むる措置をとる連合軍最高司令官に従属すべきものとす……

最終的の日本国の政府の形態は、ポツダム宣言に従い、日本国国民の自由に表明する意思により決定すべきものとす」という要旨のものである。

陸相阿南は、八月十四日午前七時、陸軍省に登庁して、軍事課長荒尾興功《あらおおきかつ》大佐とともに、参謀総長梅津にクーデター計画を伝えた。まもなく宮中でひらかれる御前会議のさい、陸軍部隊を宮城内に入れ、天皇を会議室から天皇居間に連れ出し、首相鈴木以下の参加者全員を監禁して、阿南を首相とする内閣を成立させ、本土決戦を決行しようというのである。

しかし梅津は、「不同意」を明言して動かなかった。クーデター計画は、これで崩壊した（『戦史叢書・大本営陸軍部』第十巻、参照）。梅津が同意し、本土決戦がおこなわれたならば、彼らが主張する国体はふっとび、さらに数百万の国民が死亡し、国土は米英中ソなどによって分割され、日本が消滅するほどの事態になったにちがいない。危機一髪であった。

十四日午前十時五十分、予定どおり宮中で御前会議がひらかれた。

梅津、豊田、阿南は、このままの「ポツダム宣言受諾」には反対すると主張した。

それに対して天皇は、

「……先方の回答文は悪意をもって書かれたものとは思えない。……要は国民全体の信念と覚悟の問題であると思うから、このさい先方の回答をそのまま受諾してよろしいと考える。どうかみなもそう考えてもらいたい。……私自身はいかになろうとも、私は国民の生命を助けたいと思う。……陸海軍の統制も困難があろう。自分みずからラジオ放送してもよろしい。すみやかに詔書を出して、この心持を伝えよ」という要旨のことを述べた。

「堪ヘ難キヲ堪ヘ忍ヒ難キヲ忍ヒ以テ万世ノ為ニ太平ヲ開カムト欲ス……」という「終戦詔書」が発布されたのは、八月十四日午後十一時であった。外務省から、米英中ソに対し、スイス、スウェーデンを通じて、「ポッダム宣言受諾」の電報が発せられた。

八月十五日午前零時すぎ、陸軍省、近衛師団などの中佐、少佐らが首謀者となり、天皇の終戦詔書朗読の録音盤奪取事件を起こした。しかし、未遂のうちに鎮定された。

陸相阿南は、夜明けに、

「一死以テ大罪ヲ謝シ奉ル」の遺書を書き、また、

「米内を斬れ」ということばを残して、割腹自決した。米内がいなければ、自分らの意思が通り、戦争を継続することができたという思いが強かったようである。

昭和二十年八月十五日、太陽がじりじり照りつけひどく暑い正午、天皇が朗読した終戦詔書の録音がラジオ放送され、戦争は終わった。日本海陸軍は惨敗をつづけ、三百十万人もの戦没者を出し、国土も荒廃させたが、国家国民は壊滅をまぬかれ、生き残ったおよそ八千万人（朝鮮、台湾をのぞく）の同胞は、再生の道を進めることになった。

海軍兵学校各校の全生徒は、校長栗田と江田島本校・大原・岩国・舞鶴・防府分校の各教頭兼監事長の指示に従い、八月十五日正午、それぞれの学校で、終戦詔書録音のラジオ放送を聴いた。

しかし録音がひどく聴きとりにくく、ようやく戦争をやめるらしいとわかったが、誰もわけがわからず、納得ができなかった。

翌八月十六日朝、防府分校教頭兼監事長木村は、生徒全員を校庭にあつめ、新聞に書かれた終戦詔書を、低い声で吶々ではあったが、一語一語よくわかるように読みあげた。

木村は、「これからは詔書に従って生きるように」と諭したかったようである。

「阿武隈」主計長市川が、昭和三十年（一九五五）に防府の木村を自宅に訪問したとき、「天地心」の書を揮毫してもらい、掛軸にしたことは前に触れた。昭和三十二年十二月、木村は少年期によく行った静岡市の小梳《おぐし》神社に、自書「天地心」の額を奉献した。

この三文字は木村の人生哲学の結晶のようである。終戦を迎えたとき木村は、この戦争は天命に適《かな》うものではなかった、と認めざるを得なかったのではなかろうか。

八月二十三、二十四日、ほとんどの予科生徒は、「八月二十二日付徴集ヲ解除シ帰郷セシムルコトヲ証明ス　海軍兵学校防府分校教頭　海軍少将　木村昌福　印」という「徴集解除証明書」をわたされ、さまざまな思いを抱いて故郷に帰って行った。

木村は、敗戦のため志に反して生徒をやめさせられ、帰郷する生徒らに、「歴史を勉強しなさい」と、力をこめて信念を伝えた。

通信学校の始末も無事におわった。

開校七十年の海軍兵学校は、二ヵ月後の十月二十日土曜日、廃校となり、十一月三十日金曜日には陸海軍省が廃止され、日本陸海軍は消滅した。天命であろう。

終戦時の木村家は、昌福五十三歳、妻貞四十六歳、長女淑二十一歳、兵学校二号生徒の次

男気《のぼる》十七歳、中学三年の昌《あきら》十四歳であった。

兵学校生徒と通信学校練習生らが復員したあと、木村は兵学校防府分校と防府通信学校の後始末の仕事をつづけた。

九月に入り、木村は自分のアイデンティティであった雄大なカイゼル髭をすっぱり剃り落とした。理由を聞かれると、

「戦《いくさ》に敗れて髭でもないから」と答えた。

十一月一日、予想外に木村が海軍中将に進級し、消滅寸前の日本海軍における最後の将官進級者の一人になった。

米内海相、多田次官、保科軍務局長、川井人事局第一・第三課長（十一月二十四日人事局長に昇進）などの海軍省が、木村のキスカ撤収作戦をはじめとする戦場での功績を評価して、海軍史のなかに残すことにしたのであろう。

海軍中将木村昌福は、十一月十日、予備役に編入された。

しかし十一月十五日、規定によって従四位に叙せられ、加えて十二月六日、特旨（特別のおぼしめし）によって正四位に叙せられた。

特旨は、キスカ撤収作戦完全成功に対するものではなかろうか。

予備役になった木村は、防府で製塩業を興すことにした。主な幹部予定者は、旧通信学校その他の海陸軍士官たちである。

当時の日本は塩不足であった。それが、旧通信学校敷地のうち「二ノ桝」という約二十町歩（六万坪、約十九万八千平方メートル）が埋め立てられずに塩田の形で残っていた。したがって、復員軍人救済という趣旨で申請すれば、国からの払い下げが許可されそうなのであった。

塩田開発の発案者は、元防府通信学校内務長で、木村を理事長とする「二ノ桝開発塩田組合」の専務理事になった木下猛大佐（海軍機関学校三十一期、兵学校五十期相当）のようである。

「三田尻塩業共同組合」（三田尻は防府の南部）の役員たちと、書道、囲碁、宴会などで親しくなった木村は、塩田開発の計画を話し、事業の権利を三田尻協組と二ノ桝組合が半々ずつ所有するという条件を提示して、同協組の全面的協力を得ることに成功した。

木村が兄事する長崎県の真珠王高島末五郎と、親交があった佐世保のデパート玉屋の代表田中丸善三郎は、資金と経営に対する援助を快諾した。

高島は塩田開発資金十万円借用を懇請する木村に、「これを持っていきなさい」と、新聞に包んだものをわたした。木村はそれを中味を見ずにバッグに入れ、旅館に帰って開けてみると、三十万円が入っていて、借用証も領収証も何もなかった。その三十万円がなければ、塩田開発はできない状況であった。

こうして木村は、昭和二十一年（一九四六）三月はじめ、「二ノ桝塩田開発組合」を発足させた。組合長は三田尻塩業共同組合組合長田中学而が兼務し、木村は理事長（実務上は組合長）、木下猛が専務理事になった。また、三田尻協組の専務理事、経理担当主事などを二ノ桝組合の兼務役員に迎えた。木村のこの考え方は、キスカ撤収作戦第二次行動開始前に、五艦隊と水雷部隊に対してとった態度とおなじく、我を去り「和」を根本理念とする協同経営をやろうというものであった。

この当時木村は、地元の市民にどう見られていたか。『ヒゲの提督　木村昌福伝(続)』に、つぎのような逸話がある。要約する。

「終戦後木村は、兵学校分校の教頭官舎から、防府市新前町の素封家尾中家の離れに移転した。尾中家の向かいに住む分家の尾中朝雄は、小学校教頭、郵便局長の経歴の持ち主だが、木村について、こう言っていた。

『木村さんが地元の者に尊敬されたおもな理由は、終戦時の身の処し方にありました。ドサクサまぎれに公用の食糧、物品を持ち出し、私物化する軍人がかなりいたなかで、木村さんは何一つ私せず、誰もが、〝さすがほんものの軍人はちがう〟と思っておりました。

木村さんが尾中の離れを間借りした直後、私がお訪ねしてみると、家財道具はほとんどなく蒲団も薄いものしかありませんので、私は一存で家から蒲団二枚を持ってゆき、お貸ししいたしました。終戦のその日までは、公用の高級車で、毎日官舎と学校を往復していた海軍少将でしたのにね』」

塩田開発と経営は、たゆまぬ努力で、やがて軌道に乗るようになった。

昭和二十九年(一九五四)二月、木村は山口市の日赤山口病院に入院して、胃潰瘍の手術をうけた。胃ガンであったが、病院側は本人にも家族にも知らさなかった。

退院後、木村は、以前とかわりなく元気に生きつづけた。

昭和三十二年（一九五七）十月に発売された『文藝春秋』十一月号に、筆者元連合艦隊作戦参謀、海軍中佐千早正隆《ちはやまさたか》氏（五十八期）の「太平洋海戦最大の奇蹟」が載っていた。キスカ撤収作戦成功の経緯が具体的に書かれたものである。

三十歳の社会人になっていた次男木村気は、友人から、「おまえのおやじのことが出ているぞ」と知らされ、買って読んでみた。「おやじはこんなことをしていたのか」と、はじめて知った。

木村は、家族に戦争の話をしたことがなかった。キスカのことも、フィリピンのことも、いっさい話さなかった。

ただ、どうしてか、ミッドウェー海戦の帰り、米艦爆の爆撃で重傷を負い、戦死した重巡「三隈」艦長崎山釈夫《さきやましゃかお》大佐のことだけ、

「俺のベッドに寝かせてやって、亡くなったんだよ」と話した。よほど痛惜の思いが残っていたのであろう。

まもなく上京してきて、鎌倉の自宅に寄ったおやじに、気は『文藝春秋』を見せて言った。

「こんなことが出ていますよ」

「いやあ、知らせようと思ったんだが、言わなかったんだよ」

木村はそれしか言わなかった。

しかし、千早の記事がまちがいないものだったためか、木村は十月半ば、千早に照れながら謝意を表する手紙と干鮎を贈り、年末には静岡産の茶を贈った。木村は自分で言うのは嫌

いだが、他人がよくもわるくも真実を書いたものならば、心よくうけ入れる性格だったようである。

昭和三十四年（一九五九）一月三日、ソ連が「月ロケット（重量二百五十トンあるいは三百五十トン以上ともいう）を発射した」というニュースがあった。

明くる四日、木村は日記のメモ欄に、

「人間が月や星に往ける可能性がいよいよ確実になりそうな時代になった。地球上で人類が相争うなどという時代ではない。世界連邦も夢ではないぞ」と書いた。

世界連邦をつくって各国間の戦争をなくし、従来の軍事費分を使って平和で住みよい地球にしてもらいたい、と願ったようである。

この年八月、木村は日赤山口病院に再入院した。前回入院手術したときの疾患は胃潰瘍ではなく胃ガンであったことを、担当医の告知で知った。

十一月はじめ、木村は千葉医大付属病院で、親戚の同医大講師香月《かつき》秀雄の診断をうけた。胃ガン再発であった。再度の手術が十一月十七日、同病院で、香月の執刀でおこなわれた。木村の妻貞、次男気、戦死した木村の弟近藤一声の妻春が立ち合った。

肝臓にゆく大動脈を切ってまたつなぐというような大手術であったが、ともかく無事におわった。

しかし、昭和三十五年（一九六〇）二月十三日土曜日夜明けまえ、木村は病院の便所で倒れ、意識不明になった。香月は治療に手を尽くしたが、意識はもどらなかった。ガンが残っていて、内部で大出血をおこしたのであった。

　午後一時四十五分、貞と気に見守られて、木村はなんの苦しみもなく、静かに息をひきとった。六十八歳二ヵ月であった。

　葬儀告別式が、二月二十一日日曜日、自宅に近い鎌倉扇ヶ谷の英勝寺《えいしょうじ》でおこなわれた。この寺は太田道灌《どうかん》の屋敷跡で、道灌から四代目の英勝院が、寛永十一年、ここに浄土宗の尼寺をひらいたのがはじまりであった。英勝院は徳川家康に愛され、水戸頼房（家康の第十一子で水戸家の祖）の養母となった女性である。ここを葬儀告別式場にしたのは、生前木村は女性とはあまり縁がなかったろうからと、嗣子気が思いやったためという。

　木村の法名は、「春巌院泰徳瑞雲昌福居士」とされた。

　損得にかかわりなく参列した海軍、静岡中学校、塩業関係そのほか多数の人びとは、天命を感知して戦い、人助けに挺身し、最後まで成功をかさねてきた生前の自由闊達な木村昌福を、感謝と敬愛の念をもって懐かしく偲んだ。

　木村にすれば、海軍が惨敗し、国家国民が滅亡寸前までおちいったことが悔やんでも悔やみきれない痛恨事であったろうが、戦後国民の必死の努力で、いまや日本は世界有数の科学技術国・経済国になろうとしているし、自分自身も悔いることはない、という心境だったのではなかろうか。

　米内光政は昭和二十三年四月二十日に生涯を閉じたが、その年齢は木村とほとんどおなじで、六十八歳一ヵ月であった。

　両人とも日本海軍の誇りとして後世に伝えたい将器である。

あとがき

昭和十六年（一九四一）十二月八日朝、日本陸海軍は対米英蘭（オランダ）戦を開始し、対中戦はそのまま続行した。

この日の昼、首相兼内相（内務大臣）兼陸相という三強権力を握った陸軍大将東條英機は、「大詔（宣戦の詔書）を拝して」と題するラジオ放送をおこない、つぎのようなことを叫んだ。

「米国は支那（このころ中国西部の四川《しせん》省重慶を首都にしていた蔣介石主席の国民政府が、中国の代表的政権として支配している国土の日本式名称）より、わが（日本）陸海軍の無条件全面撤兵（当時、満州をふくむ中国全土に派兵され、蔣介石政権を打倒しようとしている日本陸海軍の全兵力は、およそ百万人にのぼると見られていた）、南京政府の否認（蔣介石の国民政府から離脱し、日本陸軍の支援を受け、南京に新中央政府を樹立した元蔣介石総裁の国民党で副総裁だった汪兆銘政権の否認）、および日独伊三国同盟条約の破棄を要求し、帝国（日本）の一方的譲歩を強要してまいりました。

……事ここに至りましては、日本はこの危局を打開し、自存自衛を全うするため、断乎として立ち上がるの止むなきに至ったのであります。

およそ勝利の要訣《ようけつ》は、『必勝の信念』を堅持することであります。建国二千六百年（この当時このように言い伝えられていた）、われらはいまだかつて戦いに敗れたことを知りません。

（その真偽も定かではない）

……八紘《はっこう》を宇《いえ》と為す（世界を一つの家とする）皇謨《こうぼ》（天皇の国家統治のはかりごと）の下に、この尽忠報国の大精神あるかぎり、英米といえども何ら恐るるに足らないのであります」

だがここには、中国をふくむ東アジアの諸国民が希望を持って受け入れる信頼できる言葉はなかった。

また東條は陸相に就任してまもない昭和十六年の初期、東條陸相名で、「生きて虜囚の辱《はずか》しめを受けず（捕虜になる前に死ぬべしという意味）」の非道な一文が入った『戦陣訓』を全陸軍将兵に配布し、その結果、むしろ大部分の陸海軍将兵の士気を沈滞させていた。

結局、開戦後まもなく東條内閣と大本営陸海軍部（陸軍の参謀本部と海軍の軍令部が主体）が命名した「大東亜《だいとうあ》戦争」は、日本史上かつてない大惨禍を国家、国民にもたらし、戦没した国民（軍人・軍属をふくむ）だけでも三百十万人にも達した。

また戦争に巻き込まれた東アジア・東南アジアの諸国と諸国民にも大惨禍を与えていた。

こういう大東亜戦争は、多少の理はあっても、「やってよかった戦争」であるわけがなく、「やってはならないよくない戦争」であったことにまちがいなかった。

大東亜戦争の開戦を推進した陸海軍最高首脳と、それにつらなる戦争指導者、作戦指導者、あるいは政治家らの失敗と責任は、戦勝国の東京裁判とは別に、日本国民の賛成による方法で断罪すべきであろう。

そうしなければ、無理な戦いを強いられながら、祖国・国民・家族のためと思いながら戦没した将兵たちと、戦うことも逃げることもできずに戦没した軍事以外の国民の無念は、鎮まるわけがない。また、現代日本の各界に続発している「無責任」「ごまかし」から発する種々の禍も、かつての日本陸海軍とおなじように、減少しないにちがいない。

東條内閣と大本営陸海軍部が、日本を大東亜の盟主にしようという野望をこめて命名した「大東亜戦争」には、陸海軍最高首脳に将器が皆無であったから、日本が大惨敗するのは当然であった。

しかし、陸海軍ともに、前線部隊の中堅指揮官には、戦場の将器といえる人材が、少数ながら実在していた。

そのうち、海軍の水雷戦隊司令官木村昌福《まさとみ》少将は、「人命尊重」「完全合理主義」を確信して戦いを進め、何回も死地の中で作戦目的を達成したばかりか、どの戦場でも率先身を挺して、死に直面した将兵の救助に当たり、一兵もおろそかにすることなく、一人残らず味方艦に収容していた。

才人たちの遠く及ばない人格・見識・能力を備えた将器にまちがいなかった。

木村のような人材が、陸海軍の最高首脳の適役に就いていたならば、あの戦争もあのような大惨事を起こさずに、収拾できたろうと悔まれるのである。

平成十七年九月

生出　寿

参考引用文献＊『坂の上の雲』司馬遼太郎　文藝春秋＊『孫子の兵法』村山孚《まこと》　徳間書店＊『秋山真之』秋山真之会　非売品＊『陸軍の反省』上・下二巻　加登川幸太郎　文京出版建帛《けんぱく》社発売＊『ヒゲの提督　木村昌福伝』(前)・(続)　星野清三郎　非売品＊『提督小澤治三郎』伝記刊行会編　原書房＊『戦史叢書　蘭印・ベンガル湾方面海軍進攻作戦』防衛庁防衛研修所戦史室著　朝雲新聞社＊『同右　ミッドウェー海戦』同右＊『同右　南東方面海軍作戦』〈1〉〈2〉〈3〉　同右＊『ニミッツの太平洋海戦史』C・W・ニミッツ　E・Bポッター共著　実松譲　冨永謙吾共訳　恒文社＊『続篇　艦長たちの太平洋戦争』佐藤和正　光人社＊『戦史叢書　北東方面海軍作戦』同前＊『日本軍閥の興亡』松下芳男　芙蓉書房＊『海軍水雷史』海軍水雷史刊行会　非売品＊『一海軍士官の半生記』草鹿龍之介　光和堂＊『連合艦隊参謀長の回想』草鹿龍之介　光和堂＊『海軍生活放談』大西新蔵　原書房＊『太平洋戦争への道』朝日新聞社＊『新版米内光政』実松譲　光人社＊『海軍兵学校沿革』海軍兵学校編　原書房＊『聯合艦隊軍艦銘銘伝』片桐大自　光人社＊『図説総覧　海軍史事典』小池猪一編著　末国正雄監修　国書刊行会＊『木戸幸一日記』木戸幸一　東京大学出版会＊『西園寺公と政局』（原田熊雄述　岩波書店）＊『岡田啓介回顧録』岡田貞寛編　毎日新聞社＊『英傑加藤寛治』坂井景南　ノーベル書房＊『二・二六事件』大谷敬二郎　図書出版社＊『本庄繁日記』原書房＊『戦史叢書　支那事変陸軍作戦』〈1〉　同前＊『同右　大本営海軍部・連合艦隊』〈1〉〈6〉〈7〉　同右＊『同右　大本営海軍部　大東亜戦争開戦経緯』〈1〉〈2〉同右＊『同右　大本営陸軍部』〈1〉〈2〉〈10〉　同前＊『同右　大本営陸軍部　大東亜戦争開戦経緯』〈1〉〈2〉〈5〉同右＊『嶋田繁太郎大将備忘録』非売品＊『海軍大将米内光政覚書』高木惣吉写・実松譲編　光人社＊『博恭王殿下を偲び奉りて』御伝記編纂会　非売品＊『昭和天皇に背いた伏見宮元帥』生出寿　徳間文庫＊『歴史のなかの日本海軍』野村実　原書房＊『太平洋戦争秘史』保科善四郎・大井篤・末国正雄共著　財団法人日本国防協会＊『服部卓四郎と辻政信』高山信武　芙蓉書房＊『回想の提督小澤治三郎』伝記刊行会編　原書房＊『奇蹟作戦「キスカ撤収」』有近六次　非売品＊『キスカ戦記』キスカ会編　原書房＊『私記キスカ撤退』阿川弘之　文藝春秋＊『キスカ』市川浩之助　コンパニオン出版＊『キスカ撤収作戦（水上部隊による撤収）』大賀良平　非売品＊『キスカ撤収作戦の思い出』石田捨雄講演録　関西ネイヴィ・クラブ　非売品＊『連合艦隊興亡記』(上)・(下)　千早正隆　中公文庫＊『戦史叢書　マリアナ沖海戦』同前＊『同右　海軍捷号作戦』〈1〉〈2〉　同前＊『同右　捷号陸軍作戦』〈1〉　同前＊『同右　沖縄方面海軍作戦』同前＊『神風』[上][中][下]　デニス・ウォーナー　ペギー・ウォーナー　妹尾作太男共著　妹尾作太男訳　徳間文庫＊『還らざる特攻艇』増田善雄　霞出版＊『鈴木貫太郎自伝』鈴木一編　時事通信社＊『高木惣吉日記』高木惣吉　毎日新聞社

単行本　平成九年十二月　光人社刊

光人社ＮＦ文庫

戦場の将器　木村昌福

二〇〇五年十一月九日　印刷
二〇〇五年十一月十五日　発行

著　者　生出　寿
発行者　高城直一
発行所　株式会社光人社

〒102-0073 東京都千代田区九段北一-九-十一
振替／〇〇一七〇-六-五四六九三
電話／〇三-三二六五-一八六四㈹
印刷所　慶昌堂印刷株式会社
製本所　東　京　美　術　紙　工

定価はカバーに表示してあります
乱丁・落丁のものはお取りかえ致します。本文は中性紙を使用

ISBN4-7698-2474-2 C0195
http://www.kojinsha.co.jp

光人社ＮＦ文庫

刊行のことば

第二次世界大戦の戦火が熄《や》んで五〇年——その間、小社は夥しい数の戦争の記録を渉猟し、発掘し、常に公正なる立場を貫いて書誌とし、大方の絶讃を博して今日に及ぶが、その源は、散華された世代への熱き思い入れであり、同時に、その記録を誌して平和の礎とし、後世に伝えんとするにある。

小社の出版物は、戦記、伝記、文学、エッセイ、写真集、その他、すでに一、〇〇〇点を越え、加えて戦後五〇年になんなんとするを契機として、「光人社ＮＦ（ノンフィクション）文庫」を創刊して、読者諸賢の熱烈要望におこたえする次第である。人生のバイブルとして、心弱きときの活性の糧《かて》として、散華の世代からの感動の肉声に、あなたもぜひ、耳を傾けて下さい。